Stanley Howard Frodsham

APOSTEL DES GLAUBENS · Smith Wigglesworth

STANLEY HOWARD FRODSHAM

Apostel des Glaubens

Smith Wigglesworth

LEUCHTER-VERLAG EG · ERZHAUSEN

Übersetzt aus dem Englischen
von Gerhard Krüger und Arthur Piesterick

Umschlaggestaltung: K.-H. Schablowski

9. Auflage September 1990

ISBN 3-87482-003-3

Gesamtherstellung:
Schönbach-Druck GmbH, Erzhausen bei Darmstadt

V o r w o r t

Gleich John Bunyan, dem Blechschmied von Bedford und Verfasser der „Pilgerreise", war Smith Wigglesworth, der Klempner von Bradford, eine einzigartige und originelle Persönlichkeit. Er predigte in allen Teilen der Welt, und sein Dienst war wirklich von apostolischen Merkmalen geprägt. Man kann von ihm sagen, daß der Herr mit ihm wirkte und das Wort durch die mitfolgenden Zeichen bekräftigte. Er führte kein Tagebuch — aber in den Herzen derer, welchen er ein Segen sein durfte, sind viele kostbare Erinnerungen. Dieses Buch enthält nur einen kleinen Teil davon.

Niemand vermag dieses Buch zu lesen, ohne im Glauben entzündet zu werden, denn es berichtet tatsächlich von einer einzigartigen Persönlichkeit, und dennoch — wenn Wigglesworth diese Lebensbeschreibung gesehen hätte — würde er ausgerufen haben: „Nicht uns, sondern Dir allein, o Gott, gebührt alle Ehre und Herrlichkeit!" Wie viele der ersten Apostel besaß er keine Schulbildung — aber er kannte Christus und das Wort Gottes. Er war dem Wort gehorsam und wagte den Verheißungen zu glauben.

Der Lebensbericht und die anschließenden Betrachtungen sind von seinen Freunden und Zuhörern während seines Predigtdienstes und aus seinen Erzählungen aufgenommen worden. Er selbst hat kein Buch geschrieben.

Durch das liebevolle Entgegenkommen seines Schwiegersohnes, James Salter, erscheint es nun auch in deutscher Sprache. Bei der Übersetzung ist versucht worden, die Eigentümlichkeiten seiner Ausdrucksweise beizubehalten. — Der treue Herr wolle mit Seinem Segen diese Ausgabe begleiten.

L e u c h t e r - V e r l a g

Erzhausen, Herbst 1967

Zuerst der Halm

Das Jahr 1859 ist als das Jahr der großen irischen Erweckung bekannt. Zwei Jahre vorher gab es in Amerika ein mächtiges Erwachen. In jeder großen Stadt hatte man Gebetsversammlungen abgehalten, die von Tausenden besucht wurden, und weil die Menschen den Herrn wieder anriefen, wirkte der Geist so mächtig, daß nach Schätzungen jeden Monat 50 000 Seelen vom Tode zum Leben durchdrangen. Die frohe Kunde von den beiden Erweckungen in Irland und Amerika veranlaßte auch die Gläubigen in England, den Herrn im Gebet zu suchen. Bald darauf begannen auch in diesem Lande die Erweckungsfeuer zu brennen. Spurgeon predigte in London zu großen Menschenmengen, und in jeder Versammlung nahmen viele Jesus Christus als ihren Herrn und Heiland an.

Im Süden der Insel, in Wales, wurde Christmas Evans ein wunderbarer evangelistischer Dienst geschenkt. Die Bekehrten wurden so überglücklich, daß sie in seinen Versammlungen vor Freude tanzten. Das war der Anlaß dafür, daß Scharen von Sündern Christus suchten, um in den Besitz derselben unaussprechlichen Freude zu gelangen. Zur selben Zeit wurden die Herzen vieler Leute, die die Methodistenkirche besuchten, auf eine seltsame Art und Weise erwärmt. Einer ihrer Evangelisten, William Booth, wurde besonders von Gott gebraucht. Im Jahre 1859 brach er mit dieser Kirche, um sich ganz der evangelistischen Arbeit zu widmen. Er wurde von Gott geleitet, die Elendsviertel im östlichen Teil von London zum ersten Platz seiner Wirksamkeit zu wählen. Die ärgsten Sünder wurden in Heilige umgewandelt und zogen dann durch das Land und predigten das Evangelium. Booth gründete später die Heilsarmee.

Es geschah in diesem Erweckungsjahr 1859, daß in dem geringen Ort namens Menston in der Grafschaft Yorkshire in England Smith Wigglesworth geboren wurde. – Eines Tages, als er in Riverside, Kalifornien, eine Versammlung hielt, baten wir ihn, uns seine Lebensgeschichte zu erzählen. Er berichtete uns folgendes:

Mein Vater war sehr arm und arbeitete viele Stunden am Tag gegen niedrige Bezahlung, um Mutter, drei Knaben und ein Mädchen zu ernähren. Ich kann mich eines kalten, frostigen Tages erinnern, an dem mein Vater für 3,50 Mark einen Graben auszuheben und wieder zuzufüllen hatte, ungefähr 6,50 m lang und 1 m tief. Meine Mutter sagte, wenn er nur etwas warte, möchte es vielleicht tauen und seine Arbeit wäre leichter. Aber er brauchte das Geld für Nahrung, weil keine mehr im Hause war. So setzte er seine Arbeit mit der Spitzhacke fort. Der Frost war tief in die Erde eingedrungen, aber unter dem harten Grund war weiche, feuchte Erde. Als er etwas von dieser Erde aufwarf, kam plötzlich ein Rotkehlchen geflogen, pickte nach einem Wurm, fraß ihn und setzte sich hoch oben auf den Zweig eines nahen Baumes, um von dort ein Lied des Lobpreises zu schmettern. Bis jetzt war Vater sehr verzagt gewesen, doch nun wurde er so entzückt durch des Rotkehlchens wundervollen, danksagenden Gesang, daß er neuen Mut schöpfte und mit frischer Energie zu graben begann, indem er bei sich selbst sagte: „Wenn dieses Rotkehlchen für einen Wurm so schön singen kann, gewiß kann ich dann wie ein Vater für mein gutes Weib und für meine vier hübschen Kinder arbeiten!"

Als ich sechs Jahre alt war, bekam ich Arbeit auf dem Felde. Ich mußte Rüben ziehen, und ich kann mich gut erinnern, wie wund meine winzigen Hände wurden durch diese anstrengende, vom Morgen bis zum Abend währende Arbeit.

Mit sieben Jahren gingen mein älterer Bruder und ich zur Arbeit in eine Wollspinnerei. Mein Vater wurde in derselben Spinnerei als Weber angenommen. Von da an wurden die

Dinge in unserem Hause leichter und es gab mehr zu essen.

Mein Vatei war ein großer Vogelliebhaber. Einmal hatte er 16 Singvögel im Haus. Wie mein Vater hatte auch ich eine große Liebe zu den Vögeln. Bei jeder Gelegenheit war ich draußen und schaute nach ihren Nestern. Ich wußte immer, wo 80 bis 90 solcher Nester waren. Einmal fand ich ein Nest voller junger Vöglein, und weil ich dachte, sie seien verlassen, nahm ich mich ihrer an, indem ich ihnen in meinem Schlafzimmer einen Platz herrichtete. Irgendwie wurden sie von den Alten entdeckt und diese flogen durch das offene Fenster und fütterten die Jungen in meinem Zimmer. Meine Brüder und ich fingen Singvögel mit Vogelleim, die wir dann später auf dem Markt verkauften.

Meine Mutter war sehr fleißig mit ihrer Nadel und fertigte unsere Kleider selbst an, hauptsächlich aus alten Kleidern, die man ihr gegeben hatte. Ich trug gewöhnlich einen Mantel, dessen Ärmel viel zu lang waren, was bei kaltem Wetter sehr angenehm war. Ich kann diese langen Winternächte nicht vergessen, wenn ich um 5.00 Uhr morgens aus dem Bett mußte, schnell eine Mahlzeit zu mir nahm und 3 km ging, um dann um 6.00 Uhr auf der Arbeitsstelle zu sein. Wir arbeiteten jeden Tag 12 Stunden. Oft sagte ich zu meinem Vater: „Es ist eine lange Zeit in der Spinnerei, von 6 morgens bis 6 abends.“ Ich erinnere mich der Tränen in seinen Augen, als er sagte: „Es wird immer 6.00 Uhr werden.“ Manchmal schien es wie ein ganzer Monat, bis es 6.00 Uhr wurde.

Ich kann mich an keine Zeit erinnern, wo ich nicht ein Verlangen nach Gott hatte. Obwohl weder Vater noch Mutter Gott kannten, befand ich mich immer auf der Suche nach Ihm. Oft kniete ich auf dem Felde nieder und bat Ihn, mir zu helfen. Im besonderen bat ich Ihn, mich zu befähigen, die Vogelnester zu finden, und nachdem ich gebetet hatte, schien ich instinktiv zu wissen, wo sie waren.

Einmal ging ich zur Arbeit und geriet in ein schweres Gewitter. Es schien, als ob ich für eine halbe Stunde in Feuer eingehüllt war, so krachten die Donner und flammten die Blitze. Jung wie ich war, schrie mein Herz zu Gott um Bewahrung, und Er hüllte mich in Seine gnädige Gegenwart. Obgleich ich auf dem ganzen Weg von Blitzen umgeben und bis auf die Haut durchnäßt war, wußte ich nichts von Furcht – ich fühlte nur, daß ich bedeckt war durch die Macht Gottes.

Meine Großmutter gehörte zu den Methodisten. Sie nahm mich mit in die Versammlungen. Als ich acht Jahre alt war, hielt man in ihrer Gemeinde Erweckungsversammlungen. Ich kann mich auf einen Sonntagmorgen besinnen, gegen 7.00 Uhr, als all diese einfältigen Menschen um den großen Ofen in der Mitte der Kirche herumtanzten, in die Hände klatschten und sangen:

Oh, das Lamm, das blutende Lamm,
Das Lamm von Golgatha.
Es wurde geschlachtet – doch lebet für immer,
Und verwendet sich für mich.

Als ich in meine Hände klatschte und mit ihnen sang, kam ein klares Verständnis der Wiedergeburt in meine Seele. Ich schaute empor zu dem Lamm von Golgatha. Ich glaubte, daß Er mich liebte und für mich gestorben war. Leben kam in mich, ewiges Leben. Ich wußte, daß ich ein neues Leben empfangen hatte, das von Gott gekommen war. Ich war von neuem geboren. Ich sah, daß Gott uns haben will, so wie wir sind, daß Er die Bedingung so einfach gemacht hat, wie Er möglicherweise nur konnte. Es gilt einfach: „Glaube nur!" Dieses Erlebnis war echt, und ich habe seit dem Tage niemals an meiner Errettung gezweifelt.

Aber ich hatte keine Worte. Je länger ich lebte, um so mehr dachte ich, aber ich hatte nur einen kleinen Sprachschatz, um meine Gedanken auszudrücken. In dieser Beziehung glich ich meiner Mutter. Sie konnte beginnen, eine Geschichte zu erzählen, aber was sie sagte, war so unverständlich, daß Vater sie unterbrechen mußte, indem er sagte: „Nein, Mutter, du wirst wohl von vorne beginnen müssen.“ Sie konnte sich eben nicht ausdrücken. Mit mir war es dasselbe.

Doch ich hatte große Freude, die Versammlungen zu besuchen, besonders solche, in denen jeder Zeugnis gab. Ich stand dann auch auf, aber mir fehlte die Sprache mitzuteilen, was ich in der Tiefe meiner Seele fühlte. Immer wieder brach ich dann in Tränen aus. Eines denkwürdigen Tages kamen drei alte, mir sehr vertraute Männer zu mir hinüber, wo ich weinte, weil ich unfähig war zu reden. Sie legten mir die Hände auf. Der Geist des Herrn kam auf mich, und ich war sogleich befreit von dieser Knechtschaft. Ich glaubte nicht nur – sondern ich konnte auch sprechen.

Von der Zeit meiner Bekehrung an wurde ich ein Seelengewinner. Die erste Person, die ich für Christus gewann, war meine eigene liebe Mutter.

Als ich dann neun Jahre alt war, wurde ich für groß gerechnet, so daß ich von da an als ein Vollbeschäftigter in der Spinnerei arbeitete. Schulbesuch war in jenen Tagen kein Zwang, und so wurde ich der Schulbildung beraubt.

Mein Vater wollte, daß wir alle die englische Hochkirche besuchen sollten. Er selbst hatte kein Verlangen hinzugehen, aber er mochte den Pfarrer, weil sie sich im selben Wirtshaus trafen und miteinander Bier tranken. Mein Bruder und ich waren im Chor derselben Gemeinde, und obwohl ich nicht lesen konnte, lernte ich schnell Melodie und Text der Gesänge. Als die meisten der Chorknaben zwölf Jahre alt wurden, konfirmierte sie der Bischof. Ich war noch nicht zwölf Jahre, sondern zwischen neun und zehn, als der Bischof mir die Hände auflegte. Ich kann mich erinnern, daß ich, als er mir die Hände auflegte, ein ähnliches Erlebnis hatte wie das, welches ich 40 Jahre später erfuhr, als ich in den Heiligen Geist getauft wurde. Mein ganzer Körper war mit dem Bewußtsein göttlicher Gegenwart erfüllt, einem Bewußtsein, das mir für viele Tage verblieb. Nach dem Konfirmationsgottesdienst sah man die anderen Knaben fluchend und zankend, und ich verwunderte mich, was den Unterschied zwischen ihnen und mir bewirkt hatte.

Als ich 13 Jahre alt war, siedelten wir nach Bradford über. Dort ging ich zu den Methodisten und begann in ein tieferes geistliches Leben einzudringen. Ich war sehr begierig nach Gott. Diese Gemeinde hatte besondere Missionsversammlungen. Sie wählten sieben Knaben zum Sprechen. Ich war einer der sieben Ausersehenen. Es standen mir drei Wochen zur Verfügung, um für eine 15 Minuten lange Ansprache bereit zu sein. Für drei Wochen lebte ich im Gebet. Ich erinnere mich der lauten Amens und Hallelujas der Zuhörer, als ich begann. Ich weiß nicht mehr, was ich sagte, aber ich weiß, ich war von einem mächtigen Eifer gepackt und eine brennende Sehnsucht erfüllte mich, Menschen zur Erkenntnis meines Heilandes zu bringen. Zu jener Zeit suchte ich immer wieder junge Menschen auf und erzählte ihnen von der herrlichen Erlösung. Sehr oft wurde ich abgewiesen. Nichtsdestoweniger wollte ich die große Freude, die ich besaß, mit anderen teilen. Aber so viele schienen kein großes Interesse dafür zu haben. Das war für mich ein großes Rätsel. Ich nehme an, nicht genügend taktvoll gewesen zu sein. Immer trug ich ein Neues Testament mit mir herum, obwohl ich nur schwach lesen konnte.

Ich war 16 Jahre alt, als die Heilsarmee in Bradford eine Arbeit eröffnete. Ich freute mich, unter diesen ernsten Menschen zu sein. In jenen Tagen wurde es mir ans Herz gelegt, um Seelen zu fasten und zu beten. Jede Woche sahen wir dann, wie Scharen von Sündern ihre Herzen Christus übergaben.

In der Spinnerei, in der ich arbeitete, war ein gottesfürchtiger Mann, von Beruf Klempner. Ich wurde ihm als Gehilfe beigegeben, und er lehrte mich die Klempnerarbeit. Dieser Mann erzählte mir auch von der Wassertaufe und wies mich auf ihre Bedeutung hin. Ich kann mich noch erinnern, wie er zu mir sagte: „Wenn du dem Herrn darin folgst, kannst du jetzt nicht wissen, was Er alles mit dir vorhat.“ Voller Freude gehorchte ich dem Wort des Herrn, mit Ihm begraben zu sein durch die Taufe in den Tod und aus diesem Wassergrab herauszukommen, um in einem neuen Leben zu wandeln. Zu der Zeit war ich über 17.

Dieser getreue Mann war es auch, der mir zuerst von der Wiederkunft des Herrn sagte. Wieder und wieder, wenn ich empfand, Gott gegenüber gefehlt zu haben, wurde ich von dem Gedanken beunruhigt, der Herr würde kommen, und ich wäre nicht bereit, Ihm zu begegnen. In gewissen Zeiten war es eine Erleichterung für mich, auf der Arbeitsstelle diesen Mann zu haben, denn wenn ich ihn sah, wußte ich, der Herr ist letzte Nacht nicht gekommen und hat mich nicht zurückgelassen.

Ich blieb bei der Heilsarmee, weil es mir schien, als habe sie mehr Kraft zum Dienst als irgendeine andere Gemeinschaft. Wir pflegten ganze Nächte im Gebet zu verbringen. Viele wurden durch die Kraft des Geistes auf den Boden gelegt, manchmal für 24 Stunden lang. Wir nannten das in jenen Tagen die Geistestaufe. Diese ersten Heilsarmee-Soldaten hatten große Vollmacht, die sich in ihrem Zeugnis und im alltäglichen Leben offenbarte. Wir kamen überein und forderten jede Woche im Glauben 50 oder 100 Seelen und wußten, wir bekommen sie. Ach, wie anders ist es heute, wo sich viele gar nicht danach ausstrecken, um Seelen für Jesus zu gewinnen, sondern nach fleischlichen Offenbarungen streben.

Ich schaute auf den Herrn, und gewiß war Er es, der mir in allen Dingen half. Mit 18 Jahren bat ich bei einem Klempner um Anstellung. Ich putzte meine Schuhe auf Hochglanz, legte einen neuen Kragen um und ging in das Haus jenes Mannes. Doch er sagte mir, er brauche keinen. Ich entgegnete: „Danke bestens, mein Herr, es tut mir leid." Der Mann ließ mich bis zum Tor hinuntergehen, dann rief er mich zurück und sagte: „Du unterscheidest dich irgendwie von den anderen. Ich kann dich eben nicht wegschicken."

Daraufhin gab er mir den Auftrag, in einer Reihe von Häusern Wasserleitungen zu legen. Ich beendigte die Arbeit in einer Woche. Nun war der Meister so erstaunt, daß er sagte: „Das kann unmöglich geschafft sein!" Aber als er nachsah, fand er die Arbeit zu seiner besten Zufriedenheit beendet. Doch er meinte, solchen Schnellarbeiter nicht beschäftigen zu können.

Als ich 20 Jahre alt war, verzog ich nach Liverpool. Die Kraft Gottes ruhte mächtig auf mir. Ich hatte ein großes Verlangen, der Jugend zu helfen. Jede Woche sammelte ich Scharen von barfüßigen, zerlumpten und hungrigen Knaben und Mädchen um mich. Ich verdiente schönes Geld, aber ich setzte alles in Nahrung für diese Kinder um. Sie kamen in den Schuppen der Werftanlagen zusammen. Oh, welche gesegneten Versammlungen hatten wir! Hunderte von ihnen wurden errettet. Mit einem meiner Freunde widmete ich mich der Aufgabe, Krankenhäuser und Schiffe zu besuchen. Gott gab mir ein weites Herz für die Armen. Ich arbeitete schwer und gab alles, was ich verdiente, den Armen – für mich hielt ich nichts zurück. Jeden Sonntag fastete ich den ganzen Tag und betete, und ich kann mich nicht erinnern, daß einmal weniger als 50 Seelen durch die Kraft Gottes in den Krankenhäusern, auf den Schiffen, in den Kinderversammlungen und in der Heilsarmee errettet wurden. Es waren Tage großer Seelenerweckung.

In den Versammlungen der Heilsarmee forderte mich der leitende Offizier (Prediger) beständig zum Sprechen auf. Ich weiß nicht, warum er mich bat, denn meine Rede war immer gebrochen. Weinend stand ich vor den Menschen. Ich konnte die Tränen nicht zurückhalten. Ich hätte eine Welt für bessere Beredsamkeit hingegeben, aber ich war ähnlich wie Jeremia, ein Mann mit einer Quelle von Tränen. Doch wenn ich vor den Leuten weinte, so führte das dazu, daß ich eine Aufforderung an sie ergehen ließ, sich dem Herrn zu weihen, der sie auch Folge leisteten, indem sie nach vorne kamen. Ich danke Gott für diese Tage, weil der Herr mich in einem zerbrochenen, zerknirschten Geist hielt. Die Erinnerung an jene Tage in Liverpool ist mir sehr kostbar.

Als ich im 24. Lebensjahr stand, wurde ich innerlich geleitet, nach Bradford zurückzugehen. Ich trug mich mit dem Gedanken, ein eigenes Klempnergeschäft zu eröffnen. Mit meiner übrigen Zeit wollte ich der Heilsarmee helfen. Hier geschah es, daß ich das beste Mädchen kennenlernte, welches meine Frau werden sollte.

„Ich will ihm eine Gehilfin machen"

Wigglesworth hatte ein großes Herz voll Liebe und Treue für seinen Meister. Oft hörten wir ihn sagen: „Ist Er nicht ein wunderbarer Jesus!" Doch er besaß auch ein großes Herz für seine Mitpilger, besonders für die Armen und Bedürftigen, für die Kranken und Leidenden. – Einmal sagte er zu uns: „Alles, was ich bin, schulde ich neben Gott meiner Frau. Oh, sie war lieblich und wunderbar!"

Maria J. Featherstone, die Gott als eine Gehilfin für ihn ausersehen hatte, kam aus einer guten methodistischen Familie. Ihr Vater war Erbe eines großen Nachlasses, der durch den Verkauf von Alkohol zustande gekommen war. Doch weil er überzeugt war, daß schmutziger Gewinn, an dem verlorene Seelen klebten, ihm nicht gut tun würde, weigerte er sich, auch nur einen Pfennig des befleckten Geldes anzurühren. – Seine Tochter folgte ihres Vaters Grundsätzen der Gerechtigkeit und Heiligkeit. Sie war immer furchtlos, wenn es galt, ihrer inneren Überzeugung Ausdruck zu geben.

Mit über 17 Jahren kam Maria oder Polly, wie sie auch genannt wurde, in ein Putzwarengeschäft, um die Kunst des Hütebesetzens zu erlernen. Diese Art Arbeit schien zu gering für sie, so daß sie nach einem Monat von ihrer Geburtsstadt weglief, allen häuslichen, familiären Einschränkungen entfloh, um Ruhm und Glück in Bradford zu suchen. Doch der Herr wachte über Seine Magd, um sie vor dem Bösen zu behüten. Als sie sich in Bradford eine Unterkunft suchte, geschah es, daß ein Reisender, der ihr bekannt war, gerade in der Tür des Hauses stand, in das sie hineingehen wollte. Er sagte: „Oh, Fräulein Featherstone, es schickt sich nicht für Sie, in diesem Haus zu wohnen. Es hat keinen guten Ruf. Ich weiß eine bessere Wohnung für Sie." Er brachte sie dann in ein sehr achtbares Haus.

In Bradford nahm Polly in einer großen Familie Dienst an. Eines Abends – als sie sich gerade in der Mitte der Stadt befand – wurde sie durch den Trompetenschall und Trommelschlag einer Straßenversammlung angezogen. Die Heilsarmee war eine ganz neue Sache in jenen Tagen, so daß Polly mit großem Interesse auf die Leute blickte. Als die Straßenversammlung beendet war, marschierten sie durch die Straßen von Bradford. Polly dachte bei sich selbst: „Wo mögen diese einfältigen Leute hingehen?" Von zu Hause wußte sie, daß ein solcher Ort nicht gut war. Aber sie war neugierig. Nach rechts und links schauend, ob kein Bekannter sie sehen würde, ging sie in diesen „furchtbaren" Ort hinein und fand einen Platz oben auf der Galerie.

Die Versammlung begann. Ihr Interesse wurde größer, als sie dem klaren Gesang und den lebendigen Zeugnissen von Neubekehrten zuhörte. Die Evangelistin predigte Christus in großer Kraft. Das junge Mädchen auf der Galerie sehnte sich, Ihn und die reinigende Kraft Seines Blutes kennenzulernen, um von den Sünden reingewaschen zu werden. Als die Einladung an Sünder erging, den Heiland zu suchen, machte Polly ihren Weg von der Spitze der Galerie bis zur „Bußbank". Zuerst rief sie den Herrn allein um Vergebung ihrer Sünden an. Später kniete die Evangelistin an ihrer Seite und verhalf ihr zum rettenden Glauben an den Herrn Jesus Christus. Als die Gewißheit in ihr Herz kam, daß all ihre Sünden vergeben seien, sprang sie auf ihre Füße und rief laut: „Halleluja, es ist geschehen!"

Wigglesworth, damals noch ein junger Mann, war auch anwesend. Er beobachtete die Jungfrau, wie sie durchbetete und hörte sie Halleluja rufen. Später sagte er: „Es schien, als ob die Inspiration und Salbung Gottes von Anfang an auf ihr geruht hätte." Sie war ein schönes Mädchen, und als er auf sie blickte in ihrer einfachen Kleidung und dem wohlgeformten

Hut, empfand er, daß sie lieblich war. Von dem Augenblick an, wo er sie ihr Zeugnis geben hörte, fühlte er, daß sie zu ihm gehörte. Bald begann eine herzliche Freundschaft zwischen ihr und ihm. Die Neubekehrte war sehr verlangend und fing an, im geistlichen Leben große und schnelle Fortschritte zu machen. Durch ihre Verbindung mit Offizieren der Heilsarmee wurde sie auch mit General Booth bekannt. Dieser gab ihr die Erlaubnis, in der Heilsarmee zu wirken, ohne die sonst übliche Ausbildung genossen zu haben.

Wegen ihres ausgezeichneten Seelenretterdienstes übte die Heilsarmee auf den jungen Wigglesworth eine große Anziehungskraft aus. Mit ganzem Herzen gab er sich ihrer Sache hin. In ihr fand er eine Befriedigung seiner glühenden Retterliebe für die Unerlösten. Es war ihm eine freudige Genugtuung, das Leben vieler Männer und Frauen umgewandelt zu sehen durch die Kraft des Evangeliums. Daneben war auch Pollys Anwesenheit in den Versammlungen eine große Anziehung für ihn. Ihre Munterkeit und ihre Fähigkeiten in den Versammlungen, drinnen und draußen, machten großen Eindruck auf ihn. Bald bemerkten die Offiziere der Heilsarmee, daß sich zwischen den beiden „etwas" tat. Es war den Regeln der Heilsarmee zuwider, daß ein Offizier – zu einem solchen hatten sie Polly gemacht – sich mit einem gewöhnlichen Soldaten verbinde. Für einen solchen rechneten sie Wigglesworth, obwohl er in der Tat nie ein Mitglied der Heilsarmee wurde.

Eines Tages kam ein Major der Armee zu ihr und fragte, ob sie mit ihm nach Leith in Schottland gehen wolle, um beim Beginn einer neuen Arbeit zu helfen. Sie willigte ein, packte ihren Koffer, ging mit dem Major zum Bahnhof, und in ein paar Stunden waren sie in Schottland.

In den ersten Tagen der Heilsarmee war das Publikum sehr freigebig im Beitragen von faulen Eiern und altem Gemüse. Die Heilsarmeemädchen mußten mutig und wendig sein, diesen Wurfgeschossen auszuweichen. Eines Tages erhielt Polly ein blaues Auge von einer Apfelsine, die etwas plötzlich so geschenkt wurde. Aber keines dieser Dinge rührte sie. Sie hatte eine liebliche Stimme und sang und zeugte auf der Straße. Manche Türen und Fenster flogen auf, um die Lieder und Zeugnisse dieser furchtlosen, jungen Menschen zu hören. Und ihre Arbeiten waren nicht vergebens. Gott segnete sie wunderbar.

Während Polly in Leith war, hatte sie besonderes Interesse an dem Wohlergehen einer Jungbekehrten, die im 6. Stock eines Miethauses wohnte. Ihr Mann gebärdete sich wie ein Stück Vieh und verwehrte ihr den Besuch der Versammlungen. Eines Tages kehrte er von der Arbeit zurück und fand Polly mit seiner Frau im Gebet. Er drohte ihr, wenn sie mit dem Beten nicht aufhöre, würde er sie gewaltsam hinauswerfen. Weil sie fortfuhr zu beten, nahm er sie in die Arme und trug sie die Treppen hinunter. Bei jeder Stufe, die er nahm, betete sie: „Herr, rette diesen Mann – Herr, rette seine Seele." Der Mann fluchte wild und schäumte furchtbar, aber sie hatte die Freude, ihn um Barmherzigkeit schreien zu hören, als sie zur letzten Treppenstufe kam. Zusammen knieten sie nieder und machten eine „Bußbank" aus der letzten Stufe. Dort führte sie ihn zu dem Lamm von Golgatha, dessen Blut reinmacht von jeder Sünde.

Eines Tages wurde sie von den vorgesetzten Offizieren beschuldigt, daß sie an einem der dortigen Heilsarmeesoldaten Interesse hätte. Als sie auf diesbezügliches Fragen keine zustimmende Antwort gab, kam man überein, niederzuknien. Sie sollte nun beten, und sie betete folgendermaßen: „Herr, Du weißt, daß diese Menschen denken, ich sei an einem Schotten interessiert! Herr, Du weißt, es ist nicht der Fall, Du weißt, daß ich nicht beabsichtige, einen aus Schottland zu heiraten." Als sie fertig war, waren auch ihre Richter bereit, die Unterredung zu beenden. Polly wußte, daß in Bradford ein junger Mann war, der sie innig liebte, und sie liebte ihn auch.

Bald kehrte sie nach Bradford zurück und löste ihre Verbindung mit der Heilsarmee. Jetzt hielt sie sich zu einer Gemeinschaft, an deren Spitze eine sehr geistlich gesinnte Frau stand.

Trotzdem blieb sie ein treuer Freund der Heilsarmee, so daß sie oft ihre Offiziere bewirtete. Zu dieser Zeit erhielt sie Rufe zu vielen Evangelisationen von Methodistengemeinden. – Der Geist Gottes ruhte mächtig auf ihrem Dienst, und viele Seelen wurden für Christus gewonnen.

Mit 22 Jahren heiratete Polly unseren Wigglesworth, der damals 23 Jahre alt war. In späteren Jahren zollte er ihr nachstehende Anerkennung: „Sie wurde eine große Hilfe in meinem geistlichen Leben. Sie war immer ein Antrieb zu einem heiligen Leben. Sie sah, wie unwissend ich war und begann sogleich, mich richtig lesen und schreiben zu lernen. Leider glückte es ihr nicht, mich einwandfrei schreiben zu lernen."

Auch bezeugte Wigglesworth von seiner Frau: „Sie war ein großer Seelengewinner. Ich ermutigte sie, ihren evangelistischen Dienst fortzusetzen, und ich arbeitete weiter als Klempner. Ich hatte eine Last auf dem Herzen für die Stadtteile von Bradford, die keine Gemeinde hatten. So begannen wir in einem kleinen Gebäude, das ich gemietet hatte, eine Arbeit.

Für die Kinder beteten wir immer, bevor sie geboren waren, daß sie Gott gehören möchten. Ich pflegte die Kinder von klein auf mit in die Versammlung zu nehmen und sie zu hüten, während meine Frau predigte. Ich selbst war ja kein Prediger, aber ich war immer an der ‚Bußbank' und wies die Seelen zu Christus. Ihre Arbeit war es, das Netz auszuwerfen, meine, die Fische an Land zu bringen. Das letzte ist ebenso wichtig wie das erste."

Wir haben gewiß Lebensbeschreibungen gelesen, wo die Verfasser ihre Helden sehr tief in den Honig einbalsamiert haben. Wir lesen aber in den Sprüchen Salomos 25, 16: „Hast du Honig gefunden, so iß dein Genüge, damit du seiner nicht satt werdest und ihn ausspeiest." Bei solcher Art Lebensbeschreibungen empfindet man letzten Endes einen Ekel und legt das Buch nach etlichen Kapiteln beiseite. Wir wollen uns redlich bemühen, in diesem Buch nicht so viel Honig aufzutischen, denn der, von dem wir schreiben, war genauso menschlich wie jeder von uns.

Über Bradford kam eines Jahres ein sehr strenger Winter, und Klempner waren sehr gefragt. Nicht nur in der Winterszeit, sondern in den zwei darauffolgenden Jahren hatten sie vollauf mit dem Reparieren der Röhren und der anderen durch den Sturm angerichteten Schäden zu tun. Wigglesworth und seine zwei Gehilfen waren von morgens bis abends beschäftigt. In diesen Tagen der übermäßigen Arbeit und des zugleich zunehmenden Wohlstandes besuchte er weniger die Versammlungen. Sein Herz fing an, kalt gegen Gott zu werden. Aber je kälter er wurde, um so brennender wurde seine Frau für Gott. Ihr evangelistischer Eifer und ihr Gebetsleben ließen nie nach. Ihr stilles, festes christliches Leben und Zeugnis stellten seine Lauheit noch mehr bloß, und das reizte ihn. Eines Abends kam es zum Ausbruch. Sie kam ein wenig später als gewöhnlich von der Versammlung nach Hause, und als sie ins Haus trat, bemerkte er grimmig: „Ich bin der Herr dieses Hauses und erlaube nicht, daß du zu so später Stunde nach Hause kommst wie heute abend!" Polly erwiderte ruhig: „Ich weiß, daß du mein Mann bist, aber mein Herr ist Christus." Das verdroß ihn derart, daß er sie zur Hintertür hinauswarf. Aber er hatte vergessen, die Vordertür zu schließen. Sie ging ums Haus herum und kam lachend zur Vordertür hinein. Sie lachte so sehr, daß er mit ihr lachen mußte. So endete diese Begebenheit.

Wenn manche Männer im Glaubensleben nachlassen und zurückfallen, sind ihre Frauen darüber den ganzen Tag traurig und sogar verdrießlich. Das war nicht mit Polly Wigglesworth. Sie hatte ein fröhliches Herz, und weil sie in Liebe zu dem Herrn brannte, machte sie jede Mahlzeit zu einer Zeit voller Humor und Frohsinn. Es gelang ihr, ihren Mann zum Herrn zurückzuwerben, zur ersten Liebe und zu seinem früheren Eifer für Gott zu bringen. Während dieser Monate seiner geistlichen Unbeständigkeit wurde ihre Treue besonders angefochten. Es war ihre, vom Herrn aus Gnaden verliehene Festigkeit, die ihn durch diese gefährliche Zeit brachte und ihn vor einem furchtbaren geistlichen Schiffbruch bewahrte.

Polly Wigglesworths Ruf als Seelengewinnerin scholl weit und breit. Nicht selten schickte man sie, eine Arbeit instandzubringen, die mißlungen war, oder sie folgte in evangelistische Dienste, wo andere nichts hatten ausrichten können. Sie war ein beliebter Redner in Frauenversammlungen und ebenso beliebt in Bibelstunden für Männer. Unermüdlich im Eifer tat sie buchstäblich alle Art von geistlicher Arbeit, dazu kam die Sorge für den großen Haushalt. Beide waren sehr gastfreundlich. Niemals klagte sie, ganz gleich, wen er wieder plötzlich zur Mahlzeit mitbrachte oder für ein paar Tage einlud, im Hause als Gast zu bleiben. Zu Konferenzzeiten hatten sie immer viele Gäste in ihrem Heim untergebracht, doch sie murrte nie.

Einmal wöchentlich mußte Wigglesworth geschäftlich nach der Stadt Leeds. In dieser Stadt fand er eine Versammlung, wo „Göttliche Heilung" verkündigt wurde. In diesen Heilungsversammlungen war die Gegenwart Gottes so spürbar und mächtig, und der Herr heilte so gnädiglich die Kranken, daß er in Bradford nach Kranken suchte, denen er die Fahrt nach Leeds bezahlte, wo man für sie betete. Zuerst sagte er seiner Frau nichts davon, weil er sicher war, daß auch sie, gleich den meisten Leuten in jenen Tagen, göttliche Heilung als Fanatismus bezeichnen würde. Doch bald erfuhr sie, was er machte, und als sie selbst Heilung benötigte, begleitete sie ihn eines Tages nach Leeds. Dort betete man für sie das Gebet des Glaubens, und der Herr heilte sie. Von der Stunde an war sie ebenso überzeugt von der Wahrheit göttlicher Heilung wie er.

Die Arbeit in Bradford wuchs, so daß sie in immer größere Räumlichkeiten übersiedeln mußten, bis sie sich in einem großen Gebäude in der Bowlandstraße niederließen. Hier hatten sie ein sehr großes Plakat mit dem Bibelwort: „Ich bin der Herr, der dich heilt", an der Rückwand hinter der Kanzel angebracht, das jeder sehen konnte. Im Laufe der Jahre bezeugten viele, daß sie durch dieses Schriftwort geheilt worden seien.

Zu dieser Mission kam ein Bruder, den der Herr wunderbar mit dem Dienst der Heilung ausgerüstet hatte. Nach dem Gottesdienst am Sonntagnachmittag wurde er von Wigglesworth zum Tee eingeladen. Während des einfachen Mahles richtete Frau Wigglesworth an diesen Prediger die Frage: „Was würden Sie von einem Mann denken, der anderen Heilung predigt, aber selbst jeden Tag seines Lebens Medizin nimmt?" „Ich würde sagen, daß so ein Mann nicht völlig dem Herrn vertraut", war die Antwort. Nach dem Essen sagte Wigglesworth zu diesem Bruder: „Als meine Frau von dem Mann sagte, der anderen göttliche Heilung predigt, aber selbst von der Medizin abhängig ist, bezog sie sich auf mich. Seit meiner Kindheit leide ich unter Hämorrhoiden, so daß ich es für nötig fand, täglich ein heilendes Salz zu nehmen. Ich habe das als ein harmloses natürliches Mittel betrachtet, denn ich wußte, daß ich sonst täglich Blutungen haben würde. Das hätte eine Infektion zur Folge haben können. Aber wenn du mit mir glauben willst, will ich das Salz aufgeben und in dieser Sache Gott vertrauen. Mein Körper hat sich durch die jahrelang genommene Dosis Salz so daran gewöhnt, daß von nun an bis Mittwoch er nicht natürlich funktionieren wird. Willst du an diesem Tag mit mir im Glauben stehen? Ich werde sonst durch das Weglassen der Salzanwendung große Schmerzen und Blutungen haben." Der Bruder stimmte bei. Seit diesem Sonntag nahm Wigglesworth seine tägliche Dosis Salz nicht mehr. Am Mittwoch kam die Krisis. Zu einer gewissen Stunde ging er in sein Badezimmer. Dort salbte er sich nach Jakobus 5 mit Öl. „Gott griff ein", so hörten wir ihn oft in der Öffentlichkeit bezeugen, denn er war kein Mann von ungesunder Sittsamkeit, wenn es galt, über ganz natürliche Dinge zu sprechen. „Meine Eingeweide arbeiteten selbigen Tages wie die eines Babys. Gott hatte mich vollkommen geheilt. Von dem Tage an funktionierte alles richtig, ohne den Gebrauch irgendwelcher Mittel. Ich habe den Gott erprobt, der allgenugsam ist."

Polly Wigglesworth liebte ihren Mann genügend, um ihn zu

tadeln, wenn er unrecht hatte. Das war oft der Fall. Die meisten Männer grollen bekanntlich über irgendwelche Kritik ihrer Frauen, doch Wigglesworth nahm ihr Tadeln immer mit einem Lächeln auf. Seine Stellung war die von David. Er sagt im Psalm 141, 5: „Der Gerechte schlage mich in Güte und strafe mich, es ist Öl des Hauptes." Obwohl er manchmal ihren Berichtigungen keine volle Aufmerksamkeit schenkte, kann doch kein Zweifel bestehen, daß ihre Vermahnungen beim Formen seines Charakters eine große Wirkung hatten.

Einen beträchtlichen Teil Arbeit verschafften Wigglesworth die Schankwirte. Bei ihnen reparierte er die Pumpen, mit denen sie das Bier aus dem Keller pumpten. Das war ein Greuel für Polly, die in jenen Tagen die Buchhaltung machte. Sie wußte, daß den Arbeitern Freibier verabreicht wurde, und sie wußte auch, was für eine verderbliche Wirkung das hatte. Durch ihre Einsprüche gewann sie die Oberhand, und nach einer Zeit entschloß sich ihr Mann mit Rücksicht auf seine Arbeiter, die Arbeit bei den Schankwirten nicht mehr auszuführen. Das brachte große finanzielle Verluste für ihn mit sich, doch er hielt fest am gefaßten Entschluß.

In Psalm 127 lesen wir: „Kinder sind eine Gabe Gottes." Der Herr gab ihnen fünf Kinder, ein Mädchen und vier Knaben. 1915 ging ein Sohn heim, um beim Herrn zu sein. Sein liebender Vater vermißte ihn sehr.

Dann die Ähre

„Meine Seele hanget dir an" (Psalm 63, 8) ist die innere Verfassung eines Mannes nach Gottes eigenem Herzen. Dieses war von den ersten Tagen seines Glaubenslebens die Stellung von Smith Wigglesworth. Kein Wunder, daß der Feind der Seelen in den zwei, im letzten Kapitel genannten Jahren, durch die Sorgen dieses Lebens und den Betrug des Reichtums das Wort in seinem Herzen so sehr zu ersticken suchte.

Im Buche „Die Pilgerreise" ist geschildert, daß der Pilger viele Lektionen im Hause des Auslegers lernte. Er sah, wie ein Feuer gegen die Mauer brannte und einen, der Wasser hineinschüttete, um es auszulöschen, doch das Feuer brannte um so mehr. Der Ausleger sagte ihm die Bedeutung: „Dieses Feuer ist das im Herzen gewirkte Werk der Gnade. Der, der Wasser hineinschüttet, um es auszulöschen, ist der Teufel. Den Grund dafür, daß aber das Feuer nur um so höher und heißer brennt, sollst du sehen." So nahm er den Christ mit sich an die andere Seite der Wand, und dort war Christus und goß unablässig das Öl Seiner Gnade hinein.

So war es mit unserem Wigglesworth. Obgleich es dem Teufel gelungen war, seinen Eifer für eine kurze Zeit abzukühlen, wurde durch die Gebete seiner Frau das Öl des Herrn auf die fast erloschene Flamme gegossen, so daß er aus der Prüfung als eine Feuerflamme hervorkam, die für die nächsten 60 Jahre jeden Tag heller und stärker wurde. Aber wir wollen ihn seine eigene Geschichte fortsetzen lassen:

Gott gab mir einen großen Eifer zum Seelengewinnen. Jeden Tag suchte ich eine Seele zu Christus zu führen. Ich war willig, jeden Tag eine Stunde zu warten, um mit irgendeinem über das Heil seiner Seele eine Unterredung haben zu können. An einem Platz wartete ich anderthalb Stunden. Ich hatte Gott gebeten, mich zu dem zu führen, den Er gerade erwählt hätte. Die Straße war mit Menschen gefüllt, aber ich hielt an, zu dem Herrn zu sagen: „Ich möchte den Richtigen haben." Nach einer Weile wurde ich etwas ungeduldig und sagte: „Herr, ich habe keine Zeit zu vergeuden." Aber Gott nannte es nicht vergeudete Zeit. Nach anderthalb Stunden kam ein Mann mit einem Pferd und Wagen vorbei. Der Herr sprach zu mir, geradeso wie Er zu Philippus redete, als Er ihm sagte, sich zu dem Wagen des Kämmerers zu halten. Ich setzte mich neben den Mann auf den Wagen, und bald redete ich mit ihm über die Not seiner Errettung. Er brummte: „Warum gehst du nicht deiner eigenen Arbeit nach? Warum hast du gerade mich ausgesucht, um zu mir zu reden?" Ich wunderte mich, ob ich einen Fehler gemacht hatte. Ich schaute auf zum Herrn und sagte: „Ist das der richtige Mann, Herr?" Er sagte zu mir: „Ja, der ist der richtige Mann." Und so fuhr ich fort, mit ihm zu reden und bat ihn, sein Leben an Christus auszuliefern. Nach und nach sah ich, wie er Tränen vergoß, und ich wußte, daß Gott sein Herz erweicht hatte, und daß der Same des Wortes hineindrang. Nachdem ich sicher war, daß ein wahres Werk der Gnade gewirkt war, sprang ich vom Wagen herunter, und er fuhr seines Weges.

Drei Wochen später sagte meine Frau zu mir: „Smith, hast du zu irgendeinem über die Seligkeit geredet?" „Ich tue das immer, Mutter." „Gut, ich habe gestern abend einen Mann besucht. Er lag im Sterben, nachdem er drei Wochen lang zu Bett gelegen hatte. Ich fragte, ob er haben möchte, daß jemand komme und mit ihm bete. Er sagte: ‚Als ich das letzte Mal draußen war, kam ein junger Mann auf meinen Wagen und sprach zu mir. Ich war sehr rauh zu ihm, aber er war sehr herzlich und beharrlich. Gott überführte mich meiner Sünden und rettete mich.'" Meine Frau fuhr fort: „Das war das letzte Mal, daß dieser Mann draußen war. Er verschied in der Nacht. Er beschrieb den jungen Mann, der zu ihm geredet hatte, und seiner Beschreibung konnte ich entnehmen, daß du es warst."

Wenn ich auf der Straße ging, pflegte ich immer nach jemand Ausschau zu halten, mit dem ich von dem Herrn reden konnte. Einmal machte ich mit meinem Bruder eine Fahrradtour. An jedem der zehn Tage erlebten wir durchschnittlich drei Fälle, daß wir mit Menschen eingehend über ihr Seelenheil sprachen. Meine berufliche Tätigkeit brachte mich zu einer großen Anzahl von Leuten, mit denen ich als Prediger nicht in Berührung gekommen wäre. Mein ganzes Berufsleben verbrachte ich in Gemeinschaft mit Gott. Überall, wo ich hinging, suchte ich Sein Zeuge zu sein.

Ein nach Bradford verzogener Mann fragte einen Geschäftsmann, ob er ihm einen guten Klempner empfehlen könnte. „Ja, das kann ich, wenn Sie vor seiner Religion bestehen können. Wenn Sie ihn als Klempner haben, werden Sie auch seine Religion haben. Er tut nie eine Arbeit anders, als daß er die ganze Zeit – während er arbeitet – predigt." „Gut", meinte dieser Mann, „ich will es wagen." Nachher gab er seiner Freude Ausdruck darüber, daß ich mit ihm vom Herrn geredet hätte.

Ich war sehr erfolgreich in meiner Klempnerarbeit, aber sehr schlecht geeignet, das mir schuldige Geld einzusammeln. Doch jeden Samstag mußte ich meine Leute auszahlen. Eines Tages war ich in schwerer Geldverlegenheit. Ich habe immer geglaubt, daß es Gottes Plan für mich war, in Not zu sein. In der Stunde der Not tat Gott die Tür für mich auf, und das stärkte meinen Glauben. Ich ging zum Herrn und betete: „Herr, ich habe keine Zeit, Geld zu suchen. Bitte, sage mir, wo ich Geld bekommen kann." Er sagte: „Geh zu Bischof." Ich hatte gehört, daß er ein sehr schlechter Zahler war. Mit ihm mußte jeder, der sein Geld bekommen wollte, vor Gericht. Aber weil der Herr mich geheißen hatte, zu ihm zu gehen, wußte ich, daß Er mit ihm verhandeln konnte. So ging ich im Glauben. Als ich zur Tür hineinkam, traf ich Frau Bischof, wie sie mit einer anderen Frau hinausging. Ich hatte gehofft, sie zu sprechen und daß sie mir bezahlen würde. So sagte ich zu mir selbst, es bleibt mir nur übrig, zu Bischof persönlich zu gehen. Doch ich zögerte noch einen Moment, weil ich wußte, daß er niemand bezahlte. Sollte ich weggehen? Ich wußte, Gott hatte zu mir geredet. So ging ich durch die Hintertür. Ich fragte das Dienstmädchen, ob Herr Bischof zu Hause sei. „Nein, er wird erst in drei Wochen daheim sein", bekam ich zur Antwort. „Ich verstehe das nicht", sagte ich. „Warum verstehen Sie das nicht? Sie scheinen beunruhigt zu sein." „Ja, ich bin sehr beunruhigt. Morgen muß ich meinen Leuten Geld auszahlen. Als ich betete, schickte mich der Herr hierher. Es beunruhigt mich wirklich zu wissen, daß Herr Bischof fort ist und vor drei Wochen nicht zurück sein wird." Die Magd fragte: „Wieviel schuldet er Ihnen?" Ich sagte zu ihr: „Etwas über 300 Mark." Sie sagte: „Kommen Sie herein." Sie ging hinauf und brachte das Geld. Ich sagte zu ihr: „Tun Sie das öfters in dieser Weise?" Sie antwortete: „Nein." Ich wußte, daß ich zu diesem Hause gehen sollte. Der Herr hatte es mir am vorherigen Abend gesagt. Sie sagte mir, daß ihre Herrin ihr zu derselben Zeit ihren Lohn gegeben hätte und daß sie sich gedrungen fühle, diese Rechnung von ihrem Lohn zu bezahlen. Ich sagte: „Was veranlaßt Sie, das zu tun?" Sie antwortete: „Ich darf Sie nicht ohne das Geld weggehen lassen. Das ist alles, was ich sagen kann." Gott zeigte mir, wie Er eine menschliche Unmöglichkeit möglich machen konnte. — Solche Erlebnisse trugen dazu bei, daß in meinem Herzen ein lebendiger Glaube bewirkt und vermehrt wurde.

Eines Morgens, als wir und alle unsere Kinder um den Frühstückstisch versammelt waren, sagte meine Frau: „Harald und Ernst sind heute morgen sehr krank. Bevor wir frühstücken, wollen wir für sie beten." Augenblicklich fiel die Kraft Gottes auf meine Frau und mich, und als wir unsere Hände auf die Kinder legten, waren beide vollkommen geheilt. Als wir die vor unseren Augen gewirkte Heilung sahen, wurden wir beide mit großer Freude erfüllt. Der Herr war immer so gut, sich selbst als unser Familienarzt zu erweisen.

An diesem Tage gingen ich und mein Lehrling in ein Haus zur Arbeit, wo eine große Anzahl Bedienstete beschäftigt waren. Ich konnte sehen, daß die Dame des Hauses sehr ruhelos war. Sie kam in den Raum, wo ich arbeitete, schaute auf mich und ging wieder hinaus. Bald kam sie zurück und sagte: „Können Sie ihren Lehrling zum Laden schicken, um etwas zu holen?" Ich erwiderte: „Ich wollte ihn gerade in den Laden schikken, mir fehlt ein Stück Röhre." Sobald der Knabe zur Tür hinaus war, sagte sie: „Sagen Sie mir, oh, sagen Sie mir bitte, was ist der Anlaß, daß Ihr Gesicht einen so wunderbaren Ausdruck von Freude zeigt?" Ich gab zur Antwort: „Heute morgen kamen zwei meiner Kinder krank zum Frühstückstisch. Meine Frau und ich beteten für sie, und Gott hat sie völlig geheilt. Ich war mit Freude erfüllt, als ich sah, was Er gewirkt hatte, und diese Freude ist noch in mir." Sie sagte: „Bitte, sagen Sie mir, wie ich diese Freude bekommen kann. Mein Haus ist voller Verdruß. Mein Mann verließ mich heute morgen nach einer großen Auseinandersetzung. Bitte, sagen Sie mir, wie ich diesen Frieden und Ruhe und Freude bekommen kann, die Sie haben." Ich sagte zu ihr: „Der Herr hat meine Frau und mich errettet, und wir wissen, was es bedeutet, die Kraft Gottes in unserem Hause zu haben. Er begegnet all unseren Nöten und füllt uns mit Frieden und Freude." Sie sagte: „O bitte, können Sie mir helfen?" Ich sagte: „Ich kann Ihnen jetzt helfen."

Sie schien zu fürchten, daß einer der Bediensteten hereinkommen könnte; so schloß sie die Tür und hielt ihre Hand an den Schlüssel. Sie war ängstlich, daß sie jeden Augenblick gestört werden könnte. Der Herr rettete sie, während sie ihre Hand an dem Schlüssel hatte. Dort erfüllte Er sie mit der freudigen Gewißheit, daß all ihre Sünden weggewaschen waren. Sie sagte: „Oh, wie kann ich das behalten?" Ich antwortete: „Haben Sie einen Tag, wo Sie ein Kaffeekränzchen veranstalten?" Sie sagte: „Ja, am nächsten Donnerstag." Darauf sagte ich ihr: „Sagen Sie all den Damen, wie der Herr Sie errettet hat und fragen Sie, ob Sie mit ihnen beten dürfen."

Das war der Dienst, den mir der Herr in den Jahren, in denen ich als Klempner arbeitete, gab. Ich hatte die Freude, viele Männer und Frauen und Dienstmädchen zu Christus zu führen, als ich meiner Beschäftigung nachging und für meinen Christus zeugte. Der Herr hatte eine Absicht darin, wenn Er mich finanziell kurz hielt. In mancher Beziehung hatte ich ein blühendes Geschäft – doch ich war immer knapp an Bargeld.

Ich erinnere mich an einen Tag, als ich wie gewöhnlich in das Gebet ging und den Herrn fragte: „Wohin soll ich dieses Wochenende um Geld gehen?" Er sagte zu mir: „Geh zum Architekten und bitte ihn um einen Scheck." Ich arbeitete unter einem gewissen Architekten, und im Gehorsam dem Wort des Herrn gegenüber ging ich zu ihm. Als ich in sein Büro kam, sagte er: „Was möchten Sie?" Ich erklärte ihm, daß ich einen Scheck brauchte. „Für welche Arbeit?" fragte er. „Für das Aufstellen der Öfen in Osletgate." „Warum?" sagte er, „Sie haben kaum mit der Arbeit begonnen." Ich erwiderte: „Das ändert nichts daran, die Arbeit ist getan." Die Arbeit war in einer Reihe von neuen Häusern. Er sagte: „Sie können die Arbeit noch nicht beendet haben, ich gab Ihnen die Arbeit erst vor einer Woche." Ich sagte: „Sie gaben mir die Arbeit, weil Sie wußten, daß ich sie schnell ausführen würde." Er fragte: „Wie konnten Sie das schaffen?" „Ich brachte alle meine Arbeiter von den anderen Arbeitsplätzen und ging ans Werk." Er zweifelte an meinen Worten, nahm den Hut und sagte: „Ich werde nachsehen." Zusammen gingen wir hin. Als er die Arbeit sah, war er sehr befriedigt und meinte: „Das ist wunderbar, gerade wie wir's haben wollten." Dann schrieb er den Scheck aus.

Es war eine Sache, den Scheck zu bekommen, und eine andere, das Geld ausgezahlt zu empfangen. Ich machte mich auf den Weg zum Büro des Fabrikbesitzers, dem das Eigentum gehörte. Auf dem Wege dorthin sah ich in einem Schaufenster den Schrifttext: „Traue auf den Herrn allezeit!" Ich ging weiter in dem Glauben, daß alles wohlgehen würde, seitdem ich mein Vertrauen auf den Herrn gesetzt hatte. Im Fabrikbüro gab ich den Scheck dem Kassierer. Es war Samstagmorgen. Er schrie lauter als ich schreien konnte: „Sie werden hier kein Geld bekommen . . . wir zahlen niemals Geld aus, als nur an gewissen Tagen des Monats. Ich sage Ihnen, Sie werden hier kein Geld bekommen!" Er schrie so laut, daß ich dachte, er sei nicht ganz normal. Da plötzlich öffnete sich hinter ihm die Tür. Der Besitzer erschien und bemerkte: „Was ist hier los?" Ich sagte: „Ich weiß nicht, mein Herr. Ich gab diesem Mann einen Scheck zur Auszahlung und weiß nicht, warum er so schreit." Ich war der Ansicht, daß der Herr den Kassierer so schreien ließ, um durch sein Geschrei den Besitzer herbeizurufen. Der Fabrikherr las den Scheck und sagte zu dem Kassierer: „Zahlen Sie dem Mann sein Geld. Und wenn ich noch einmal so etwas höre, fliegen Sie raus." Ich kam aus dem Büro mit meinem Geld und pries den Herrn. Als ich zum Laden kam, wo ich den Spruch gelesen hatte, ging ich hinein und sagte: „Wieviel verlangen Sie für diesen Text?" Er kostete nicht viel, und ich kaufte ihn. Dieser Spruch war ein großer Segen für mich, weil er mich beständig daran erinnerte, allezeit dem Herrn zu vertrauen.

Von meiner freien Zeit widmete ich viel den Kranken und Bedürftigen. Jede Woche pflegte ich einmal nach Leeds zu gehen, wo göttliche Heilung verkündigt wurde. Aber ich übte sehr Kritik und konnte die Leute hart richten. Ich verstand nicht, warum so viele, die göttliche Heilung verkündigten, eine Brille trugen. Solche fragte ich: „Warum trägst du eine Brille, wenn du an göttliche Heilung glaubst?" Daran stieß ich mich etwas. Später mußte ich beim Lesen der Bibel selbst eine Brille tragen und man kritisierte mich deswegen. Doch ich war voller Mitleid für die Kranken und Bedürftigen. Jeden Dienstag bezahlte ich einer Anzahl von ihnen die Fahrt nach Leeds und nahm sie mit mir in die Versammlung. Eines Tages hatte ich neun mit mir. Die Leiter der Leedser Heilungsversammlung schauten durchs Fenster und sagten: „Da kommt Wigglesworth wieder und bringt andere mit. Wenn er nur wüßte, daß er die

Leute in Bradford ebenso leicht geheilt bekommen könnte wie in Leeds."

Diese Leiter wußten, daß ich ein besonderes Mitleid mit den Kranken und Armen hatte. So sagten sie eines Tages zu mir: „Wir möchten zur Konferenz nach Keswick fahren und wir haben überlegt, wer hier die Arbeit tun soll. Wir konnten nur an dich denken." Ich sagte: „Ich kann keine Heilungsversammlung leiten." Sie sagten: „Wir haben keinen anderen. Wir vertrauen dir die Sorge für die Arbeit an, während wir fort sind." Da kam mir ein Einfall: „Gut, eine Anzahl kann sprechen. Alles, was ich zu tun habe, ist die Leitung zu übernehmen." Als ich in der folgenden Woche hinkam, war der Raum mit Menschen gefüllt. Natürlich sah ich mich zuerst nach einem um, der sprechen würde. Aber alle, die ich fragte, sagten: „Nein, dir wurde es übergeben und du mußt es tun." So mußte ich beginnen. Ich weiß nicht mehr, was ich sagte, aber ich weiß, daß, als ich mit dem Sprechen fertig war, 15 Leute nach vorn kamen, um geheilt zu werden. Einer von ihnen war ein Mann aus Schottland, der an einem Paar Krücken humpelte. Ich betete für ihn, und er war vollkommen geheilt. Dieses ermutigte die anderen, Gott für ihre Heilung zu glauben, und alle wurden geheilt. Ich weiß, daß das nicht mein Glaube zuwege gebracht hatte, sondern es war Gott in Seiner Barmherzigkeit, der mir in dieser Stunde der Not zu Hilfe kam.

Danach öffnete der Herr für mich mehr und mehr die Tür des Glaubens. Für einen bestimmten Abend kündigte ich in Bradford eine göttliche Heilungsversammlung an. Ich erinnere mich, daß an jenem Abend zwölf Leute kamen, und alle diese zwölf wurden wunderbar geheilt. Einer hatte durch einen Sturz eine in der Mitte bösartig verletzte Zunge. Er wurde vollkommen geheilt. Auf dem gleichen Wege wurden auch die übrigen geheilt.

Eines Tages fragte mich ein Mann, ob göttliche Heilung auch die Seekrankheit umfasse. Ich antwortete: „Ja, es ist ein Geist der Furcht, der Ihre Seekrankheit verursacht, und ich gebiete diesem Geist auszufahren im Namen Jesu." Er war niemals wieder seekrank, obwohl er viel über das Meer fahren mußte.

Eines Tages kam ein Mann zu mir. Er war ein sehr frommer Bruder. Ich sagte zu ihm: „Bruder Clark, du bist heute so niedergeschlagen. Was ist los?" Er antwortete: „Meine Frau liegt im Sterben. Zwei Ärzte waren die ganze Nacht bei ihr und sie sagen, daß sie nicht mehr länger leben kann." Ich sagte zu ihm: „Warum glaubst du Gott nicht für deine Frau?" Er antwortete: „Bruder Wigglesworth, ich kann für sie nicht glauben." Zerbrochenen Herzens ging er weg. Ich ging zu einem Freund, namens Howe, der in Bradford eine kleine Mission eröffnet hatte. Ich dachte, er wäre der richtige Mann, um mitzugehen und mich zu unterstützen. Als ich fragte: „Willst du mit mir gehen?" antwortete er mir: „Nein, wirklich, ich möchte nicht. Frage mich nicht noch einmal! Doch ich glaube, wenn du hingehst, heilt Gott." Ich hatte den Eindruck, daß Gott diese Worte in seinen Mund gelegt hatte, um mich zu ermutigen. Gut, ich kannte noch einen Mann, namens Nichols. Wenn er eine Gelegenheit zum Beten hatte, konnte er dreimal um die ganze Welt beten und dann noch zurückkommen. So ging ich zu ihm und sagte: „Willst du mit mir kommen und für Schwester Clark beten?" Er antwortete: „Ja, ich würde mich freuen."

Wir hatten gut 2 km zu gehen. Ich sagte ihm, wenn er zu beten anfinge, solle er nicht eher aufhören, bis er fertig wäre. Als wir ins Haus kamen, sahen wir, daß Schwester Clark fast heimgegangen war. – Ich sagte zu dem mitgebrachten Bruder: „Du siehst den gefährlichen Zustand von Schwester Clark. Nun vergeude keine Zeit, sondern fange an zu beten." Als er sah, daß er eine Gelegenheit hatte, fing er an. Ich hatte niemals so viel gelitten wie in der Zeit, als er betete. Ich schrie zu dem Herrn: „Laß ihn aufhören! Bitte, Herr, laß diesen Mann aufhören zu beten!" Warum? Weil er für den lieben Mann betete, der im Begriff stand, seiner Frau beraubt zu werden und für die Kinder, welche im Begriff waren, mutterlos zu werden. Er machte es so arg, daß ich aufschreien mußte: „Laß ihn aufhören, Herr, ich kann das nicht aushalten!" Dank sei Gott, er hörte auf.

Obgleich ich wußte, daß weder Clark noch Nichols an göttliche Heilung glaubten, hatte ich in meiner Tasche ein kleines Fläschchen mit Öl mitgenommen. Ich hatte es mit einem langen Korken versehen, so daß ich es jederzeit leicht öffnen konnte. Ich nahm die Flasche aus meiner Tasche und hielt sie hinter mich. Dann sagte ich: „Nun bete du, Bruder Clark." Bruder Clark, durch Bruder Nichols Gebet ermutigt, betete, daß Gott ihn in seiner großen Beraubung aufrecht erhalten möchte. Ich konnte das alles nicht aushalten und schrie: „Herr, laß ihn aufhören!" Ich war so ernst und so zerbrochen, daß man mich von draußen hören konnte. Dank sei Gott, er hörte auf.

Sobald er aufhörte, zog ich den Korken aus der Flasche und ging ans Bett der sterbenden Frau. Ich war ein Neuling zu dieser Zeit. Ich wußte es nicht besser, so goß ich in Jesu Namen den ganzen Inhalt der Ölflasche über den Körper der Schwester Clark. Ich stand neben ihr am Kopfende des Bettes und schaute ans Fußende, als plötzlich der Herr Jesus erschien. Ich hatte meine Augen geöffnet und betrachtete Ihn. Dort war Er am Fuße des Bettes. Er beschenkte mich mit einem gütigen Lächeln. Mir ist, als ob ich Ihn jetzt noch sähe, während ich euch dieses erzähle. Diese Vision habe ich nie mehr vergessen, die Vision dieses schönen lieblichen Lächelns. Nach einigen Augenblicken verschwand Er. Aber an diesem Tage geschah etwas, was mein ganzes Leben verwandelte. Schwester Clark wurde auferweckt und mit Leben erfüllt. Sie lebte, um noch eine Anzahl Kinder großzuziehen. Sie überlebte ihren Mann um viele Jahre.

Jeder wird Prüfungen zu durchstehen haben. Wenn du an göttliche Heilung glaubst, wirst du ganz bestimmt auf der Glaubenslinie geprüft werden. Gott kann einen Menschen nicht in einen Segenszustand und in volle Zusammenarbeit mit Ihm bringen — außer durch Prüfungen und Versuchungen. Meine Frau und ich sahen, daß wir mit halbem Maß nicht mit Gott gehen konnten. Wenn wir an göttliche Heilung glaubten, so mußte es mit einer vollen Herzenshingabe sein. So übergaben wir uns darin Gott und dann einer dem anderen. Diese Auslieferung, von nun an in jeder Krankheit Gott zu vertrauen, brachte eine neue Ordnung in unser Leben. Wir schauten uns gegenseitig in die Augen und sagten: „Von nun an sollen keine Ärzte, keine Medizin oder sonst dergleichen etwas in unser Haus kommen." Es ist allerdings sehr leicht, Übergaben und Gelübde zu machen, wenn man gesund und stark ist, aber es heißt treu zu sein, wenn die Zeit der Versuchung kommt, die allein ausschlaggebend ist. Wenig wußten wir davon, daß kurz danach eine solche Zeit der Prüfung kommen würde.

Wir waren beide sehr eifrig für den Herrn und widmeten ein gut Teil Zeit den Straßenversammlungen. Eines Sonntags ergriff mich ein starker Schmerz und zwang mich zu Boden. Zwei Männer stützten mich und brachten mich nach Hause. Dasselbe war vorher mehrmals geschehen, nur daß die Schmerzen weniger heftig waren. Wir beteten die ganze Nacht. Am anderen Morgen sagte ich zu meiner Frau: „Mir scheint, daß dies mein Ende ist. Wir haben die ganze Nacht gebetet und nichts ist geschehen. Ich fühle mich nur schlechter. Es ist keine Aussicht, daß noch etwas getan werden kann. Du weißt unsere Abmachung. Nur dann wollten wir einen Arzt holen, wenn einer von uns abberufen wird, um dem Zurückbleibenden die Verlegenheit einer Untersuchung und die Verurteilung der Außenstehenden zu ersparen. Um dich davor zu schützen, solltest du nun einen Arzt holen. Ich überlasse dir, was getan werden soll."

Armes Ding! — Sie war in einem traurigen Zustand mit all den kleinen Kindern um sich herum. Jede Hoffnung schien erloschen zu sein. Mit zerbrochenem Herzen verließ sie mich und ging zu einem Arzt, nicht, weil sie glaubte, daß er mir helfen konnte — sie wußte, daß keine Hilfe mehr war —, sondern in dem Glauben, daß das Ende gekommen sei.

Als der Arzt kam, untersuchte er mich, schüttelte den Kopf

und sagte: „Da ist keine Hoffnung mehr. Er hat seit sechs Monaten ein Gewächs, und die Organe sind in einem solchen Zustand, daß keine Hoffnung mehr ist." Er ging zu meiner Frau auf die Seite und sagte: „Ich muß noch ein paar Besuche machen, Frau Wigglesworth. Ich komme später wieder. Die einzigste Hoffnung für ihn ist eine augenblickliche Operation, aber ich fürchte, Ihr Mann ist dafür zu schwach."

Als er hinaus war, kamen eine ältere Dame und ein junger Mann herein. Sie war eine Frau des Gebets und glaubte, daß alles, was nichts mit Gesundheit zu tun hatte, vom Teufel war. Während sie betete, legte der junge Mann mir die Hände auf und rief: „Komm heraus, Teufel, im Namen Jesu!" Zu meiner Überraschung fühlte ich mich so wohl wie jemals in meinem Leben. Ich war durchaus frei von Schmerzen. Sobald sie für mich gebetet hatten, gingen sie weg. Ich aber stand auf in dem Glauben, daß keiner ein Recht hat, im Bett zu verbleiben, wenn er geheilt ist. Als ich hinunterkam, schrie meine Frau: „Oh!" Ich sagte: „Ich bin geheilt." Sie meinte: „Ich hoffe, es ist wahr." Ich fragte: „Ist eine Arbeit zu tun?" „Ja, da ist eine Frau, die dringend einen Klempner braucht. Wenn wir es nicht machen könnten, müßte sie zu einem anderen gehen." Sie gab mir die Adresse und ich ging hin, um diese Arbeit zu tun. Während ich dort war, kehrte der Arzt zurück. Er legte seinen seidenen Hut auf den Tisch und ging die Treppen hinauf. Dann hörte er, wie meine Frau rief: „Doktor, Doktor!" Er fragte: „Rufen Sie mich?" „O Doktor, er ist weggegangen. Er ist zur Arbeit gegangen!" Der Doktor antwortete: „Sie werden ihn als eine Leiche zurückbringen, so gewiß Sie leben." Nun, der „Leichnam" hat seitdem in diesen ganzen Jahren die Welt durchzogen und das Evangelium verkündigt.

Ich habe auf Leute mit Gewächsen in nahezu jedem Teil der Welt Hände gelegt und weiß von keinem Fall, der nicht völlig geheilt worden wäre, gerade wenn Ärzte jede Hoffnung aufgegeben hatten.

Meine Frau war ein großer Prediger. Obwohl ich keine Fähigkeiten zum Predigen besaß, hatte sie sich vorgenommen, mich für den Dienst am Wort einzuüben. Immer wieder machte sie bekannt, daß ich am nächsten Sonntag predigen würde. Sie sagte, sie sei sicher, ich könne predigen, wenn ich es nur versuche. Wenn sie wieder einmal diese Bekanntmachung gegeben hatte, brachte es für mich eine Woche Arbeit und Schweiß. Am Sonntag pflegte ich dann mit großer Kühnheit auf die Kanzel zu gehen. Doch nachdem ich meinen Text gelesen und einige Worte darüber gesagt hatte, endete es gewöhnlich so, daß ich zur Versammlung sagte: „Wenn einer von euch predigen kann, jetzt ist eine Gelegenheit, denn ich bin fertig."

Sie versuchte es trotzdem immer wieder mit mir – aber es endete immer genauso. Sie war eben der Prediger, und ich ermutigte sie, alles zu tun. Aber ich habe festgestellt, daß der Herr einen Prediger aus dir machen kann, wenn du eine Last für verlorene Seelen auf deinem Herzen hast. Wenn ihre Not dir immer vor Augen steht und du zu dem Herrn aufblickst, wird Er dir Gnade geben, das auszudrücken, was du im Herzen fühlst. Wir hielten in einem Stadtteil von Bradford 20 Jahre lang Straßenversammlungen. Dadurch, daß ich Woche für Woche auf der Straße zeugte, gab mir der Herr mehr Freiheit im Reden. Meine Frau und ich glaubten von Anfang an biblische Heiligung, doch ich war mir bewußt, daß noch viel fleischliches Wesen in mir war. Einmal kam ein geheiligter Mann zu uns und predigte über völlige Heiligung. Er nannte Heiligung ein sehr bestimmtes Werk der Gnade, das der neuen Geburt folgt. Als ich zehn Tage im Gebet auf den Herrn wartete und Ihm nach Römer 12, 1–2 meinen Leib als ein lebendiges Opfer übergab, hat Gott ganz gewiß etwas an mir getan, denn von der

Zeit an hatte ich wirkliche Freiheit im Predigen. Wir hielten das für die Geistestaufe. Und so verkündigten wir in unserer Mission beides: Heilung des Leibes und Heiligung.

Wir glaubten niemals, daß es recht von uns wäre, wenn nur wir predigten. So gaben wir jede Woche für zwei oder drei von unseren jungen Männern oder Jungfrauen eine Gelegenheit. Diese jungen Arbeiter entwickelten sich. Das Ergebnis war, daß viele von ihnen gesegnete Prediger wurden.

Wir dachten, daß uns alles zuteil geworden war, was man im geistlichen Leben haben kann. Eines Tages hörten wir aber, daß Gläubige in den Heiligen Geist getauft wurden und in neuen Zungen redeten, und daß sich die geistlichen Gaben offenbarten. Ich gestehe, daß mich dieses Neue sehr bewegte.

Eines Tages sah ich einen Mann zum Haus kommen und beobachtete, daß er große Schwierigkeiten hatte, die Stufen zu unserer Haustür hinaufzukommen. Aber es gelang ihm, indem er sich am Geländer hinaufzog. Als er Platz genommen hatte, sagte er: „Wenn meine Angehörigen wüßten, daß ich in Ihr Haus gegangen wäre, so hätten sie mich nicht gehen lassen. Sie haben einen schlechteren Namen als irgendeiner, von dem ich je gehört habe." Ich sagte: „Wenn das Ihre Meinung von mir ist, würden Sie besser das Haus verlassen. Ich möchte hier keinen haben, der nicht von meiner Wahrhaftigkeit überzeugt ist." „Oh", sagte er, „ich glaube Ihnen. Bitte, werfen Sie mich nicht hinaus. Wenn Sie um meinen furchtbaren Zustand wüßten, würden Sie mich nicht wegschicken. Legen Sie Ihre Hand auf mein Bein. Wollen Sie es tun?" Ich tat es und fand, daß es wie ein Brett und nicht wie ein Bein sich anfühlte. Ich sagte: „Es ist nicht wie ein Bein. Was ist die Ursache?" „Es ist Krebs. Das ganze Bein von oben bis unten ist krebsartig. Oh, Sie werden mich doch nicht wegschicken?" Ich erwiderte: „Ich werde Sie nicht wegschicken. Ich will gehen und sehen, was Gott darüber sagt." Als ich vor dem Herrn wartete, kamen diese Worte zu mir: „Geh, sage diesem Mann, er solle sieben Tage und sieben Nächte fasten, und sein Fleisch wird werden wie das eines kleinen Kindes.“ Ich sagte ihm, was mir der Herr für ihn gegeben hatte. Er antwortete: „Ich glaube alles, was Gott zu Ihnen gesagt hat. Ich will nach Hause gehen und alles tun, was Gott mir zu tun geboten hat.“

Vier Tage später guckte ich durchs Fenster. Da sah ich denselben Mann. Doch anstatt das Geländer festzuhalten und sich wie ein Kranker hinaufzuziehen, sprang er die Stufen hinauf. Wie ein Knabe kam er ums Haus herumgerannt und schrie: „Ich bin völlig geheilt!“ Ich fragte: „Was werden Sie jetzt tun?“ Er antwortete: „Ich gehe hin, um noch drei Tage und drei Nächte zu fasten, doch ich dachte, ich wollte Sie wissen lassen, was Gott schon getan hat.“

Als er das nächste Mal zu uns kam, sah er meine Tochter Alice. Er hörte sie sagen, daß sie nach Angola in Afrika gehe. „Ich würde gern einen Anteil daran haben“, sagte er und zog eine Handvoll Goldmünzen aus seiner Tasche. Dann sagte er: „Das ist meine Gabe für Ihre Afrikareise.“ Sich an mich wendend, sagte er dann: „Haben Sie das Neueste gehört? In Sunderland empfangen sie den Heiligen Geist und reden in Zungen. Ich habe mich entschlossen, nach Sunderland zu fahren und mir das anzusehen. Würden Sie mit mir kommen?“ Ich erwiderte, daß ich mich freuen würde, ihn zu begleiten. Er sagte: „Es ist gut, Sie kommen mit mir. Ich werde alles bezahlen.“ Er war so glücklich, daß er geheilt worden war, und ganz gewiß verherrlichte er Gott für das Wunder, das in seinem Leben geschehen war.

Ich schrieb an zwei nach Sunderland verzogene Leute, die in unserer Bradforder Arbeit errettet worden waren. Man hatte ihnen berichtet, daß das, was dort vor sich ging, ein sehr gefährlicher Irrtum und daß auch das Reden in neuen Zungen von einer bösen Macht sei. Um mich vor diesem furchtbaren Irrtum zu bewahren, bestellten sie eine anscheinend geistlich gesinnte Frau, die mich warnen sollte. So waren die ersten Sachen, die ich hörte, falsche Berichte. Als sie nun alles gesagt hatten, was sie sich vorgenommen, rief ich: „Laßt uns beten!“

Der Herr gab mir wunderbare Freiheit im Gebet, so daß sie, nachdem wir gebetet hatten, sagten: „Richte dich nicht nach dem, was wir dir berichteten, sondern folge deiner eigenen Leitung!"

Es war ein Samstagabend, als ich zu der Versammlung ging. Was ich nicht verstehen konnte, war folgendes. Ich kam gerade von Bradford, wo der Geist Gottes mächtig gewirkt hatte. Viele, durch die Kraft Gottes bewegt, lagen am Boden und beteten an. Jedoch in dieser Versammlung schien mir nicht soviel Kraft zu sein wie in unserer in Bradford. Das enttäuschte mich. Aber ich war hungrig nach Gott, und Er kannte meinen Hunger, obgleich mich niemand zu verstehen schien.

Ich erinnerte mich an das Zeugnis eines Mannes, den der Herr — nachdem er drei Wochen gewartet hatte — mit Seinem Heiligen Geist taufte, wobei er in neuen Zungen redete. Ich rief: „Laßt mich diese Zungen hören, denn diesetwegen bin ich hergekommen!" Sie antworteten: „Wenn du im Heiligen Geist getauft sein wirst, wirst du selbst in Zungen reden." Meiner eigenen Meinung nach war ich geistgetauft. Die bereits erwähnten zehn Tage des Wartens auf Gott mit ihrem wunderbaren Ergebnis hatte ich Geistestaufe genannt. So sagte ich zu ihnen: „Ich erinnere mich, daß bei meiner Geistestaufe meine Zunge gelöst wurde. Wenn ich hernach Zeugnisse gab, so war ein bedeutsamer Unterschied zu merken." „Nein, das ist es nicht", erwiderten sie.

Doch ich suchte Gott mit meinem ganzen Herzen. Am Sonntagmorgen ging ich zu der 7.00-Uhr-Gebetsversammlung der Heilsarmee. Dreimal wurde ich in dieser Versammlung durch die Kraft Gottes auf den Boden gelegt. Etwas beschämt über meinen Zustand und diese Vorgänge, und damit ich nicht mißverstanden würde, versuchte ich mich selbst zu kontrollieren, indem ich wieder aufstand, niederkniete und betete. Am Schluß der Versammlung sagte der Prediger zu mir: „Woher bist du, mein Bruder?" Ich antwortete: „Ich bin aus Bradford. Ich kam nach Sunderland, um die neuen Zungen zu empfangen, die man hier bekommt." „Oh", sagte er darauf, „das ist der Teufel, den sie hier empfangen." Doch immerhin, er lud mich ein, am Nachmittag bei ihm zu predigen, und wir wurden wunderbar gesegnet. Nichtsdestoweniger redeten mir alle ab, zu den Pfingstleuten zu gehen und das Reden in neuen Zungen zu suchen.

Pastor Boddy, in dessen Kirche jene ersten Pfingstversammlungen stattfanden, gab bekannt, daß in der Nacht vom Dienstag zum Mittwoch eine Warteversammlung sein würde. Es war eine sehr kostbare Zeit. Die Gegenwart des Herrn war wunderbar, aber ich hörte niemand in Zungen reden. Um 2.30 Uhr morgens sagte Bruder Boddy: „Wir wollen die Versammlung schließen." Ich war enttäuscht. Ich hätte die ganze Nacht dort bleiben mögen. Weil ich den Schlüssel zu meinem Hotel vergessen hatte, sagte ein Missionar aus Indien zu mir: „Komm und übernachte bei mir." Doch ich ging nicht zu Bett. Wir verbrachten die Nacht im Gebet und empfingen großen Segen.

Vier Tage lang wollte ich nichts als Gott allein. Danach empfand ich, daß ich wieder heimfahren müsse. So ging ich zur Predigerwohnung, um mich zu verabschieden. Ich sagte zu Schwester Boddy: „Ich fahre jetzt weg, doch bisher habe ich noch nicht die Zungen empfangen." Sie antwortete: „Du benötigst nicht die Zungen, sondern die Geistestaufe." „Ich habe die Geistestaufe empfangen, Schwester", protestierte ich, „aber ich möchte, daß du die Hände auf mich legst, bevor ich wegfahre." Sie legte ihre Hände auf mich und mußte dann aus dem Zimmer gehen. Doch das Feuer fiel. Es war eine herrliche Zeit, als ich dort so mit Gott allein war. Er tauchte mich hinein in die Kraft. Ich war mir der Reinigung durch das kostbare Blut bewußt und rief: „Rein, rein, rein!" Wunderbare Freude erfüllte mich. Ich empfing eine Vision, in der ich den Herrn Jesus Christus sah. Ich sah Ihn, erhöht zur Rechten Gottes, des Vaters, und das leere Kreuz. Nicht mehr länger konnte ich in meiner Muttersprache sprechen, sondern fing an, Ihn in neuen Zungen zu preisen, wie der Geist Gottes mir gab auszusprechen. Nun wußte ich, obwohl ich vorher wunderbare Salbungen des Geistes empfangen haben mochte, daß ich jetzt zuletzt die wirkliche Taufe in den Heiligen Geist empfangen hatte, und zwar so, wie sie sie am Pfingsttage empfingen.

Nach der empfangenen Geistestaufe

Zur selben Zeit, als ich die Geistestaufe empfing, begann eine Versammlung in der Allerheiligenkirche. Ich ging sogleich hin. Der Vikar sprach gerade. Ich wußte, er war noch nicht geistgetauft. Ich unterbrach ihn mit den Worten: „Oh, laß mich etwas sagen! Gerade habe ich die Geistestaufe empfangen."

Die Kirche war voller Menschen. Ich weiß nicht mehr, was ich sagte, doch ich weiß, daß ich alle diese Leute mit ihrem Zustand äußerst unzufrieden machte. Sie sagten: „Wir haben diesen Mann getadelt, weil er so übermäßig hungrig war, doch er kam erst vor wenigen Tagen und hat die Geistestaufe empfangen, und einige von uns warten schon seit Monaten und haben sie noch nicht empfangen." Über alle kam nun ein großer Hunger. Von dem Tag an begann Gott, Seinen Geist auszugießen, und nach einer kurzen Zeit hatten 50 Geschwister die Geistestaufe empfangen.

Das erste, was ich tat, war, daß ich nach Hause telegraphierte: „Ich habe die Geistestaufe empfangen und in neuen Zungen geredet." Während der Bahnfahrt nach meiner Heimatstadt fragte mich der Teufel: „Wirst du das mit nach Bradford nehmen?" Bis auf meine Gefühle hatte ich im Augenblick nichts mitzunehmen, aber der Gerechte lebt nicht von Gefühlen, sondern durch den Glauben. So rief ich zu jedermanns Erstaunen in den Eisenbahnwagen: „Ja, ich nehme es mit!" Eine große Freude erfüllte mich, als ich diese Erklärung machte, aber irgendwie wußte ich, daß es von diesem Moment an allezeit ein großer Kampf sein würde.

Als ich daheim ankam, sagte einer meiner Söhne zu mir: „Vater, hast du in Zungen gesprochen?" Ich erwiderte: „Ja, Georg." „Dann laß es uns hören", sagte er. Doch ich konnte nichts sagen; denn obwohl die Geistestaufe, hatte ich doch nicht die Gabe der Zungen empfangen, die unterschiedlich von den Zungen ist, die sich beim Empfang der Geistestaufe kundgeben. Das kam erst neun Monate später. Mein Sohn verstand nicht, daß das Reden in Zungen, welches den Empfang der Geistestaufe begleitet, nicht die „Gabe der Zungen" ist, wovon in 1. Korinther 12 geschrieben steht. Das erste wird zum Zeichen gegeben, daß der Geist in pfingstlicher Fülle gekommen ist. Es mag kein Äußern in Zungen mehr sein, bis wieder eine besondere Salbung des Geistes gegeben wird. Die „Gabe der Zungen" dagegen kann jederzeit vom Empfänger in Gebet und Anbetung gebraucht werden.

Meine Frau sagte zu mir: „So, du hast in Zungen gesprochen, nicht wahr?" Ich erwiderte: „Ja." „Gut", sagte sie, „ich möchte dir zu verstehen geben, daß ich ebensoviel im Geist getauft bin wie du, und ich rede nicht in Zungen." Ich sah, daß der Streit im eigenen Hause anfing. „Ich habe 20 Jahre lang gepredigt", fuhr sie fort, „und du hast neben mir auf der Plattform gesessen, doch am Sonntag wirst du selbst predigen, und ich werde sehen, was es auf sich hat."

Sie hielt Wort. – Am Sonntag nahm sie einen Platz hinten im Saal ein. Bis zu diesem Tage hatten wir immer zusammen auf der Plattform gesessen. So hatte der Streit auch in der Gemeinde begonnen.

Als ich die drei Stufen zur Plattform hinaufschritt, gab mir der Herr das Wort aus Jesaja 61, 1–3: „Der Geist des Herrn ist auf mir, weil der Herr mich gesalbt hat, um den Elenden zu predigen. Er hat mich gesandt, die zerbrochenen Herzen zu verbinden, Freiheit auszurufen den Gefangenen und Öffnung des Kerkers den Gebundenen." Ich war kein Prediger, aber als ich die Stimme meines Herrn solche Worte zu mir reden hörte, begann ich. Ich kann mich jetzt nicht mehr erinnern, was ich sagte, aber meine Frau war furchtbar aufgeregt. Die Bank, auf der sie saß, bot neun Sitzplätze, und sie rutschte auf ihr herum, bis sie auf jedem der neun Plätze gesessen hatte. Dann sagte sie mit einer Stimme, daß alle in ihrer Nähe es hören konnten: „Das ist nicht mein Smith, Herr, das ist nicht mein Smith."

Ich kündigte gerade das letzte Lied an, als der Sekretär der Mission aufstand und sagte: „Ich möchte das haben, was unser Leiter empfangen hat." Das Seltsame an der Sache war, daß er, als er sich setzen wollte, seinen Platz verfehlte und auf dem Fußboden landete. Dann erhob sich mein ältester Sohn und sagte, daß er auch haben möchte, was sein Vater empfangen hätte; und auch er nahm seinen Platz auf dem Fußboden. In kurzer Zeit befanden sich elf Leute auf dem Fußboden. Nun war das Auffallende, daß sie alle im Geiste und miteinander lachten. Der Herr hatte in der Tat die Gefangenschaft Zions gewendet und den Mund Seiner Kinder mit Lachen erfüllt gemäß dem Worte des Herrn in Psalm 126, 1—2.

Das war der Beginn einer großen Geistesausgießung, in der Hunderte die Geistestaufe empfingen und jeder von ihnen in Zungen redete, wie der Geist ihnen gab auszusprechen. Gott wußte, daß ich in alle Welt gehen sollte, um diese glorreiche Wahrheit zu verkündigen, daß alle die Geistestaufe empfangen können in genau derselben Weise, wie sie sie zu Pfingsten empfingen, mit dem Reden in neuen Zungen, wie der Geist gab auszusprechen.

Den ersten Ruf nach meiner Geistestaufe erhielt ich von einem Fabrikbesitzer in Lancashire, der mehr als 1000 Leute beschäftigte. Er schrieb mir, daß er gehört habe, ich hätte den Heiligen Geist empfangen wie die am Anfang und daß er gern einen Menschen, der dieses Erlebnis gemacht hätte, kennenlernen würde. „Wenn Sie kommen, schließe ich jeden Nachmittag die Fabrik, und Sie können zwischen 13.00 und 23.00 Uhr fünf Versammlungen halten." Ich schrieb zurück: „Ich fühle mich wie ein großes Faß, das zu bersten droht; wenn es keinen Erguß hat, so komme ich zu Ihnen, die Versammlungen zu halten."

Bis zu dieser Zeit hatte ich keine Fähigkeiten zu predigen,

doch nun fühlte ich, daß ich eine prophetische Sprache hatte, die durch die Kraft des Heiligen Geistes wie ein Strom floß. So fuhr ich nach Lancashire, und dieser Mann schloß seine Fabrik. Von 13.00 bis 23.00 Uhr, mit kurzen Zwischenpausen, predigte ich. Ganz gewiß erfüllte Christus Seine Verheißung: „Wer an mich glaubt, wie die Schrift sagt, von des Leibe werden Ströme des lebendigen Wassers fließen." Eine große Anzahl in dieser Fabrik wurde herrlich gerettet.

Bald darauf empfing meine liebe Frau die Taufe im Heiligen Geist, und dann fuhren wir beide in die verschiedensten Teile des Landes, um die vielen Rufe, die von überall kamen, zu beantworten. Wohin wir auch immer gingen, taufte der Herr in den Heiligen Geist.

Einst fuhren wir zusammen in einen kleinen Ort in Shropshire, wo wir in der Methodistenkapelle eine Versammlung hielten. Als meine Frau predigte, fiel das Feuer, und überall in der Kapelle wurden Leute in den Heiligen Geist getauft. Wir stießen hier auch auf Widerstand, und es gab nicht wenig Verfolgung. Es war ein kleiner Ort auf dem Lande, und alle in der Umgebung schienen bewegt zu sein. Sie wußten um die Erwekkung in dieser Gemeinde. Am anderen Morgen, nachdem das Feuer gefallen war, spazierte ich um das Dorf herum und trat dann in ein Lebensmittelgeschäft ein. Plötzlich überkam die drei Leute, die im Geschäft waren, eine tiefe Sündenerkenntnis, und bevor ich den Laden verließ, waren alle drei gerettet. Als ich dann ein wenig die Straße entlang ging, sah ich auf dem Felde zwei Frauen, die Eimer trugen. Ich rief ihnen zu: „Seid ihr errettet?" Auch diese wurden von einer erschütternden Sündenerkenntnis ergriffen. Sie ließen ihre Eimer fallen und begannen zu beten. Dort auf dem Felde rettete sie der Herr. Wo immer ich ging, schien Sündenerkenntnis die Leute zu ergreifen. Ich kam zu einem Steinbruch, wo eine ganze Anzahl von Männern beschäftigt war. Ich predigte ihnen, während sie die schweren Steine zurichteten. Wieder kam Sündenerkenntnis über diese Leute, und viele wurden errettet. Auf dem Rückweg von diesem Steinbruch mußte ich an einem großen Hotel vorbeigehen. Gerade als ich mich ihm nahte, fuhren in einem zweirädrigen Fuhrwerk zwei Männer an mir vorbei. Niemals habe ich Männer mit böseren Gesichtern gesehen. Sie sahen aus wie das wahre Bild des Teufels. Als sie näher an mich herankamen, fluchten sie mir und versuchten, mit der Peitsche nach mir zu schlagen. Es schien wie ein Angriff direkt aus der Hölle zu sein. Sie schrien so laut, daß der Wirt, die Wirtin und fünf Leute aus dem Hotel kamen und rasenden Hunden gleich nach mir schlugen, indem sie fluchten und mich verwünschten, obgleich ich nicht ein Wort zu ihnen gesprochen hatte. Aber ich fürchtete ihren Angriff nicht. Sogleich rief ich: „Im Namen Jesu, in der Kraft des Blutes Jesu treibe ich Euch in Euren Abgrund zurück." Sie stürzten ins Hotel, und ich ging hinein und predigte ihnen Jesus.

Dort wurden zu der Zeit viele Leute geheilt und getauft, und die Herrlichkeit des Herrn offenbarte sich beständig. Zwanzig Jahre später besuchte ich denselben Ort. Die Leute erzählten die Geschichte dieser wunderbaren Heimsuchung Gottes. Von den verschiedensten Teilen des Landes kamen viele zu unserer Mission, und fast bei jeder Gelegenheit baten sie, ich möchte ihren Ort besuchen und etwas für sie tun.

Ich hatte viele Telegramme erhalten, um zu einem jungen Mann zu kommen, der gefährlich krank war. Als ich am Nachmittag zu dem Bauernhaus kam, fragte eine Frau an der Tür: „Sind Sie Wigglesworth?" Ich erwiderte: „Ja." Sie sagte: „Es tut mir leid, Ihnen sagen zu müssen, daß Sie zu spät gekommen sind. Für meinen Sohn kann jetzt nichts mehr getan werden." Ich sagte: „Gott hat mich noch nie zu spät an einen Ort geschickt." Dann fragte ich, ob ich den jungen Mann sehen könnte. Er lag mit dem Gesicht zur Wand in seinem Bett und flüsterte, daß er, wenn man ihn herumlegen würde, sterben könnte, denn sein Herz sei so schwach. „Gut", sagte ich, „ich werde beten, daß der Herr dich stärkt." In den ersten Tagen meiner Tätigkeit pflegte ich meistens viel zu beten und zu fasten. Ich wußte, daß dieser Fall über aller menschlichen Hoffnung war, und so lag ich fast die ganze Nacht wach und betete. Am nächsten Morgen stand ich sehr früh auf und ging auf ein angrenzendes Feld beten, weil wegen dieses Falles eine große Last auf meinem Herzen lag. Dort auf dem Feld gab mir der Herr eine Offenbarung, daß dieses etwas Neues in meinem Leben sein würde. Ich ging ins Haus und bat die Mutter, des Sohnes Kleider herauszulegen, weil Gott, der Herr, ihn aufrichten würde. In diesem Teil Englands herrscht ein naßkaltes Klima. So wußte ich, daß es notwendig sei, seine Kleider erst am Feuer aufzuwärmen, bevor er sie anziehen konnte. Aber sie glaubten nicht – und deshalb richteten sie seine Kleider nicht her.

Es war jetzt Sonntagmorgen und ich wußte, daß in der Methodistenkirche eine Versammlung war. Ich ging hin und wurde gebeten zu predigen. Durch das Wort des Herrn wurde in all diesen Herzen Glauben erweckt – und dann geschah etwas. Sie kannten den jungen Mann alle mit Namen und sagten: „Matthias wird aufgerichtet werden!" Das zeigte mir, daß Glauben in den Herzen gewirkt werden konnte, gerade wie er in mir gewirkt worden war. Ich ging ins Haus zurück und fragte: „Habt ihr die Kleider hervorgeholt?" Ich denke, sie waren ein bißchen beschämt, weil sie nichts getan hatten; so holten sie seine Kleider heraus und hängten sie ans Feuer. Dann ging ich in das Zimmer und erzählte dem jungen Mann die Vision, die ich gehabt hatte. Ich sagte ihm, daß etwas geschehen würde, unterschiedlich von allem, was ich bisher erlebt hätte. Ich sagte weiter: „Wenn ich meine Hände auf dich legen werde, wird die Herrlichkeit des Herrn den Raum erfüllen, bis ich nicht mehr fähig sein werde zu stehen. Ich werde hilflos auf dem Fußboden liegen." Ich ging hinaus, holte seine Kleider und sagte zu seinen Angehörigen: „Alles, was ihr tun sollt, ist, ihm die Strümpfe anziehen."

Warum ich sie gebeten hatte, ihm die Strümpfe anzuziehen, ist ein Geheimnis. Seine Beine waren wie die eines Gerippes.

Ich sah seine Hilflosigkeit und wußte, daß ein Wunder geschehen mußte. Nachdem einer der Angehörigen ihm die Strümpfe angezogen hatte, sagte ich: „Nun könnt ihr den Raum verlassen."

Sie schlossen die Tür. Ich denke, es ist eine sehr wichtige Sache, die Tür geschlossen zu haben, wenn du einen Fall hast wie diesen; denn dann weißt du, daß du mit Gott eingeschlossen bist. Ich betete und sogleich – im Augenblick, als ich den jungen Mann berührte – füllte die Kraft Gottes den Raum und war so wirksam, daß ich auf den Boden fiel. Meine Nase und mein Mund berührten den Fußboden. Eine Viertelstunde lag ich so in der Herrlichkeit. Die ganze Zeit rief Matthias im Bett: „Herr, es ist zu Deiner Herrlichkeit, zu Deiner Verherrlichung!" Das Bett bewegte sich, alles im Raum wurde bewegt durch die Kraft Gottes. Matthias Stärke – sein Leben und sein Herz –, was das schwächste an ihm war, ja, alles wurde erneuert. Ich lag noch auf dem Fußboden in der Herrlichkeit, als er sich vom Bett erhob und sich anzukleiden begann. Nachdem er angekleidet war, ging er im Zimmer auf und ab und rief: „Ich bin aufgerichtet zu Deiner Verherrlichung!" Sodann öffnete er die Tür und rief: „Papa, Gott hat mich geheilt! Ich bin geheilt!" Dieselbe Herrlichkeit erfüllte die Küche. Der Vater und die Mutter fielen nieder, und die Tochter, die man aus der Heilanstalt gebracht hatte und deren Verstand noch nicht völlig hergestellt war, wurde an dem Tage völlig geheilt.

Der ganze Ort war bewegt, und an demselben Tage begann eine Erweckung. Ich war unbekannt und unbemerkt in dieses Dorf gekommen, aber als ich es verließ, ging die ganze Ortschaft mit hinaus und rief: „Bitte, komm wieder, bitte, komm wieder und bleibe das nächste Mal länger bei uns."

In Grantham besuchte ich eine unserer Bekehrten, die in diese Stadt verzogen war. Im selben Augenblick, als ich zur Tür hineinkam, sagte sie: „Mein Bruder wird dich zu einem Mann bringen, der Blasenkrebs hat." Ich ging mit ihrem Bruder zu dem Haus des kranken Mannes. Bevor ich noch im

Hause war, konnte ich sein Stöhnen vernehmen. Er stöhnte so laut, daß ich es 40 m vom Haus entfernt hören konnte. Als ich zu ihm ins Zimmer trat, stöhnte er noch. Zugleich zeigte mir Gott, daß weder er noch seine Frau errettet waren. So sagte ich zu dem Mann: „Sind Sie errettet?" „Oh", schrie er, „wenn ich errettet wäre, könnte ich ruhig sterben. Wenn ich errettet wäre, würde ich mir weder aus diesem Krebs noch aus sonst etwas was machen!" Ich zeigte ihnen den Weg des Heils, und Gott rettete den Mann und seine Frau. Dieser Mann hatte eine solche Offenbarung des Heils, daß die Freude überfloß. — Ich konnte ihn, nachdem ich das Haus verlassen hatte, noch in 40 m Weite „Halleluja" rufen hören. Diese Veränderung war über alle Beschreibung. Er hatte keine Not mehr mit diesem Krebs. Ich eilte zum Bahnhof und erreichte gerade noch meinen Zug zurück nach Bradford.

Ich sah bald ein, daß mein irdischer Beruf dem Dienst Platz machen mußte, den Gott mir gegeben hatte. Ich hatte meine Familie durch meine Klempnerarbeit ernährt, doch ich wurde zu oft von der Arbeit weggerufen. Weil die Leute nicht warten konnten, mußten sie sich anderweitig nach Hilfe umsehen. Jedesmal, wenn ich nach Bradford zurückkehrte, hatte ich geschäftliche Verluste. Dann kam eine Zeit sehr strengen Frostes. Ich ging zu meinen Kunden und half ihnen ihre Wasserrohre einwickeln, damit ihnen während des frostigen Wetters das Wasser nicht einfrieren könnte. Aber ich wußte, daß ich, wenn das Tauwetter einsetzen würde, an viele Stellen zu gehen hätte, um geplatzte Wasserrohre zu reparieren.

Ich wurde zu einer Konferenz in Preston eingeladen. Während dieser Konferenz brach der Frost herein. Nun kamen Telegramme mit der Bitte, unverzüglich nach Bradford zu kommen, um Reparaturen auszuführen. Der Leiter der Konferenz sagte zu mir: „Du hast uns viel geholfen und warst ein großer Segen. Wir sähen sehr gern, daß du bis zum Ende der Konferenz hierbliebest, aber wenn du meinst, nach Hause fahren zu müssen, wollen wir dich gehen lassen." – Ich fuhr heim, doch ich stellte fest, daß die meisten meiner Kunden, die zerbrochene Wasserrohre gehabt hatten, sich mittlerweile andere Klempner gesucht hatten. Da war nur eine Frau, eine Witwe, die keinen anderen Klempner hatte bekommen können. Ich ging zu ihrem Haus und fand es überflutet vom Wasser samt einer heruntergefallenen Zimmerdecke. Sie tat mir so leid, daß ich ihr Rohre und Decke reparierte. Sie war dankbar, denn sie hatte viele Tage auf Hilfe gewartet. Als sie sagte: „Sagen Sie mir, wieviel ich jetzt schuldig bin", sagte ich: „Ich möchte dafür keine Bezahlung von Ihnen nehmen. Ich will dieses dem Herrn zum Opfer machen als meine letzte Klempnerarbeit."

Ein Freund bemerkte einmal: „All die Leute, die sagen, aus Glauben zu leben, scheinen krumme Absätze zu haben, und ihre Kleider sind alt und abgetragen." Ich glaubte, daß Gott mich reichlich versorgen würde, wenn ich Ihm treu diente. Ich versprach Ihm zu der Zeit, daß ich Ihm blind folgen würde, aber ich legte die Bedingung zugrunde, daß meine Schuhabsätze niemals eine Schande sein dürften und daß ich niemals Hosen mit zerrissenen Knien tragen dürfte. Ich sagte zu dem Herrn: „Wenn eines von diesen Dingen vorkommt, dann gehe ich wieder zurück zu meiner Klempnerarbeit." Er hat niemals versäumt, all meine Bedürfnisse zu erfüllen. Er ließ meine Vision und meinen Glauben zunehmen und gab mir Rufe aus allen Teilen Englands. Ich war ein Pionier mit der Pfingstbotschaft in sehr vielen Gemeinden in Großbritannien. Bald begannen sich auch Rufe aus anderen Ländern einzustellen.

Ich hatte eine Menge Geld in meinen Büchern ausstehen. Es wäre mir nicht möglich gewesen, es ohne gerichtliche Hilfe einzufordern. So zog ich vor, es zu verlieren, um nicht das Gesetz in Anspruch zu nehmen. Alle Schulden, die ich zu der Zeit hatte, wurden von einem jungen Freund beglichen, dessen Herz der Herr geöffnet hatte, mir eine beträchtliche Geldgabe zu vermachen.

Meine Frau und ich hielten unsere Arbeit in Bradford weiterhin aufrecht, obwohl ich häufig abwesend war, um anderweitig zu dienen. Ich war überzeugt von der Wirksamkeit der Hausbesuche und betete in jedem Haus, in das ich eintrat. Überall — wo ich ging — wurden Seelen errettet und Kranke geheilt.

Ich schämte mich des Evangeliums nicht, so daß ich den größten Fahnenmast erwarb, den man auftreiben konnte, und ihn vor der Mission anbrachte. An diesem Mast hatte ich eine Flagge von fast 3 m Länge und 1,5 m Breite wehen. Die eine Seite der Flagge war rot, die andere blau und die Schrift war weiß. Auf der einen Seite hatte ich den Bibelvers: „Ich bin der Herr, dein Arzt", auf der anderen: „Christus starb für unsere Sünden". Diese Flagge machte auf die Vorbeigehenden großen Eindruck.

Gott brachte mich in einen Zustand des immer mehr zunehmenden Glaubens und veranlaßte mich zu sehen, daß das Wort Gottes geschrieben wurde, um uns zu zeigen, wie wir nach dem Grundsatz des Glaubens handeln sollen. Ich sah, daß Christus gesagt hat: „Wenn du ein Mahl machst, so lade Arme, Krüppel, Lahme, Blinde, und glückselig wirst du sein, weil sie nichts haben, dir zu vergelten, denn es wird dir vergolten werden in der Auferstehung der Gerechten." So beauftragte ich zwei Leute auszugehen und alle Notleidenden, die Kranken und Bedürftigen zu finden. Ich gab ihnen Zettel, die sie zu einem Essen und guter Bewirtung in unsere Mission einluden.

Nachdem die zwei in der Nachbarschaft umhergegangen waren, brachten sie eine große Schar von Bedürftigen zusammen. Dieser Anblick war schon über alle Beschreibung. Da waren die Blinden, die Lahmen und die Alten und Gebrechlichen. Um die ganze Mission herum waren Rollstühle, Leute an Krücken, und die Blinden, die man führen mußte. Das wàr bis dahin der beste Tag in meinem Leben. Ich weinte und weinte und weinte. Ein Grund meines Weinens war die vor meinen Augen sich darbietende Not; dann weinte ich vor Freude, eine solche Gelegenheit zu haben, und in Erwartung, daß ich Dinge sehen würde, die ich vorher niemals gesehen hatte. Und so war es auch.

Das erste, was wir taten, war, daß wir jeden mit einer erstklassigen Mahlzeit versahen. Nachdem sie gesättigt waren, boten wir ihnen Unterhaltung, nicht in einer weltlichen Weise, sondern das ganze Programm war wirklich unterhaltend. Der erste Mann auf dem Programm war einer, den man lange Zeit hin und her im Fahrstuhl gefahren hatte und der erzählte, wie er durch die Kraft Gottes geheilt worden war. Die nächste war eine Frau, die vom Blutfluß geheilt worden war. Sie erzählte, wie sie durch Gebet und Salbung mit Öl geheilt worden war, einen Tag bevor sie auf den Operationstisch sollte. Dann hatten wir einen Mann, dessen Fuß und Arm durch einen Lähmungsanfall leblos herunterhingen. Er erzählte, wie er geheilt worden war, nachdem ihn die Ärzte aufgegeben hatten.

Für anderthalb Stunden waren diese armen, hilflosen Menschen zutiefst bewegt und weinten, weil sie gehört hatten, wie Jesus die Kranken heilen kann. Ich sagte zu ihnen: „Nun haben wir euch heute unterhalten, aber wir werden nächsten Samstag eine andere Versammlung haben. Ihr, die ihr heute gebunden seid, die ihr in Fahrstühlen gekommen seid, ja zum Teil – wie die Frau im Evangelium – alle eure Habe für die Ärzte verwendet habt und es doch nicht besser geworden ist, werdet uns am Samstagabend unterhalten durch das Bezeugen der Wundertaten, die ihr heute durch den Namen Jesu Christi empfangen werdet." So beteten wir für diese Leute, und Gott begegnete uns in Kraft. Am kommenden Samstagabend war es herrlich, als einer nach dem anderen erzählte, wie Gott ihn geheilt hatte. Er hatte von den verschiedensten Krankheiten befreit.

Diesen ersten Samstag werde ich niemals vergessen. Ich rief: „Wer möchte geheilt werden?" Natürlich wollte jeder geheilt werden. Ich erinnere mich an einen besonderen Fall. Ich holte eine Frau mit ihrem Fahrstuhl von daheim ab. Das Rad war gebrochen, doch ich brachte es notdürftig zurecht. Ich half ihr aus ihrer Wohnung, aber der Fahrstuhl brach wieder zusammen. Ich sagte zu ihr: „Nun, du wirst nie wieder danach verlangen.“ Ich brachte ihn erneut zurecht, und endlich erreichten wir die Mission. Gott heilte sie so wunderbar, daß sie nach Hause ging. Ich bin Zeuge von der Tatsache, daß sie alle Stufen zu ihrer Wohnung bis hinein in ihr Schlafzimmer ging, den Herrn beständig preisend.

Dort war auch ein junger Mann, der 18 Jahre lang epileptische Anfälle gehabt hatte. Er wurde vollkommen geheilt. Er konnte niemals hinausgehen, ohne daß ihn einer begleitet hätte. Seine Mutter brachte ihn in die Versammlung, und Gott begegnete ihm so wunderbar, daß er innerhalb von zwei Wochen in einer Fabrik arbeitete und Lohn nach Hause brachte.

Ein anderer Fall war der eines jungen Mannes, der gekrümmt war wie das Weib in der Bibel. Der Herr Jesus nannte es einen Geist der Unreinheit und zeigte an, daß sie von einem bösen Geist gebunden war. An diesem Tage wurde der junge Mann gelöst und befreit, genau wie die Frau in der Synagoge gelöst wurde. Christus sagte in Seinem Dienst der Heilungen, daß Er die Werke Gottes wirke. Und Er sagte, daß wir auch die Werke Gottes tun könnten, wenn wir glauben würden. Er trieb den unreinen Geist aus; so trieb auch ich den unreinen Geist aus im Namen Jesu, und augenblicklich wurde der junge Mann gerade. Jedermann pries den Herrn für die Wunder, die er sah.

Ein anderer bemerkenswerter Fall war ein Knabe, der von Kopf bis zu Fuß in dünnes Eisen eingeschlossen war. Der Ort war sehr mit Menschen gefüllt, so daß sein Vater ihn hochhob und dem Mann hinreichte, der vor ihm saß. Er wurde zum nächsten Platz gereicht und andere reichten ihn weiter, bis er zuletzt vor mich auf die Plattform gelegt wurde. Ich salbte ihn mit Öl und legte ihm im Namen des Herrn Jesus die Hände auf, als er augenblicklich aufschrie: „Papa, Papa, Papa, es geht ganz über mich!“ Und er wurde selbigen Tages gelöst und ganz befreit.

Könnt ihr euch wundern, daß in den Herzen Glauben lebendig wurde, als sie solche Wunder geschehen sahen? Eine Woche später gingen diese Leute umher als Zeugen und erzählten, was Christus an ihnen getan hatte.

Der Dienst der Heilung

Wir haben Smith Wigglesworth oft sagen gehört, daß es nichts ausgemacht, wo er in der Schrift nach einem Text gesucht hätte, fast immer hätten seine Predigten damit geendet, daß der Herr nicht nur alle Sünden vergibt – sondern auch alle Gebrechen heilt.

Seine ständige Botschaft war einfach „Christus". Von Ihm sagte er: „Es gab keinen einzigen, der mit solch liebendem Erbarmen in diese Welt kam und der so an allen Nöten der Menschen Anteil nahm wie der Herr Jesus. Er erklärt uns: ‚Wahrlich, wahrlich, ich sage euch, wer an mich glaubt, wird die Werke auch tun, die ich getan habe, und er wird größere tun, denn ich gehe zum Vater.' Gott will, daß wir alle eine Glaubenskühnheit haben, die es wagt, alles zu glauben, was uns im Worte angeboten wird." – Aber wir wollen ihn seine eigene Geschichte fortsetzen lassen.

Eines Tages war ich in Schweden. Als ich so die Straße entlang ging, sah ich, wie ein Mann in einen Torweg fiel. Augenblicklich war ein Gedränge um ihn herum, und die Leute sagten, daß er tot sei. Sofort machte ich Gebrauch von der Kraft und Gewalt des Namens Jesu Christi, und sogleich wurde der Mann befreit. Er war viele Jahre lang in solcher Weise geplagt worden. Der Herr sagte mir, ihn zu einem öffentlichen Zeugnis zu machen. So lud ich ihn ein, in die Versammlung zu kommen. Er kam und erzählte seine Befreiung. Er erwähnte die furchtbarsten Dinge, die der Teufel ihm eingeflüstert hatte. Dann sagte er uns, daß der Teufel aus ihm ausgefahren sei.

Während ich in Ceylon war, schickte man mich an einen Ort, wo ich für eine Frau beten sollte. Infolge von Krebs befand sie sich in einem furchtbaren Zustand und war fast tot. Das Haus war mit Menschen gefüllt, denen ich Christus verkündigte. Ich sagte: „Ich weiß, daß diese Frau geheilt wird; ich möchte, daß ihr die Kraft meines Herrn kennenlernt, der euch von Sünde erretten und von aller Macht des Teufels befreien kann." Ich betete für die Frau. Ihre Befreiung war so wunderbar und machte auf die Leute im Hause solchen Eindruck, daß sie die Heilung in den Zeitungen veröffentlichen ließen. Die Frau selbst kam in die Versammlung und erzählte, wie der Herr sie völlig geheilt hätte. Christus sagte uns: „Diese Zeichen aber werden denen folgen, welche glauben." Was bedeutet zu glauben? Es bedeutet, zu dem, was der Herr sagte, solche Zuversicht zu haben, daß wir Ihn beim Wort nehmen, einfach weil Er es gesagt hat.

Ich erinnere mich eines Tages, an dem ich gebeten wurde, eine sterbende Frau zu besuchen. Als ich ins Zimmer trat, wo die Frau lag, sah ich, daß keine Hoffnung mehr war, was natürliche Hilfe anging. Sie litt an einem Tumor, der ihr das Leben nahm. Als ich auf sie blickte, wußte ich, daß es keine Möglichkeit der Hilfe gab – es sei denn, daß der Herr ein Wunder wirke. Dank sei Gott, ich wußte, daß Er dazu fähig war. Ich sagte zu der Frau: „Ich weiß, daß du sehr krank bist, aber wenn du geheilt werden willst und zum Zeichen dafür deinen Arm nicht erheben kannst, kannst du vielleicht deinen Finger heben." Ihre Hand lag auf dem Bett, doch sie hob ihren Finger ein wenig.

Ich sagte zu meinem Freund: „Wir wollen über sie beten und sie salben." Nachdem wir sie gesalbt hatten, fiel ihr Kinn herab. Mein Freund sagte: „Sie ist tot." Ich schaute in ihr Gesicht und sagte: „Im Namen Jesu schelte ich diesen Tod." Ihr ganzer Körper, von Kopf bis zu Fuß, begann zu zittern. „Im Namen Jesu befehle ich dir zu gehen!" sagte ich. „Im Namen Jesu, gehe!" Und sie ging.

Mein Freund ging hinaus und erzählte den Leuten, daß er eine vom Tode erweckte Frau gesehen hätte. Der Arzt der Frau hörte davon und kam, um sie zu sehen. Er sagte: „Ich habe von Herrn Fischer, dem Ältesten, gehört, daß Sie wieder zum Leben gebracht wurden. Ich möchte, daß Sie mir sagen, ob dem so ist.“ Als sie es bejahte, fragte er: „Wagen Sie es, in einer gewissen Halle Ihr Zeugnis zu geben, wenn ich Sie mit meinem Auto hinbringe?“ „Ich will überall hingehen, es abzulegen“, war ihre willige Antwort. Sie sah sehr blaß aus, als sie in die Halle kam, aber auf ihrem Antlitz lag ein überirdischer Glanz. Sie war in Weiß gekleidet, und ich dachte: Wie schön sieht sie aus! Sie sagte folgendes: „Viele Jahre lang ging ich dem Tod entgegen, aber jetzt möchte ich für meine Kinder leben. Ich kam in einen Zustand, wo keine Hoffnung mehr zu sein schien. Ich erinnere mich, daß ein Mann zu mir kam, um mit mir zu beten. Er sagte: ‚Willst du leben, so bewege einen deiner Finger, falls du nicht sprechen noch die Hand hochheben kannst.‘ Ich erinnere mich, daß ich meinen Finger rührte, doch von dem Moment an wußte ich nichts anderes mehr, bis ich in der Herrlichkeit war. Ich sah Mengen von Menschen. Ja, ich empfinde, ich muß versuchen zu sagen, wie die Herrlichkeit war. Oh, welche Freude und welch Gesang war zu vernehmen! Es war so schön, aber das Antlitz Jesu übertraf alles. Gerade als ich mich so wohlfühlte, zeigte der Herr auf mich. Er sprach nichts — doch ich wußte, daß ich zu gehen hatte. Im nächsten Augenblick hörte ich einen Mann sagen: ‚Geh, geh im Namen Jesu!‘ Wenn der Doktor hier ist, würde ich mich freuen zu hören, was er zu sagen hat.“

Der Doktor erhob sich und versuchte zu sprechen, aber er konnte zuerst nicht. Seine Lippen zitterten und seine Augen waren gleich Wasserquellen. Zuletzt sagte er: „Seit Monaten habe ich gebetet. Ich fühlte, daß keine weitere Hoffnung mehr ist und sagte den Hausbewohnern, daß die Frau nicht mehr lange leben würde. In der Tat war es nur eine Sache von Tagen gewesen. Ich erkannte, daß ein Wunder gewirkt worden war durch den Namen Jesus.“ Dieser Arzt schrieb wie folgt an seinen Freund: „Wenn du jemals Gelegenheit bekommst, Wigglesworth zu hören, dann nimm sie wahr. Hunderte wurden in dieser Gegend geheilt.“

Ich erhielt viele Telegramme und Briefe mit der Bitte, nach London zu kommen und für eine gewisse Frau zu beten. Volle Einzelheiten wurden mir nicht angegeben. Ich wußte nur, daß die Frau in großer Not war. Als ich in das Haus kam, nahm mich der Vater der Notleidenden bei der einen und die Mutter bei der anderen Hand; sie brachen zusammen und weinten sehr. Dann führten sie mich auf einen Balkon, zeigten auf die leicht geöffnete Tür eines Zimmers und verließen mich beide. Ich ging zu der Tür hinein. Niemals in meinem Leben habe ich einen solchen Anblick gesehen. Ich sah eine schöne, junge Frau. Vier kräftige Männer hielten sie auf dem Fußboden; ihre Kleidung war zerrissen infolge des Kampfes.

Als ich den Raum betrat und in ihre Augen schaute, rollten sie, aber sie konnte nicht sprechen. Sie war dem Manne gleich, der Jesus sah und zu Ihm lief, als er aus den Gräbern kam. Sobald er zu Jesus kam, redeten die Dämonen. Die Dämonen, die dieses Mädchen bewohnten, redeten und sagten: „Wir kennen dich. Du kannst uns nicht austreiben — wir sind viele.“

„Ja“, sagte ich, „ich weiß, ihr seid viele, aber mein Herr Jesus wird euch alle austreiben.“ Es war ein wunderbarer Augenblick, ein Augenblick, wo Er, der Herr, allein mit solcher Situation sich befassen konnte. Die Kraft Satans wirkte derart mächtig in diesem Mädchen, daß sie sich in einem Moment von diesen vier starken Männern loswand. Der Geist Gottes ruhte wunderbar auf mir. Ich ging gerade auf sie zu und schaute in ihr Gesicht. Ich sah die bösen Mächte darin. Ihre Augen blitzten in dämonischer Kraft. „Obwohl ihr viele seid“, rief ich, „gebiete ich euch im Namen Jesu, in diesem Augenblick herauszukommen!“ Sogleich begann sie sich zu erbrechen. Während der nächsten Stunde erbrach sie 37 böse Geister und benannte jeden einzelnen von ihnen, als sie herauskamen. Selbigen Tages wurde sie völlig hergestellt. Am nächsten Morgen um 10.00 Uhr saß ich mit ihr am Tisch und feierte das Mahl des Herrn.

Während eines Besuches in Los Angeles, wo unser Wigglesworth eine Zeltevangelisation abhielt, wurde mir von seinem Gastgeber folgender Vorfall mitgeteilt: Eines Abends, als er gerade im Zelt zu predigen angefangen hatte, entstand große Aufregung in einer der vordersten Reihen. Eine Frau war ohnmächtig geworden. Eine Anzahl Leute umringte sie. Wigglesworth rief: „Ich schelte dich, du böser Teufel, für das Stören dieser Versammlung." Augenblicklich wurden aus allen Teilen des Zeltes Stimmen laut, die ihn wegen seiner Härte kritisierten.

Aber die Folge dieses Vorfalls rechtfertigte seine Handlungsweise. — Wenige Tage später kam der Gatte der ohnmächtig gewordenen Frau zu Wigglesworth in die Wohnung. „Meine Frau war jahrelang krank", führte er aus, „und ich mußte sie bedienen. Jeden Morgen mußte ich ihr auf einem Tablett das Frühstück ins Schlafzimmer bringen. Doch alles ist anders seit dem Abend, an dem Sie die böse Macht in ihr gescholten haben. Am nächsten Morgen sagte sie zu mir: ‚Du brauchst mir heute morgen kein Frühstück zu bringen. Ich bin vollkommen geheilt und stehe auf, um selbst das Frühstück zu bereiten.' Seitdem hat sie es jeden Morgen getan. Zweifellos wurde sie von einem Geist der Schwäche bedrückt, aber seitdem Sie ihn an jenem Abend, als sie ohnmächtig wurde, bedrohten, ist das Bedrückende weg, und jetzt ist sie völlig frei."

In seinen späteren Jahren wurde Wigglesworth von seinem Schwiegersohn James Salter und seiner Tochter Alice begleitet. Sie übernahm den größten Teil seiner Korrespondenz und er half viel den verschiedenen Zuhörern, den Glauben zu stärken, wenn er von den vielen bemerkenswerten Zeichen erzählte, die der Predigt des Wortes auch in Belgisch-Kongo folgten. Bruder und Schwester Salter erzählen von Hunderten von Wundern, die auf das Glaubensgebet unseres Wigglesworth hin geschahen.

Gleich seinem Meister war er ein Mann der Vollmacht. In Kansas City wurde er gerufen, für eine besessene Frau zu beten. Als er im Hause ankam, äußerte sich die dämonische Macht in der Frau in schrecklichen Flüchen, die sie ausstieß. Er gebot den bösen Geistern im Namen Jesu, die Frau zu verlassen. Dann machte er sich fertig, aus dem Haus zu gehen. Die Frau folgte ihm zur Tür und fluchte weiterhin furchtbar. Er sagte nicht: „Ich nehme an, nicht im Glauben gebetet zu haben; besser, ich gehe zurück und bete noch einmal." Solch ein Verlauf würde für ihn ein Fehler gewesen sein. Doch er drehte sich um und sagte mit Vollmacht zur dämonischen Macht in dieser Frau: „Ich habe dir gesagt, sie zu verlassen." Das war genug. Die Frau war völlig befreit. Ihr Hirte stellte später fest, daß sie nie mehr etwas mit dämonischer Macht zu tun gehabt hat.

Alle folgenden, in diesem Kapitel berichteten Heilungen wurden uns von Bruder Salter mitgeteilt.

Wigglesworth pflegte oft eine Versammlung zu beginnen, indem er sagte: „Um euch zu zeigen, daß der Herr in unserer Mitte ist und Seine Kraft zu heilen und zu segnen vorhanden ist, wollen wir einen Beweis erbringen. In der Apostelgeschichte lesen wir: ‚Von allem, was Jesus anfing, sowohl zu tun, als auch zu lehren.' Sein Tun ging Seinem Predigen voraus. Jede Predigt, die Jesus hielt, wurde durch ‚Muster'-Wunder eingeleitet. Wir werden Seinem Beispiel folgen. Ich werde für die Person aus dieser großen Versammlung, die zuerst aufsteht, ganz gleich, welcher Art die anhaftende Krankheit ist, beten, und Gott wird die Befreiung geben."

Wie oft zitterten unsere Herzen, wenn wir ihn diese kühne Bekanntgabe machen hörten, denn in unserer Mitte befanden sich Krebskranke, Schwindsüchtige, Leute in Rollstühlen, sehr schwierige, ja klägliche Fälle von Krankheiten jeder Art. Im geheimen hofften wir, daß jemand mit einer leichteren Krankheit aufstehen würde und nicht ein vorgeschrittener Krebskranker oder ein entstellter Krüppel.

Bei einer Gelegenheit versuchte auf seine Aufforderung ein armer, entstellter Mann mit verdrehten Gliedern, der zwei Stöcke als Stütze hatte, sich auf seine Füße zu kämpfen. Als Bruder Wigglesworth ihn sah, fragte er ihn in seiner eigenartigen Weise: „Nun, was ist mit dir los?" Nachdem er sich in die Lage hineingefunden hatte, sagte er: „Alles in Ordnung, wir werden jetzt für dich beten." Die ganze Versammlung vereinigte sich mit ihm im Gebet. Dann sagte er, indem er sich an den Mann richtete: „Wirf nun deine Stöcke weg und komm zu mir!" Der Mann tappte eine Zeitlang, dann ließ er seine Stöcke auf den Boden fallen und begann sich vorwärts zu bewegen. „Wandle, wandle!" rief Wigglesworth, und der Mann schritt aus. „Laufe jetzt!" gebot er. Zum Erstaunen und der großen Freude aller Anwesenden und unserer unbegrenzten Erleichterung gehorchte der Mann und war geheilt.

In Schweden erregte sein Predigen über göttliche Heilung und Wassertaufe so die Ärzte und einige Diener der Kirche, daß sie sich verbanden und eine Bittschrift an die Regierung richteten. Das Resultat davon war, daß Wigglesworth verboten wurde, die Leute in der Öffentlichkeit anzurühren oder ihnen zwecks Heilung die Hände aufzulegen. Eines Tages predigte er in einem Park, in dem sich zuletzt schätzungsweise 20 000 Menschen versammelt hatten, um ihn zu hören. Eine Anzahl Vertreter seitens der Behörde war anwesend, um sich zu vergewissern, ob Wigglesworth das Verbot respektieren würde. Er war der Situation gewachsen. Er bat alle Kranken aufzustehen, wenn sie könnten. Sonst sollten sie auf irgendeine Art und Weise ihre Not anzeigen, und er würde beten. Dann sagte er: „Jetzt lege sich jeder selbst die Hände auf, und ich werde beten, daß der Herr euch heilt." Die Kranken legten ihre Hände auf ihre eigenen kranken Stellen, und er betete ein einfaches

Gebet des Glaubens. Hunderte wurden daraufhin gesegnet und geheilt. – In dieser Weise verstieß er nicht gegen das Gesetz.

In seinen letzten Tagen pflegte er diese einfache Methode anzuwenden, wenn er eine große Versammlung hatte und wußte, daß es Stunden in Anspruch nehmen würde, für jeden Hilfsbedürftigen zu beten. So kam es, daß in einem Park in Stockholm (Schweden) das geboren wurde, was er später als seine „Heilung im Großhandel" bezeichnete. – In Wahrheit wurde ihm diese Art durch die Verfügung der schwedischen Behörden aufgezwungen. Ganz sicher kann gesagt werden, daß durch diese Methode Hunderte geheilt wurden und daß diese Heilungen von Dauer waren.

In einer großen Stadt, wo wir einen Monat lang täglich zwei Versammlungen hatten, wurde diese Methode jeden Tag angewandt wegen der großen Menge, die seinen Dienst suchte. Vor der Plattform saß ein Mann, der gespannt und mit großer Anstrengung seine Augen auf den Prediger gerichtet hatte, um ein Bild von dem zu bekommen, was er sagte. Er war taub seit 40 Jahren. Während Wigglesworth gerade in dieser Weise die Heilung darbot, begann der Taube plötzlich in einer phantastischen Weise seinen Hut zu schwingen und lief aus der Versammlung. Zur Abendversammlung kehrte er zurück und bezeugte: „Vierzig Jahre lang bin ich ganz taub gewesen, aber während der Morgenversammlung, als der Prediger allgemein für die Kranken betete, schnappte etwas in meinem Kopfe. In meinen Ohren entstand ein Geräusch, ein Knall, und deshalb bin ich aus dem Saal gelaufen. Draußen hörte ich ganz deutlich die Stimme des Predigers." In den folgenden Versammlungen setzte er sich auf den letzten Platz in die entfernteste Ecke. So groß war seine Freude, daß es dadurch nun alle wissen sollten, daß er vollkommen höre.

In derselben Versammlung war ein Kriegsveteran, dessen Rückgrat durch einen Schuß beschädigt war. Auch er erfuhr durch die Anwendung der „Heilung im Großhandel" völlige Heilung. Zwei oder drei Leute wurden zur selben Zeit von

Krebs geheilt. Ein kleiner Knabe wurde auf einen Tisch gestellt. Eins seiner Beine war 5 cm kürzer als das andere. Sein Vater hob ihn hoch, um der Versammlung zu zeigen, was geschehen war. Der Knabe bezeugte: „Als der Prediger den Leuten sagte, Arme oder Beine, oder was sonst krank sei, zu bewegen, streckte ich mein Bein aus, und es wurde geradeso lang wie das andere.“ Dieses Wunder wurde von über 1500 Menschen gesehen.

Während desselben Versammlungsfeldzuges stand eine Frau auf und sagte: „Ich bin eine schwer Leidende. Seit langer Zeit befinde ich mich in den Händen der Ärzte. Gegenwärtig habe ich eine kranke Niere, Gallensteine und chronische Geschwüre.“ Auch sie erhob sich zur Zeit, als die Aufforderung zur Heilung gegeben wurde, und nach dem Gebet war sie völlig geheilt. Hunderte wurden gesegnet, geheilt und befreit durch diese Art zu beten in den Versammlungen. Obwohl sie vor 20 Jahren stattfanden, waren die Ergebnisse bleibende. Kürzlich (November 1947) stand hier in Los Angeles eine Frau auf und bezeugte, daß sie in jenen Versammlungen geheilt worden war.

In einer großen Stadt der Vereinigten Staaten (Arizona), einem Sammelpunkt für Tausende von Tbc-Kranken, die in diesen verlassenen Gegenden Heilung suchen, hatten wir eine Reihe von Versammlungen. Die Nachricht davon verbreitete sich sehr rasch unter diesen Leuten. Einige legten weite Entfernungen zurück, um an den Versammlungen teilnehmen zu können. Da waren Reiche und Arme, alle Klassen, und Lungenkranke in den verschiedensten Stadien. Auch hier wandte unser Wigglesworth die Art „Heilung im Großhandel“ an. Eine junge Frau, bei der die Krankheit weit vorgeschritten war, erhob sich, als er seine Aufforderung gab. „Stellen Sie sich in den Gang!“ rief er ihr zu. Infolge der Anstrengung rang sie nach Atem. „Nun“, sagte er, „ich werde jetzt für Sie beten, und dann werden Sie um dieses Gebäude laufen.“ Er betete und rief dann sogleich: „Lauf, lauf, lauf!“ Sie erwiderte: „Aber ich kann doch nicht laufen, ich kann ja kaum stehen!“ „Geben

Sie mir keine Widerrede", rief er, „tun Sie, wie ich gesagt habe!" Sie war unwillig, sich von der Stelle zu bewegen. So sprang er von der Plattform und drang sie zu laufen. Er half ihr ein wenig, und sie klammerte sich an ihn, bis daß sie schneller wurde. Endlich galoppierte sie ohne irgendeine Anstrengung um den großen Hörsaal. Als sie eine Zeitlang später gesehen wurde, befand sie sich immer noch in gesundem Zustand.

Einer anderen Frau in derselben Versammlung sagte er auch, sie solle laufen. Als sie ihren Widerwillen zeigte und nicht laufen wollte, gab er ihr einen leichten Stoß. Darauf klammerte sie sich an ihn, und zusammen liefen sie ein paarmal um das Gebäude. Ihre Beine waren zuvor untätig gewesen infolge von Ischias, und ihre Füße waren derart verkrüppelt, daß sie kaum gehen konnte. Gott befreite sie völlig, und alle folgenden Tage legte sie den Weg in die Versammlungen zu Fuß zurück, anstatt die Straßenbahn zu benutzen. Sie war so froh, wieder ihre Glieder gebrauchen zu können.

Sein Verfahren mit Einzelpersonen nannte er „Heilung im Kleinhandel". Eine Frau stand eines Tages in Leeds (England) auf der Straße und wartete auf den Bus. Ihr zur Seite wartete eine Schwester in Schwesterntracht. Sie begannen ein Gespräch. Da entdeckten sie, daß sie beide gläubig waren und kamen dann in ihrer Unterhaltung auf Krankenheilung zu sprechen. Die Frau sagte der Schwester, sie habe einen Sohn mit einem kranken Daumen und beabsichtige, ihn ins Krankenhaus zu bringen. „Tun Sie das nicht", riet die Schwester, „vielleicht könnten die Ärzte ihm den Daumen noch abnehmen. Ich gebe Ihnen eine Adresse. Der Betreffende wird für ihn beten und der Herr wird seinen Daumen anrühren." Inzwischen kam der Bus. Obwohl er nicht in die Richtung fuhr, in die unsere Schwester fahren wollte, stieg sie mit der ihr nun bekannten Frau ein, um die begonnene Unterhaltung fortzusetzen. Im Bus sagte die Frau zu ihr: „Ich bin auch krank und habe Brustkrebs." Die Schwester zog ein kleines Buch aus der Tasche und schrieb den Namen von Smith Wigglesworth darauf. „Schreiben Sie an ihn! Sie werden eine Antwort bekommen." Als sie so ihre Arbeit für den Herrn beendet hatte, stieg sie an einer passenden Haltestelle aus.

Die kranke Frau schrieb an Wigglesworth. Wir besuchten sie und hörten, daß sie Krebs im vorgeschrittenen Stadium hatte. Wir beteten für sie und machten uns auf den Heimweg, denn wir hatten 40 km zurückzulegen. Gott befreite die Frau völlig und machte sie gesund und stark an ihrem Leibe. Weil sie sich äußerst wohl fühlte, fing sie an, ihr Haus zu reinigen und zu schmücken. Beim Entleeren eines Schrankes fand sie eine alte Bibel. Als sie diese öffnete, fielen ihre Augen auf eine Schriftstelle, die sie mit roter Tinte unterstrichen hatte. Sie lautete: „Deine Gesundheit wird schnell hervorsprießen." Diese Stelle hatte sie zwölf Jahre vorher angezeichnet, dann hatte sie dieselbe vergessen und auf die Verheißung in Gottes Wort keinen weiteren Anspruch erhoben. Nun war ihr Glaube gestärkt worden: Das Wort und das Erlebnis – buchstäblich hatte es sich erfüllt. Einige Jahre sind seitdem vergangen, doch sie hatte mit Krebs nichts mehr zu tun.

In Apostelgeschichte 19, 11–12 lesen wir: „Und Gott wirkte nicht geringe Taten durch die Hände des Paulus, also daß sie auch von seiner Haut die Schweißtüchlein und Binden über die Kranken hielten und die Seuchen von ihnen wichen und die bösen Geister von ihnen ausfuhren." In Hunderten von Fällen wurden durch Taschentücher – die Bruder Wigglesworth an Kranke schickte – besondere Wunder gewirkt. Hunderte von Briefen kamen, die von Wundern berichteten, die dadurch geschehen waren. Bände könnten geschrieben werden, die nichts anderes enthalten würden als eben Antworten auf solche Fälle. Jede Art von Krankheit ist durch diese Methode geheilt worden. Raucher gaben den Tabak auf, in die Welt verirrte Söhne und Töchter wurden zu Christus zurückgebracht und getrennte Eheleute fanden wieder zueinander.

Ein besonders interessanter Fall ist der einer Frau, die um

ein Taschentuch schrieb und auch eins erhielt. Sie war am Sterben infolge von Krebs. Als das Tüchlein ankam, legte sie es auf ihr Kopfkissen und gedachte, es im Beisein ihres Gatten und der Familie anzuwenden. Während sie so dalag, begann sie die Gegenwart Gottes zu verspüren, bis die Heilung eintrat. Heute ist bei ihr kein Anzeichen mehr von Krebs. Smith Wigglesworth machte es immer klar und deutlich, daß hinter all den angewandten Methoden Jehova der Heiler war, und daß Jesus Christus derselbe ist, gestern, heute und in Ewigkeit.

Er war immer ohnegleichen. Manches Mal tat er außergewöhnliche Dinge, doch er ließ sich in jedem Fall vom Heiligen Geist leiten. Bei einer Gelegenheit, als er in einer großen Versammlung diente, schien er in seiner Handlungsweise einer Dame gegenüber zu schroff zu sein. Sie fiel auf den Boden. Er befahl, sie aufzurichten. Doch sie fiel wieder nieder. Einige, die nahe dabeistanden, versuchten ihn zu korrigieren, doch er gab ihnen zu verstehen, er kenne sein Geschäft, er hätte es hier mit einer teuflischen Macht zu tun und nicht mit einer Frau. Wieder richtete man sie auf, und als sie stand, fiel von ihrem Leibe ein großer Krebs auf den Fußboden. — Das war die Antwort.

Häufig wurden seine Methoden und Beweggründe mißverstanden und falsch ausgelegt. Dann verharrte er liebreich vor Gott und mit einem einfältigen Auge und heiliger Aufrichtigkeit Menschen gegenüber. Kritik vermochte ihn nicht zu bewegen noch umzustimmen. Er pflegte zu sagen: „Ich werde nicht bewegt von dem, was ich sehe oder höre, sondern von dem, was ich glaube."

„Er betrübte sich selbst", war sein tägliches Erlebnis. Reichlich flossen seine Tränen, wenn er den Leidenden diente. Wie zärtlich konnte er mit Kindern und den Alten umgehen! Mit seinen herzergreifenden Gebeten für die Schmerzbeladenen und Leidenden stürmte er den Himmel. Rassenunterschiede machte er nicht. Schwarze, Rote, Braune, Gelbe, alle suchten seinen Dienst und alle wurden gesegnet durch seine Gebete und Gaben. In seinem Dienst machte er keine Standesunterschiede. Er konnte scharf und entschieden ab- und zurechtweisen, wenn jemand zu privaten Dingen ihn in Anspruch nehmen wollte.

In einer Stadt arbeitete er einen Monat lang hart und hatte täglich drei Versammlungen. Gott wirkte an den Menschen. Alle Arten von Heilungen fanden statt, und das Beste von allem, Seelen wurden errettet. Eines Tages sagte der leitende Prediger, der die Halle, in der die Versammlungen stattfanden, hatte erbauen lassen: „Es ist eine Dame in der Stadt, die sehr krank ist. Ich empfinde, wenn sie geheilt würde, würde das einen großen Eindruck auf die Menschen machen. Würden Sie sie besuchen, Bruder Wigglesworth?" Er entgegnete, daß er sehr beschäftigt sei mit drei Versammlungen am Tag, mit Beten für die Kranken und auch für die, welche die Geistestaufe suchten. Es würde ihm kaum freie Zeit übrigbleiben. Doch der Prediger beharrte darauf, indem er noch die gesellschaftliche Stellung der Dame und ihres Mannes betonte und auf den Eindruck hinwies, welchen eine solche Heilung auf alle machen würde, die diese Leute kannten. „Gut", sagte Wigglesworth, „welche Zeit ist am passendsten für einen solchen Besuch?" Es wurde schließlich vereinbart, daß der kurze Besuch auf unserem Weg zur Abendversammlung gemacht werden sollte. Wegen der hohen Stellung der Dame begleiteten der leitende Prediger und seine beiden Hilfsprediger Bruder Wigglesworth, meine Frau und mich zu dem Hause, welches im besten Teil der Stadt gelegen war. Wir näherten uns der Tür, zogen die Glocke und wurden in ein palastartiges Zimmer geführt. Von dort brachte man uns in ein sehr großes Schlafzimmer. Dort saß — gleich einem östlichen Monarchen auf einem Thron — die prächtig gekleidete Dame in einem regenbogenfarbenen Bett, auf lieblich gestickten Kissen. Smith Wigglesworth stand und starrte über solch einen Anblick. Dann sagte er: „Nun, Sie haben es ja fein und ganz bequem." „Wie, bitte?" schnappte sie. „Ich sagte, Sie haben es ja fein und ganz bequem." Nun fing sie an, tüchtig zu schimpfen, bis sie ganz erschöpft war. „Oh", sagte er, „ich kann sehen, daß Sie jetzt nicht für mich bereit sind. Guten Abend!" Er sagte es, ging aus dem Haus und stieg ins wartende Auto. Meine Frau und ich versuchten, ihm zu sagen, er sei doch etwas zu rauh mit der Dame umgegangen. „Ich kenne mein Geschäft", sagte er. Die Prediger verblieben noch eine Zeitlang in dem Schlafzimmer und bemühten sich, die Dame zu versöhnen. Als sie herauskamen, baten sie ihn, zurückzugehen und mit ihr zu beten. Aber er blieb unbewegt und sagte: „Nein, sie ist nicht bereit für mich, laßt uns in die Versammlung fahren." Wir alle waren wegen des Vorfalls sehr beunruhigt in unseren Gemütern; doch wenn er auch etwas davon gemerkt hatte, zeigte er es doch nicht; denn während dem Gottesdienst ruhte eine mächtige Salbung auf seiner Predigt sowie auf dem Beten für die Kranken.

Am nächsten Morgen hatten wir zur gewöhnlichen Zeit Versammlung. Der Geist des Herrn war gnädiglich mit uns. Am Ende der Predigt gab Bruder Wigglesworth die Einladung für alle, die näher zu Gott kommen wollten. „Wenn du nur einen Schritt vorwärts gehst, wirst du gesegnet werden; du wirst mehr bekommen. Wenn du auf die Plattform kommst, werden wir für dich beten, und Gott wird deinen Nöten mit Seiner Hilfe begegnen." Die ganze Versammlung bewegte sich nach vorn, eine würdevolle Dame an der Spitze. In ihrem Verlangen, als erste nach vorn zu kommen, fiel sie auf den Boden. Es war die Dame, die wir am Abend vorher im Bett zurückgelassen hatten. Nachdem wir weggegangen waren, tat sie Buße. Gott heilte sie aus lauter Gnade, und nun übergab sie ihr Leben dem Herrn. Jetzt war sie eine zerbrochene Frau und entschuldigte sich sehr. Wiederum waren wir falsch daran mit unseren Beurteilungen. Gott hatte Smith Wigglesworths Handlungsweise gerechtfertigt.

Am 28. November 1947 – als ich im Bethel-Tempel in Los Angeles war – wurden mir die folgenden drei Begebenheiten erzählt.

Ein Mann berichtete: „Ich bin in Norwegen geboren. Dort hörte ich vor über 22 Jahren Bruder Wigglesworth. Ich lag damals im Sterben, krank an Tuberkulose. Auf sein Gebet hin heilte mich Gott, und in kurzer Zeit nahm ich an Gewicht 25 Pfund zu. Dann verzogen wir nach Chicago. Meine Frau wurde schwer lungenkrank. Drei Jahre lang spuckte sie Blut. Ich brachte sie in eine Versammlung, wo Bruder Wigglesworth diente. Nachdem für sie gebetet worden war, wurde sie befreit von ihrer Krankheit. Bis dahin hatten wir keine Kinder, doch nach der Heilung stellte der Arzt fest, daß sie schwanger war. Er sagte: ‚Es ist tragisch. Sicherlich wird die Mutter oder das Kind sterben.' Mutter und Kind überstanden aber die Geburt. Ja, es wurden hernach noch zwei Kinder geboren, und sowohl meine Frau als auch die Kinder sind stark und gesund."

Nach der Versammlung kam eine Familie zu uns: Vater, Mutter, zwei erwachsene Töchter und ein Sohn. Um in dieser Versammlung sein zu können, hatten sie mehr als 190 km zurückgelegt. Sie hatten an Bruder Wigglesworth geschrieben und um ein gesalbtes Taschentuch gebeten. Der Vater litt an inneren Geschwüren, und der Sohn hatte ein großes Gewächs im Nacken. Als sie das Tüchlein auflegten, hörten die Schmerzen des Vaters auf, und er war geheilt von allen seinen Geschwüren. Beim Knaben platzte der Klumpen im Nacken, die Geschwulst verschwand, und er hatte fernerhin damit keine Beschwerden mehr. Der Mann sagte: „Wir haben keine andere Möglichkeit, es Ihren Schwiegervater wissen zu lassen, deshalb kamen wir in diese Versammlung, um es Ihnen zu sagen. Wir danken Gott für diesen Dienst."

In derselben Versammlung kam eine andere Person zu uns und sagte: „Ich konnte einen ganzen Tag mit Bruder Wigglesworth in England zusammen sein. Wir aßen in seinem Heim in Bradford. Am Nachmittag nahm er uns in einen nahegelegenen Park mit, wo wir uns setzten und eine Weile miteinander redeten. Während dieser kurzen Zeit führte er zwei Männer zum Herrn und betete mit zwei anderen um die Heilung ihres Leibes. Er schien so beschäftigt zu sein, daß mein Freund und ich beschlossen, einen kleinen Spaziergang zu machen. Als wir zurückkehrten, fanden wir ihn an der Seite eines anderen Mannes knien, dem er den Weg zu dem Herrn Jesus zeigte. Er betete und predigte die ganze Zeit, die wir mit ihm waren. Er lebte für Gott, damit anderen Menschen geholfen werde."

Smith Wigglesworth gab dem Teufel keinen Raum. Vielen Außenstehenden schien er zuweilen zu extrem und zu rauh zu sein. Aus nachfolgender Begebenheit können wir seine Stellung dem Satan gegenüber ersehen.

Eines Tages wartete er auf einen Bus. Da kam ein kleiner Hund und hängte sich an eine Frau, die seine Herrin war. Wahrscheinlich eilte sie und hatte nicht bemerkt, daß der Hund ihr gefolgt war. Sie bückte sich, streichelte ihn und sagte: „Nun mußt du nach Hause laufen, Liebling!" Aber er schmiegte sich um so mehr an sie. Nochmals sagte sie ganz lieblich: „Jetzt ist es aber Zeit, daß du heimläufst!" Doch das Tier wedelte mit dem Schwanz, sein ganzer Körper fing an zu zittern, und es wollte nicht gehorchen. Da näherte sich auch schon der Bus. Die Frau schien fast verzweifelt zu sein, doch dann stampfte sie auf mit dem Fuß und sagte ganz barsch: „Sofort nach Hause!" Der kleine Hund – betroffen von dieser plötzlichen Haltung seiner Herrin – nahm den Schwanz zwischen die Hinterbeine und jagte davon, so schnell ihn die Beine tragen konnten. „So mußt du es mit dem Teufel machen", sagte Wigglesworth laut genug, daß es alle wartenden Fahrgäste hören konnten.

Betreffs einer anderen Versammlung schreibt Bruder James H. Taylor aus West Roxbury (Mass., USA): „Ich denke, unser Zeugnis wird mehr beachtet werden und wertvoller sein, wenn wir bemerken, daß wir vorn in der zweiten Reihe unseren Platz hatten, um alles aus nächster Entfernung mitzuerleben, was in der Heilungsversammlung vor sich ging und an Wundern geschah. Kurz vor Beginn der Versammlung sahen wir, wie ein Mädchen auf zwei Krücken gestützt hineinkam, begleitet von einem Mann und einer Frau. Ihre Beine und Füße waren total verkrüppelt. Von der Taille herab schien sie ganz kraftlos und schlaff zu sein. In der ersten Reihe wurde Platz für sie gemacht. Als die Einladung zur Bekehrung gegeben wurde, versuchte sie mit Hilfe ihrer Begleiter nach vorn zu gehen. Bruder Wigglesworth erblickte sie und sagte: ‚Bleib dort, wo du gerade bist. Du wirst ein anderes Mädchen sein, wenn du diesen Ort verläßt.' Nachdem mit den anderen gebetet worden war, wandte er sich dem Mädchen zu. Man hatte ihm bereits gesagt, daß sie noch nie richtig gehen konnte, denn sie hatte keine tätigen Muskeln in den Beinen. Nun legte er ihr die Hände auf, betete und rief: ‚Im Namen Jesu, wandle!' Er schaute auf sie und sagte: ‚Du fürchtest dich, nicht wahr?' ‚Ja', antwortete sie. ‚Es liegt keine Ursache vor, sich zu fürchten. Du bist geheilt, geh!' jauchzte er. Und – Preis sei Gott! – sie ging los; erst wie ein kleines Kind, das gehen lernt; dann ging sie zweimal die Plattform entlang. Ehre sei Gott! Als wir den Raum verließen, sahen wir ihre Krücken auf dem Sitz liegen. Draußen auf dem Bürgersteig erblickten wir sie, wie sie gleich den anderen stand und sich mit zwei Freundinnen unterhielt. Gepriesen sei der Herr in der Höhe und auf Erden, der die heilt, die Ihm Glauben schenken! Amen! – Die Frau, die sie begleitete, war ihre Mutter, der Mann ihr Onkel; er weinte wie ein Kind, als sie geheilt wurde. Er bezeugte in der Abendversammlung, daß sie daheim die Treppen ohne jegliche Hilfe hinaufgegangen sei und wiederholte, daß sie zuvor nie hätte gehen können. Ihre Mutter hatte eine Schwellung auf ihrer Brust, von der sie gleichfalls geheilt worden war. Wunderbare Dinge geschahen noch in dieser Versammlung. Ein Bruder bezeugte, von einem Krebs geheilt worden zu sein, an dem er zwei Jahre gelitten hatte. Ein elender kranker Mann, den die Ärzte aufgegeben hatten, dessen Beine zum Gehen unbrauchbar waren, wurde geheilt und lief zweimal um die Halle herum. Als gefragt wurde, wie viele in jener Heilungswoche Heilung empfangen hätten, standen mindestens 200 Leute auf. Wunderbar! Was soll ich noch weiter sagen? – Preis sei Gott!"

In überschwenglicher Arbeit

„Ich habe viel mehr gearbeitet denn sie alle", erklärte Paulus. Aber er war schnell dabei hinzuzufügen: „Nicht aber ich, sondern die Gnade Gottes, die mit mir war." Das Leben unseres Wigglesworth glich in vieler Beziehung dem des Apostels „in überschwenglichen Mühen". Aber er bekannte, daß alle seine Arbeiten aus Gnade und durch den Glauben vollführt wurden. Sein Glaubensstand hatte nichts mit Schreien, Wehklagen, Anstrengungen zu tun, sondern er legte Hand an, vertraute und ruhte in Gott, wissend um Seinen wunderbaren Gnadenvorrat. Ja, er wußte: Gottes Verheißungen sind unfehlbar! Er glaubte der Heiligen Schrift, daß Gott uns alles für das Leben und die Gottseligkeit geschenkt hat, und so legte er im lebendigen Glauben Hand an die außerordentlichen, großen Verheißungen, und seine Erwartungen und Vorstellungen von der göttlichen Kraft wurden beständig erfüllt.

Wieder wollen wir unseren Wigglesworth seine eigene Geschichte aufnehmen lassen:

Gott hat mich auf so vielerlei Weise gesegnet. Ich habe gesehen, wie Blindgeborene ihr Augenlicht bekamen. Ich habe gesehen, wie drei Personen zum Leben erweckt wurden, nachdem sie gestorben waren. Alle Dinge, die ich erleben durfte, lassen mich nur erkennen, daß Christi Verheißungen hinsichtlich der größeren Werke wahr sind, und dafür müssen wir Ihm alle Herrlichkeit geben.

Es war mein Vorrecht, in Indien und in Ceylon zu wirken und zu sehen, wie Gott dort wunderbar und mächtig sich kundtat. Der Höhepunkt war wahrscheinlich in Kolombo. Oh, wie segnete der Herr!

Ich predigte unter der Salbung des Geistes. Eine große Schar versammelte sich. Sie füllten den Raum zum Ersticken. Aber die Kraft Gottes war wunderbar. Nach der Predigt – welche durch einen Übersetzer bei einer Temperatur von über 50 Grad Celsius gehalten wurde – beteten wir jeden Abend für über 500 Kranke.

In dieser großen Hitze brachten Mütter ihre Kinder mit. Wir hatten manchmal 50 oder noch mehr in der Versammlung, und weil die Luft so drückend war, schrien sie. Ich pflegte zu sagen: „Bevor ich predige, will ich den Kleinen helfen und ihnen dienen.“ Es war sehr wunderbar, das Schweigen, die Stille, den Frieden und die Ordnung dieser Versammlungen zu beobachten, sobald Hände auf diese kleinen Kinder gelegt waren! Die Kraft Gottes war da. Ein Mann, der lange Zeit blind gewesen, wurde inmitten dieser großen Schar geheilt. Seine Augen wurden augenblicklich geöffnet. Wir sahen viele ähnliche Wunder geschehen.

Ich kann nicht verstehen, wie Gott irgendeines Seiner Kinder mit Herrlichkeit, Tugend und Erhabenheit ausstattet, aber es ist eben wahr, daß Er es tut. Dort waren Tausende, die nicht in die Versammlung hineinkonnten; doch als ich hinausging und durch die große Menge schritt, streckten die Leute, welche nicht hineinkommen konnten, ihre Hände aus, rührten mich an und wurden geheilt. Ich bewundere die Gnade Gottes, daß es geschehen konnte. Es gibt etwas in dem „Gott glauben“, wodurch Gott willig wird, eine Million andere zu übergehen, um gerade dich zu salben. Ich glaube, daß Gott immer darauf ausgehen wird, dir auf eine besondere Weise zu begegnen, wenn du wagst, Ihm zu glauben.

An einem Ort war ich nur vier Tage, und man war enttäuscht, daß ich nicht länger bleiben konnte. Ich fragte sie: „Könnt Ihr früh am Morgen um 8.00 Uhr eine Versammlung haben?“ Sie bejahten es. Ich bat sie dann: „Sagt allen Müttern, die ihre kleinen Kinder geheilt haben wollen, und allen über 70 Jahre, daß sie kommen sollen.“ Es würde dir gut getan haben, um 8.00 Uhr etwa 400 Mütter mit ihren kleinen

Kindern zu sehen, und 150 alte Leute mit ihrem weißen Haar, die alle kamen, um geheilt zu werden. In jenen Tagen waren Tausende ausgegangen, das Wort zu hören. Ich glaube, daß einmal 3000 um Gnade schrien. Es war ein großer Anblick.

Eines Tages kam ich gegen 9.00 Uhr morgens in Norwegen an und sagte zu meinem Übersetzer: „Keiner weiß, daß ich hier bin. Bring mich bitte zu den Fjorden, ich will mich ein wenig erholen, weil ich müde bin." Wir verbrachten ein paar Stunden im Sonnenschein und ruhten — dann gingen wir zurück. Als wir uns dem Gebäude nahten, in dem ich sprechen sollte, sah ich, daß die Straße ganz herum mit Fahrzeugen aller Art gefüllt war, und diese wiederum waren voller bedürftiger Kranker. Der Bruder, der mich übersetzen sollte, lief auf die oberste Stufe, die in die Halle führte, und sagte: „Was werden wir nun tun? Das Haus ist mit Menschen gefüllt!" Ich zog meinen Mantel aus, stieg in jedes der wartenden Fahrzeuge und betete für die Leute. Es war ein großes Freudengeschrei auf der Straße, als Gott anfing, sie zu heilen. Dann ging ich in die Halle, und Gott heilte auch dort.

Aber das war nicht alles. Während wir bei Tisch saßen, läutete das Telefon, und die Botschaft kam: „Was sollen wir tun? Die Stadthalle ist gefüllt und es stehen noch Tausende draußen. Die Polizei kann mit dieser Menge nichts anfangen." Ich antwortete: „Wir werden so schnell wie möglich hinkommen." Zwei Polizisten ergriffen mich und preßten mich durch die Menge. Als ich in die Stadthalle hineinkam, bot sich mir ein Anblick wie noch nie, so überfüllt war sie! Wie die Heringe standen sie dicht beieinander; sie hätten nicht umfallen können, wenngleich sie es versucht hätten. Der Geist des Herrn war auf mir. Ich begann zu predigen. Ich hatte meinen Predigtstoff vergessen, aber ich wußte, der Eifer des Herrn hatte mich gefressen. Ich schrie zu Gott um eine Botschaft, die anders, ja ganz besonders sein sollte, damit etwas in dieser Versammlung geschehen möchte, das sich von allem andern unterscheiden würde. Als ich predigte, hörte ich die Stimme Gottes reden und sagen: „Wenn du mich bitten wirst, will Ich dir jede Seele geben." Ich fuhr fort zu predigen, und Gott wiederholte: „Wenn du mich bitten wirst, will Ich dir jede Seele geben." Ich wußte, es war die Stimme Gottes, doch ich war langsam, sie anzunehmen. Dann kam die Stimme wieder: „Wenn du glauben und mich bitten wirst, will Ich dir jede Seele geben." Ich schaute zu Ihm auf und sagte: „Sehr gut, o Herr, tue es! Ich bitte Dich, gib mir jede Seele!" Der Atem des Heiligen Geistes ging über jede Seele, über die ganze Stätte, und ich habe niemals irgend etwas diesem gleich gesehen. Überall Schreie um Gnade! Ich glaube, daß Gott mir jede Seele gab. Das ist meine Vorstellung von Pfingsten. Pfingsten ist: Glauben, daß du die Kraft hast, nachdem der Heilige Geist auf dich gekommen ist. Glaube, daß Gott dich zu einem Teilhaber der göttlichen Natur macht durch Seine großen und kostbaren Verheißungen. Seine eigene, ewige Kraft wird in dir arbeiten und eine göttliche Ordnung hervorbringen, die niemals durch etwas in der Welt übertroffen werden kann.

Smith Wigglesworth zog es vor – und zwar sein ganzes Leben hindurch –, nicht irgendeiner religiösen Körperschaft anzugehören. Sein mit Liebe erfülltes Herz schlug für alle Heiligen. Wir waren mit ihm in verschiedenen Städten, wo er die Heilsarmee aufsuchte, um in ihrer 7.00-Uhr-Gebetsversammlung unter ihnen zu sein. Von da ging er häufig in die Methodistenkirche zum 8.00-Uhr-Abendmahlsgottesdienst. Aus drei verschiedenen Anlässen hielt er Versammlungen für Diener dieser Kirche. Wenn sie es wünschten, zog er auch den Talar an. Ein methodistischer Geistlicher arrangierte für ihn eine Zeltversammlung, welche Neuerung bei dem Bischof Stirnrunzeln auslöste. Doch der Sohn dieses Geistlichen war durch den Dienst Bruder Wigglesworths geheilt worden. So wünschte er, daß auch andere durch den Dienst dieselbe Wohltat empfangen sollten. Zu der Zeit, als König Georg V. krank war, sandte die Frau dieses Geistlichen ihm ein Taschentuch, über das Wigglesworth gebetet hatte, und erhielt einen Dankesbrief dafür.

Die Pfingstgemeinden, unter dem Namen „Die Gemeinden Gottes", in England luden ihn gewöhnlich zu ihrer jährlichen Konferenz ein. Sie wollten, daß all die jungen Brüder den Nutzen seines inspirierenden Dienstes empfangen sollten. Er wollte aber nicht an irgendeiner geschäftlichen Sitzung teilnehmen und sagte: „Fahrt ihr nur fort! Ich will für euch beten." Und so ging er abseits und gab sich dem Gebet hin.

Weil er sich nicht irgendwie benannte, hatte er keinen menschlichen Rückhalt auf seinen Reisen. So kam er an neuen Plätzen mit keiner anderen Empfehlung oder Stütze an als dem Ruf, den er durch seinen Dienst erlangt hatte. Das war besonders so der Fall in vielen europäischen Ländern, die er nach dem ersten Weltkrieg besuchte. In der Schweiz kam er als ein vollkommen Fremder an, aber Gott war mit ihm in mächtiger Kraft. Städte wurden für Gott bewegt, und er wurde beständig eingeladen, in dieses Land zurückzukommen. Er hatte dort viele gesegnete Versammlungen. Als wir in Neuseeland ankamen, war nur ein Mann da, der ihn erwartete. Doch Tausende wurden dort für Gott gewonnen, gerettet, geheilt und mit dem Heiligen Geist erfüllt durch seinen wenige Monate währenden Dienst. Es wurde festgestellt, daß dieses dort die seit einem Jahrhundert größte geistliche Heimsuchung war. Als ein Ergebnis seines Dienstes saßen in einer Sonntagmorgen-Versammlung in Wellington etwa 2000 beisammen, um das Brot zu brechen.

Es war keiner da, ihn abzuholen, als er in Kolombo (Ceylon) das Schiff verließ. Seine Ankunft war fast unbemerkt vor sich gegangen. Aber er war noch nicht viele Tage dort gewesen, als der ganzen Gegend von der Kraft Gottes das Herz klopfte. Scharen drängten sich, ihn anzurühren, und Mengen, die in seinem Schatten standen, wurden geheilt und gesegnet. Irgendwie ging sein Gerücht ihm gewöhnlich voraus, und bei einer Gelegenheit, als sein Schiff auf einer der Inseln des Stillen Ozeans anlegte, mußte er predigen und für die Kranken beten, bis das Schiff wieder abfuhr. Er war unermüdlich in seinem Eifer, den Bedürftigen zu helfen.

Als er zum ersten Mal in Palästina ankam, war er ein vollkommen Fremder. Aber es dauerte nicht lange, und schon predigte er das Evangelium und betete für die Kranken. Auf dem Ölberg hatte er einige sehr gesegnete Dienste. Nicht wenige wurden mit dem Heiligen Geist getauft wie am Tage der Pfingsten. Die ganze Umgebung kam derart in Bewegung, daß die Abfahrt des Zuges Jerusalem—Haifa sich verspätete und er seine Predigt beendigen konnte an die Leute, die sich um ihn in Scharen versammelt hatten. Während der Fahrt nach Ägypten unterhielt er sich sehr ernst mit einflußreichen Nichtchristen, welche ihn nach Ankunft in Alexandrien zum Essen mitnahmen, um so die Unterhaltung mit ihm fortsetzen zu können. — Bezugnehmend auf diesen Besuch des Heiligen Landes bemerkte er manchmal lächelnd, er hätte damals gedacht, wohl der erste Prediger aus den Heiden gewesen zu sein, der je von den Juden ein Opfer empfangen hatte. Ja, Gott brauchte ihn sehr oft auf seinen Reisen, sei es mit der Eisenbahn oder auch mit dem Schiff.

Er sagt selbst:

Ich erinnere mich, wie ich einmal nach Cardiff in Süd-Wales fuhr. Ich betete viel auf jener Fahrt. Mein Abteil war voll besetzt und ich wußte, die Leute waren alle ungläubig. Aber dieweil sie so viel Spaß machten und törichte Witze erzählten, fand ich nicht gut Gelegenheit, um ein Wort von meinem Meister zu sagen. Als wir uns einer Station nahten, ging ich meine Hände waschen, um nach Ankunft gleich zu der Versammlung eilen zu können. Ich ging auf dem Gang, und als ich zurückkehrte in mein Abteil, sprang ein Mann auf und sagte: „Sie haben mich von meiner Sünde überführt!“ Dann fiel er auf seine Knie. In wenigen Minuten schrien viele Leute, zutiefst ergriffen, auf dieselbe Art und Weise. Sie fragten: „Wer bist du?“ So bekam ich durch Gottes Einwirken eine Gelegenheit, zu den Leuten zu reden, und ich machte reichlichen Gebrauch davon. Viele Seelen wurden in diesem Eisenbahnwagen ins Himmelreich hineingeboren.

Auf seinem Weg nach Australien schrieb er:

Unauffällig fing ich an, unter den Passagieren von der Kraft Gottes zu zeugen, und alsbald fand ich heraus, daß es sich wirklich lohnte. Einer sagte dem anderen davon, und so wurde mir eine Tür des Wortes aufgetan. Ein Herr und eine Dame, die sehr reich waren, fuhren erster Klasse. Ihr Diener mit Frau fuhren zweiter. Morgens und abends hatten wir Gottesdienste, die von dem Bischof aus Bombay gehalten wurden. Sie waren auch sehr gut. Anschließend an einen solchen Morgen-Gottesdienst hatte ich mit dem Bischof eine lange Unterhaltung, und er war sehr eingenommen von meiner Arbeit.

Nach der Abendversammlung erfuhr ich, daß der Diener und seine Frau mich sehr eifrig suchten. Ihre Herrin war krank geworden. Der herbeigerufene Schiffsarzt erklärte, sie sei ernsthaft krank. Der Diener hatte ihr von mir erzählt, und nun wollte sie einen Besuch von mir haben. Sie war wirklich schwer krank und nebenbei angefüllt mit Lehren der christlichen Wissenschaft. Da sie sah, daß diese Lehren nun versagten, geriet sie in große Angst. Ich sagte ihr von der einzigen Lehre, die ich kenne, und diese Lehre war und ist Jesus. Aber sie wußte nichts von Ihm. Ich betete mit ihr, legte ihr die Hände auf und bedrohte den Dämon im Namen Jesu; sofort verließ sie das Fieber. Gleich darauf begann sie im Worte Gottes nach der Seligkeit zu forschen. Jetzt ist sie auf Deck und freut sich im Herrn; und ich konnte noch die Freude haben, mit dem Diener und seiner Frau über das Heil zu reden.

Sein Schwiegersohn, James Salter, schreibt von ihm:

Wie einsam schien er auf Deck des großen Passagierdampfers zu sein, als er mit tausend anderen seine erste Reise nach Australien antrat. Als aber das Schiff vom Kai abstieß, erhob er seine Stimme und rief wiederholt „Halleluja!" mit solch einer Stärke, wie ich es nie bisher gehört hatte. Die Mitreisenden erschraken nicht wenig, und der Kapitän bemerkte: „Dieser Mann hat Lungen wie aus Stahl!" Auf diesem Schiff war es, daß man ihn bat, in einem Konzert mitzuwirken. Er erbat sich, der letzte auf dem Programm zu sein. Die Pianistin sagte, als er ihr sein Gesangbuch gab, sie könne ihn nicht begleiten. Aber das störte ihn keineswegs. Er sang sein Solo, ein Lied, das den Herrn verherrlichte. Das Konzert wurde alsbald in eine Gebetsversammlung verwandelt, in der Seelen das Heil suchten, und der Tanz, welcher folgen sollte, wurde vom Programm abgesetzt.

Einmal versprach er, einem jungen Mann zu helfen, der in einer sehr harten Gegend ein Werk für den Herrn anfangen wollte. Damals befand er sich mit seiner Tochter und Schwiegersohn an der Küste des Stillen Ozeans, wogegen der junge Bruder an der atlantischen Küste seine Hilfe erwartete. Bruder Wigglesworth sah nicht auf die hohen Ausgaben – alles zusammen etwa 500 Dollar –, sondern fuhr hin, um sein gegebenes Versprechen einzulösen. Als am Nachmittag die erste Versammlung begann, waren ohne seine Gruppe nur 6 Leute anwesend; die Halle aber faßte 5000. Es war kein ermutigender Anfang, aber ehe der Feldzug aufhörte, war diese mächtige Halle gefüllt, und der junge Mann konnte mit einer neuen Gemeinde starten.

Er behielt seinen Eifer auch bei der größten Hitze, wenn Schwärme von Fliegen ihn umgaben, oder inmitten des Gestanks von kranken Menschenmassen, die an ekelhaften tropischen Krankheiten litten. Gleicherweise blieb ihm der Eifer im eisig kalten Norwegen oder in Finnland. Er betete unablässig für die Kranken, während seine Dolmetscher oft einer nach dem anderen wegen körperlicher Schwäche ausschieden.

Man sagte oft zu ihm: „Es ist unmöglich, daß du drei Versammlungen täglich abhältst in dieser Stadt; die Leute werden nicht wiederkommen, und sollten sie es doch tun, so ist es für einen Prediger zuviel." Jedoch er blieb bei seinen drei Versammlungen. Die Leute kamen immer wieder, und er hielt es so manchmal einen ganzen Monat lang. Sogar in den größten Zeltversammlungen und unter den schwierigsten Umständen behielt er seine Kraft Woche um Woche. Er erprobte es, daß des Herrn Joch sanft und Seine Last leicht ist. Es war sein Wohlgefallen, allezeit Gottes Willen zu tun. Es war seine Speise, Gottes Werk zu tun, wovon er glaubte, daß der Herr es ihm gegeben habe, um Seinen Dienst zu vollenden. Die Freude des Herrn beseelte ihn bis an sein Lebensende.

Sonntags wirkte er mehr als an den anderen Tagen. Viele Jahre lang hielt er samstags Freiversammlungen bis spät in die Nacht hinein. Er beendete sie mit einer Gebetsvereinigung. Aber schon am frühen Sonntagmorgen stand er auf, um alles herzurichten für die Versammlungen. In den Wintermonaten war er auch mit dem Heizen beschäftigt, entstaubte die Stühle und bereitete das Abendmahl vor. Dann leitete er die Gebetsversammlung am frühen Morgen. In den ersten Tagen seiner Wirksamkeit predigte – wie bereits berichtet – seine Frau. Sie bewirtete auch die vielen Gäste, die stets das Haus füllten. Die Sonntagabend-Versammlung dauerte auch sehr lange, denn es galt, für viele zu beten und manche Seele zu Christus zu führen, so daß die Wigglesworths sehr spät in der Nacht heimkamen. Und daheim galt es oft noch Tischgemeinschaft mit einem nicht kleinen Kreis von Gästen zu pflegen, so daß es über Mitternacht hinausging.

Unsere lieben Wigglesworths waren vorbildliche geistliche Eltern. Sie brachten die Kindlein nicht nur bis zur Geburt, sondern pflegten und nährten sie mit dem Worte Gottes und arbeiteten mit Gebet, indem sie für sie rangen, damit jedes einzelne vollkommen im Willen Gottes stände. Sowohl ihr praktisches Christentum als auch ihr heiliges Leben und ihre Gottseligkeit waren ein Ansporn für manch ein junges Christenleben. Gotteskinder aus allen Weltteilen priesen Gott für die Inspiration und den Segen, den sie durch das Leben dieser beiden erhielten.

Bruder Salter sagte:

Unermüdlich sein ganzes Leben hindurch, konnten wir nur kurz vor seinem Abscheiden eine Änderung bemerken, und daß er sich auf sein Alter bezog. – Einmal kam er von einer Konferenz nach Hause, auf welcher er viel gewirkt hatte, ja sehr viel. Wir sahen seinen etwas müden Blick, als wir ihn von der Eisenbahnstation abholten. An jenem Abend sagte er in der Gebetsstunde: „Ich verstehe die jungen Prediger von heutzutage nicht. In meinem Alter predige ich noch mit Vorliebe dreimal täglich und bete in jeder Versammlung mit den Kranken. Doch sie nehmen sich den Nachmittag frei, gehen sich auszuruhen und mich lassen sie allein zurück zum Predigen. Als ich so jung wie sie war, predigte ich den ganzen Tag, dann betete ich und hatte die ganze Nacht hindurch Warteversammlungen mit solchen, die suchten, erfüllt zu werden mit dem Heiligen Geist." – Auf diese Weise arbeitete er unter vielen Mühen Tag und Nacht, und er harrte aus, bis die Sonne sank.

Wunder in Australien und Neuseeland

Im Frühjahr 1922 besuchte unser Wigglesworth zum ersten Mal Australien. Aus einem Brief, der in der englischen Zeitung „Confidence" erschien und von Fräulein Andrews aus Viktoria geschrieben war, entnehmen wir folgendes:

Unser lieber Bruder Wigglesworth kam am letzten Donnerstag in Melbourne an und hielt an diesem Abend eine Versammlung. Obwohl er seinen Zuhörern klar und deutlich machte, daß er es lieber sehen würde, wenn ein Sünder gerettet würde, als daß 10 000 von körperlichen Leiden geheilt würden, lud er solche, die Schmerzen hatten, ein, nach vorn zu kommen, um über sich beten zu lassen. Unter denen, die nach vorn kamen, waren mehrere, die später erklärten, daß sie augenblickliche, bemerkenswerte Heilungen empfangen hätten. Ein kleines, sechs Jahre altes Mädchen wurde, nachdem der Evangelist gebetet hatte, gesehen, wie es mit der Mutter aus der Vordertür des Gebäudes ging. Die Mutter rief allen zu: „Seht ihr sie, nie zuvor konnte sie in ihrem Leben gehen!" Ein Mann, der infolge von Rheumatismus und Gicht vier Jahre nicht gehen konnte, wurde vollkommen geheilt. Nachdem er siegreich seine Krückstöcke auf die Plattform hinaufgereicht hatte, gab er eine ergreifende Vorstellung von der Kraft, die in seine Glieder gekommen war, indem er sprang und Gott pries.

Seit dem ersten Abend sind viele andere wunderbare Heilungen geschehen. Gestern abend wurde eine Frau gebracht, daß über sie gebetet würde. Sie war sechseinhalb Jahre lang unfähig gewesen zu gehen. Und Ehre sei Gott — sie verließ ihren Fahrstuhl und ging. Ihr Mann schob den Fahrstuhl nach Hause, während sie hinterher ging.

Es kam zu vielen Bekehrungen; in einer Versammlung allein nahmen 40 Jesus Christus als ihren Herrn und Heiland an. Die Segensströme der Erweckung fallen, und Gott ist am Wirken.

Manche mögen die vernünftige Frage stellen: „Sind die Heilungen von Bestand?" — Vor uns liegt ein Bündel von Zeugnissen, die 15 Monate nach unseres Wigglesworths Besuch in Australien geschrieben wurden. Darunter sind 18 Zeugnisse besonderer Heilungen dieses ersten australischen Feldzuges. Wir besitzen auch ein Exemplar des Blattes „Australian Evangel" vom 1. Februar 1927, in welchem 15 Zeugnisse enthalten sind, und zwar von Leuten, die in diesem Feldzug geheilt wurden, der fünf Jahre vorher stattfand. In unserem Besitz befindet sich auch ein Exemplar desselben Blattes, das die Geschichte einer Frau enthält, die fünf Jahre vorher aus sterbendem Zustand erweckt wurde. Dieses Zeugnis ist so merkwürdig, daß wir es für sich selber reden lassen wollen. Es ist von Frau W. E. Brickhill aus Viktoria geschrieben:

Im Alter von 17 Jahren nahm ich, nach einem Leben in Welt und Sünde, den Herrn Jesus Christus als meinen persönlichen Heiland an und wurde wiedergeboren. Es war ein wunderbarer Morgen, als ich mit dem Bewußtsein erwachte, daß ich vom Tode zum Leben hindurchgedrungen war, von der Gewalt der Sünde und des Satans in die herrliche Freiheit der Kinder Gottes.

Doch nach 16 Monaten Dienst für den Herrn ereignete sich ein unglücklicher Unfall, wodurch ernsthafte Schäden und innere Störungen in meinem Leibe verursacht wurden. Vier Ärzte beratschlagten, überlegten und meinten schließlich, eine Operation sei unvermeidlich. Die Operation hatte nicht den gewünschten Erfolg, wurde aber zu meinem Kummer der Anfang eines 14jährigen, anhaltenden Leidens, von welcher Zeit ich den Hauptteil im Bett zubrachte. Später stellte man fest, daß die Schwindsucht mit ihrer grausamen, Verwüstung stiftenden Arbeit mein ganzes Sein verseucht hatte. Diese furchtbare Krankheit ergriff meine ganze Verfassung und verursachte auf einmal Schlaflosigkeit bei Tag und Nacht. Ich kam nur zur Ruhe, wenn die Drogen ihre Wirkung taten, doch oft war mein Zustand so, daß sie wirkungslos blieben.

Weitere Anzeichen und Zerstörungen machten sich kund. Meine inneren Organe wurden zerfressen, was zur Folge hatte, daß mein Appetit zerstört wurde. Der Zustand meiner Verdauungsorgane war so, daß ich fast alle Speise verweigerte, und die wenige Nahrung, die ich zu mir nahm, erbrach. Manchmal war es unmöglich, daß ein Getränk bei mir blieb.

Viele führende Spezialisten behandelten mich – aber ohne Erfolg. Oftmals kamen sie zu dem Schluß, daß mein Ende sehr nahe sei und nichts mehr getan werden könnte. Die tödliche Wirkung dieser Krankheit dehnte sich auch auf meine Nieren aus, welche durchlöchert wurden. Äußere Zeichen der Krankheit zeigten sich an meinem linken Arm, Schenkel und Hüfte. Diese Glieder waren so sehr angegriffen, daß sie einen abstoßenden Anblick boten. Fast bis zum Skelett abgemagert, wog ich nur noch 42 Pfund. Nachdem die Ärzte mir erklärt hatten, daß ich nur noch sechs Wochen leben würde, war ich nicht ängstlich um mein Geschick, weil es mir schien, der Tod würde mich aller meiner Leiden entheben.

Während ich in diesem dahinsiechenden Zustand lag, drang Anfang Februar 1922 ein Lichtschimmer in meine Seele, als ich hörte, daß ein Evangelist aus England in Melbourne Versammlungen halte, das Evangelium von Jesus Christus predige und von Seiner Kraft, die Kranken zu heilen. Dieser Evangelist war Smith Wigglesworth, und es wurde erzählt, er bete für die Kranken. Als mir diese Nachricht überbracht wurde, fing ich an, Glauben an Gottes Macht zu empfangen und drückte mein Verlangen aus, der Evangelist möge kommen, um in meinem Hause für mich zu beten. Doch ich erfuhr, daß seine Zeit weit überfordert war und er nicht ins Haus kommen könne. Diese Nachricht wirkte zunächst entmutigend auf mich, aber Preis sei Gott, mein Glaube wurde dennoch vermehrt. Ich ließ meine Eltern fragen, ob ich in diese Versammlungen gebracht werden dürfe. Nach vielem Bitten um ihre Erlaubnis willigten sie, wenn auch widerstrebend, ein.

Am 16. Februar brachte man mich dann in eine der Sonntagsversammlungen. Als ich dort war, wurde mein Glaube gestärkt, und ich verspürte die Gegenwart Gottes. Es war eine heilige Zeit. Endlich wandte sich der Evangelist an mich, und als er merkte, daß es ein Fall von Schwindsucht war, redete er zu mir: „Schwester, ich glaube, der Herr wird dich heilen; fürchte dich nicht, glaube nur." Meine Augen sahen keinen Menschen, sondern waren nur auf Jesus gerichtet. Ich wartete auf Seine Berührung. Nachdem ich gesalbt und über mich gebetet war, durchdrang mich die Kraft Gottes, und ich war vollkommen geheilt. Alle meine Schmerzen, Schwachheit und Krankheit endeten. Halleluja! Meine Seele war frei. Ich stand auf und pries den Herrn.

Sogleich nachdem mir der Herr begegnet war, wollte ich nach Hause eilen und erzählen, welch große Dinge Er an mir getan hatte. Auf dem Heimweg gab ich dadurch Zeugnis, daß ich fähig war, ohne Hilfe zu gehen. Zu Hause angelangt, zeigte sich bei mir ein Appetit, der nicht mehr mit Essen bezeichnet werden konnte. Meine Hausgenossen wurden mit Sorge um mein Wohlergehen erfüllt, als sie mir zusahen, wie ich meinen Hunger stillte, weil sie befürchteten, daß alle früheren Folgen, die sie bei mir gewohnt waren, zurückkehren würden. Ich genoß unterdessen das herzerfreuende Mahl mit großer Befriedigung.

Nach dem Essen wurden die Verbände von den angegriffenen Teilen meines Körpers entfernt. Es stellte sich heraus, daß der Herr verfallene Gebeine hergestellt, mit Geschwüren überzogenes Fleisch in gesundes verwandelt und mit weißer Haut, gleich der eines Kindes, bedeckt hatte. Alle meine Gefühle wurden belebt, und in dieser Nacht erfreute ich mich des ersten gesunden Schlafes seit dem Anfang meiner Krankheit.

Es sind jetzt genau fünf Jahre her, seit die Hand des Herrn so bestimmt auf mir ruhte, Seine Gegenwart mich so überschattete und Er mich mit Seinem Geist erfüllte. Der Herr verschaffte mir Arbeit in Seinem Weinberg, bald nachdem Er mich geheilt hatte, und zwar in dem verrufensten Teil unserer Stadt, und durch Seine wunderbare Gnade konnten viele Seelen für Ihn gewonnen werden. In derselben Arbeit mit mir steht mein Mann, den mir vor drei Jahren der Herr auf wunderbare Weise gab.

Es ist mein aufrichtiges Verlangen, daß mein Zeugnis von der heilenden Kraft Gottes dazu dienen möge, daß manchen zweifelnden Seelen geholfen werde, Gott zu glauben, um zu erfahren, daß Er treu zu Seinem Worte steht. „Alle Dinge sind möglich, dem, der da glaubt", und „Jesus Christus ist derselbe gestern, heute und in Ewigkeit" (Markus 9, 23; Hebräer 13, 8).

Zu der Zeit erhielten wir auch einen Brief von einem Reichsgottesarbeiter namens W. Buchanan aus Melbourne, der den Feldzug des Evangelisten Wigglesworth in dieser Stadt beschreibt. „Wir erlebten drei Wochen triumphalen Sieges in den Versammlungen zu Melbourne. Etwa tausend Seelen bekehrten sich zu dem Herrn Jesus Christus und viele wurden geheilt. Es kommen noch immer Zeugnisse von solchen, die ihre Heilung erfuhren."

Nachdem unser Wigglesworth in vielen Teilen Australiens ein großer Segen war, ging er nach Neuseeland. Das folgende ist einem Brief von E. Pennington – dem Vorsitzenden der Neuseeländischen Evangelischen Mission in Wellington – entnommen.

Im Juni 1922 kam Smith Wigglesworth als ein Unbekannter nach Wellington. Es gab keinen Trompetentusch, um seine Ankunft zu verlautbaren – ein paar kleine Anzeigen in der lokalen Presse kündigten seine Versammlungen an. Über 1000 besuchten seine erste Versammlung am Sonntagabend, und am nächsten Abend war diese Zahl um 500 bis 600 gestiegen. Von da an war es unmöglich, Säle mit genügend Sitzplätzen zu mieten, um die Volksmenge aufzunehmen. Die große Stadthalle, in der 3000 Menschen Platz hatten, war jeden Abend gefüllt. Zu verschiedenen Malen warteten die Mengen lieber stundenlang vor den Türen, damit ihnen nicht die Gelegenheit verlustig ginge, den Mann mit seiner herrlichen Botschaft von Jesus Christus zu hören. Niemals vorher war der Schreiber Zeuge solcher Vorfälle, wie sie durch die Darstellung des Wortes durch diesen geisterfüllten Mann in Erscheinung traten, obgleich er Gelegenheit hatte, Versammlungen so mächtiger Evangelisten wie Torrey, Chapman und anderer während ihrer neuseeländischen Feldzüge beizuwohnen. Jedesmal, wenn an die Ungläubigen eine Aufforderung gerichtet wurde, sich für Christus zu entscheiden, war die Antwort augenblicklich und groß. Manches Mal beantworteten 400 bis 500 den Ruf in einer Versammlung. Während der Versammlungszeit in Wellington trafen über 2000 die Entscheidung, Christum nachzufolgen — in manchen Fällen gingen ganze Familien in das Reich Gottes ein.

Einige Zeitungsberichte waren nicht sehr freundlich. Gleichwohl liegt vor uns ein Zeitungsartikel, der unter der Überschrift: „Glauben Sie an Glaubensheilung?" in einer Zeitung erschien. Der Artikel beginnt: „Natürlich glauben Sie nicht daran. In anderen Worten, Sie glauben nicht an das, was Sie nie gesehen haben. Aber vielleicht haben Sie gesehen und kamen in Verlegenheit, wie es bei mir der Fall war. Dann wieder, vielleicht haben Sie gesehen und kamen nicht in Verlegenheit, sind aber stattdessen bekehrt worden. Eine ganze Anzahl hat sich unlängst in Wellington bekehrt. Einige sind in aufrichtiger Gesinnung hingegangen — andere nicht, sondern aus Spott — und blieben zurück, um zu beten. Ob Sie daran glauben oder nicht, die Tatsache der Glaubensheilung ist ein Gegenstand starken Interesses. Betrachten Sie die Tausende, die zusammenströmten, um in der Stadthalle Smith Wigglesworth zu hören und zu sehen. Das so bewiesene Interesse ermutigte mich, der Sache ein wenig zu folgen ...

Vor mir liegen eine Anzahl eidesstattlicher Erklärungen. Sie sind von Wellingtoner Bürgern, die Heilung suchend in Smith Wigglesworths Versammlungen kamen. Diese eidesstattlichen Erklärungen sind wahr; sie wurden vor Herrn C. A. Baker abgegeben und sprechen für sich selbst ... Ich habe die Namen übergangen. Die Originale wurden als Garantie für ihre Wahrhaftigkeit zur Einsicht im Dominionbüro gelassen."

Dann folgen fünf eidesstattliche Erklärungen. Die erste ist von einem Schweizer, der an chronischer Gicht und Lähmung an beiden Beinen, von den Hüften abwärts, litt und sich nur an Krücken fortbewegen konnte. Als der Evangelist, nachdem er ihn mit Öl gesalbt hatte, um seine Krücken bat, gab er sie ihm und ging nach Hause. Er gab an, daß er seit 14 Jahren im Nacken eine Blase in der Größe eines Hühnereis gehabt hätte. Oft hätte er mit Ärzten darüber gesprochen, sie entfernen zu lassen. Am Morgen nach seiner Heilung hätte er beim Aufwachen festgestellt, daß sie verschwunden sei.

Eines dieser Zeugnisse ist von einem 20 Jahre alten Mädchen, das seit seiner Kindheit an einer doppelten Krümmung des Rückgrats litt. Sie konnte nicht gehen, bis sie vier Jahre alt war und konnte nie anders vom Fußboden aufstehen, als sich mit beiden Händen hochzuziehen. Ein Bein war 7,5 cm kürzer als das andere und dadurch fast unbrauchbar; auch im Umfang war es 7,5 cm schwächer. Sie überredete ihre Eltern, sie in die Stadthalle mitzunehmen. Dort legte der Evangelist seine Hände auf ihren Kopf und ihr Rückgrat. Sie wurde völlig geheilt. Sie bekennt: „Mein Rückgrat wurde gerade gemacht, und in wenigen Tagen glich mein Bein dem anderen. Meine Hüfte wurde auch hergestellt. Am Sonntag darauf, der meiner Heilung folgte, war ich so eifrig, die Versammlung zu besuchen, daß ich, weil kein Zug fuhr, den ganzen Weg hin und zurück ging ohne irgendein Anzeichen von Krankheit zu spüren."

Nachdem er die fünf eidesstattlichen Erklärungen gegeben hatte, sagte der Reporter: „Es liegen noch mehr eidesstattliche Erklärungen ähnlicher Natur vor, doch Raummangel erlaubt ihre Veröffentlichung nicht. Wie denken Sie jetzt darüber? Glauben Sie an Glaubensheilung? Oder sind Sie immer noch in den Reihen der Zweifler?"

1927 war unser Wigglesworth noch einmal in Australien und Neuseeland. Diesmal begleiteten ihn seine Tochter Alice und sein Schwiegersohn James Salter. Er hielt wiederum fruchtbare Evangeliumsfeldzüge in vielen Städten. Das Wort wurde bekräftigt durch mitfolgende Zeichen. Die zwei folgenden Berichte sprechen für sich selbst. Sie erschienen beide im „Australian Evangel" vom 1. April 1927.

Fräulein Todd aus Naremburn bezeugt:

Während ich in meinem Beruf als Pflegerin in Sydney beschäftigt war, erlitt ich einen sehr ernsthaften Unfall, durch welchen ich mir die Kniescheibe brach. Ich nahm die beste medizinische Kraft von Sydney und Orange in Anspruch, ohne dauernde Erleichterung zu finden. Wohl konnte ich für kurze Zeit aufstehen, mußte aber wieder ins Bett zurück. So ging es 18 Monate. Es waren lange, ermüdende Wochen — besonders als ich nach 14 Monaten das Unglück hatte, die Muskelstränge des anderen Beines zu brechen, wodurch ich 6 Wochen ganz zu Bett bleiben mußte. Die Schmerzen waren manchmal sehr stark. Ich war in der Tat ein Invalide, und es bestand keine Aussicht, daß ich jemals wieder meinem Beruf nachgehen konnte. Weil ich sonst, in den anderen Gliedern, vollkommen gesund war, fiel es mir schwer, in die Zukunft zu sehen, angesichts meiner zwei verkrüppelten Beine und meiner Abhängigkeit von anderen, die nach mir sehen und mich versorgen mußten.

Wie blind war ich, denn seitdem man mich auf die Invalidenliste gesetzt hatte, lebte ich unter Leuten, die an göttliche

Heilung glaubten und mich von dieser göttlichen Wahrheit zu überzeugen suchten. Aber ich dachte anders darüber. Wahrlich, die Bibel erzählt von wunderbaren Dingen in vergangenen Tagen, aber für mich waren diese Tage eben nicht mehr vorhanden und ich meinte, jetzt lägen die Dinge anders. Viele redeten von Smith Wigglesworth, doch ich war nicht interessiert. Nachdem der Evangelist seine Mission, die nur fünf Tage dauern sollte, begonnen hatte, redete mein Bruder mit anderen überzeugend zu mir von der Wahrheit der Heiligen Schrift — der göttlichen Heilung. Weil ich bis jetzt dagegen war, nahm ich wieder meine Bibel, und dem verlorenen Sohne gleich — am Ende meiner selbst — wurde auch ich geleitet zu sagen: „Ich will mich aufmachen und zu meinem Vater gehen." Seit vielen Jahren war ich gläubig, aber ich mußte nun erst richtig aufwachen, bevor ich Seine Stimme hören und Er meine Augen salben konnte. Während ich die Bibel las, blieben meine Augen bei den Worten haften: „Eines weiß ich, daß ich blind war und jetzt sehe" (Johannes 9, 25). Dieses ging den ganzen Freitag und Samstag durch meinen Sinn; auch die Worte von Gott: „Ich bin der Herr, Ich ändere mich nicht." So beharrlich kamen diese Worte zu meinem Herzen, daß ich mich entschloß, am selbigen Abend in die Mission zu gehen, um für mich beten zu lassen. An dem einen Bein hatte ich einen Stahl- und Lederapparat, um die Kniescheibe vor Verschlußbewegungen zurückzuhalten, was mir große Schmerzen verursachte; und das andere Bein war im Streckverband. An Krücken ging ich zum Auto, um in die Versammlung gebracht zu werden, und obwohl ich sehr litt, glaubte ich, geheilt zu werden. Nach der Ansprache schloß ich mich denen an, für die gebetet wurde. Als der Evangelist die Hände auf mich legte und betete, war es mir, als ob meine beiden Glieder an den verletzten Stellen wie mit einem Wasserstrahl eingespritzt würden. Aber als ich mich wieder wegwandte, fühlte ich mich keineswegs besser, und ich äußerte zu etlichen meine Enttäuschung.

Den ganzen Heimweg weinte ich und schüttete mein Herz

vor Gott aus, indem ich fortwährend sagte: „Herr, ich glaube, hilf meinem Unglauben!" Man half mir aus dem Wagen. Aber als ich einige Schritte genommen hatte, meinte ich, allein gehen zu können. Und gerade als ich die Schwelle erreichte, erglänzte mir ein solch heller Lichtstrahl, daß ich fast taumelte und ausrief: „Herrlichkeit Dir, o Gott, ich bin geheilt!" Und ich war es auch. Ich durchschritt das Haus und pries den Herrn, ja ich konnte so gut gehen wie einst vor dem Unfall. Als ich die Krücken sah, sagte ich: „Gebt sie dem Freunde zurück, der sie mir geliehen hat. Ich benötige sie nicht mehr. Halleluja!" Am nächsten Morgen löste ich den Apparat und Streckverband – und seitdem brauchte ich diese Sachen nicht mehr, denn ich bin vollkommen geheilt worden.

Nach zwei Tagen wurde ich mit dem Heiligen Geist getauft gemäß Apostelgeschichte 2, 4. Meine Bibel bedeutet mir jetzt mehr als je zuvor. Jetzt betrachte ich meinen Herrn als meinen Erlöser von der Sünde, als meinen großen Arzt, als den, der mit dem Heiligen Geist tauft und als den, der zu Seiner Braut bald wiederkommen wird.

Das andere Zeugnis ist von Frau M. Legate Pople, Orange:

„Der Herr hat mich geradewegs geführt" (1. Mose 24, 27), scheint mir die beste Erklärung für die wunderbaren Segnungen Gottes zu sein, die ich vor fünf Wochen erfahren durfte. So gern wollte ich heim. Mein armes Herz war derart krank, daß es bei der leisesten Bewegung aussetzen konnte. Sechzehn Wochen lag ich schon bewegungslos. Ich verspürte weder Hunger noch Durst. Nur ab und zu kostete ich eine leichte Suppe, um die zu befriedigen, die sie mir brachten. Ich sehnte mich, endlich daheim zu sein, los von aller Erdenpein. Als man mir von Bruder Smith Wigglesworth erzählte und mich fragte, ob er für mich beten solle, sagte ich ausdrücklich „Nein". So viele Freunde von überall beteten für mich, so daß ich mehr Beter nicht haben wollte – denn alle meine Gedanken waren mit himmlischen Dingen beschäftigt. Doch wie unwissend war ich um die herrlichen Segnungen, die ich hier unten noch nicht gekostet hatte, und mein geliebter Heiland wollte, daß ich sie erfahren sollte, ehe ich zu den ewigen Toren einginge.

Bruder Wigglesworth erwartete man in zwei Monaten, doch unerwartet wurden die Daten geändert, und er traf fast unvorhergesehen ein. Aber eigentlich ging es mich und meine leidende Mitschwester Todd nichts an, denn wir hatten uns vorgenommen, nichts mit der Mission des Evangelisten zu tun zu haben. Aber wie wahr sind doch die Worte: „Eure Gedanken sind nicht meine Gedanken und eure Wege sind nicht meine Wege." Als die Versammlungen bereits im Gange waren, fing meine Freundin und Leidensgenossin an, in der Schrift zu forschen, ob es sich auch so verhielte, wie gelehrt wurde und wie viele es bestätigten — denn sie war gegen göttliche Heilung eingestellt. Sie wurde so überführt von der Wahrheit Gottes: „Ich bin der Herr, Ich ändere mich nicht", daß sie in mein Zimmer hineinkam und entschlossen kundtat, sie gehe zur Mission, um für sich unter Handauflegung beten zu lassen.

An jenem Abend sah ich sie, wie sie sich viel Mühe machte, auf Krücken zum Auto zu gelangen, und irgendwie empfand ich, sie wird geheilt werden. Nach ihrer Rückkehr hüpfte sie die Treppen hinunter in mein Zimmer. Gleich jenem Mann in der Apostelgeschichte sprang sie, rühmte den Herrn und rief: „Schwester, ich bin geheilt!" Und sie war es auch. Wunderbare Dinge, Halleluja!

Die ganze Nacht hindurch betete ich und suchte den Herrn. Dann kam mir ein Gedanke: Wie soll ich meinem Herrn begegnen, den ich von ganzem Herzen liebe, wenn ich abgelehnt hatte zu prüfen, ob Er vielleicht nicht doch mich als ein kleines Licht in der Ecke brauchen wollte, da Er vor meinen Augen solch ein Wunder getan hatte?

Am nächsten Morgen, dem letzten Tage der Mission, wartete ich sehnsüchtig auf jemand, der in mein Zimmer hineinkäme und dem ich sagen könnte, Bruder Wigglesworth möchte doch nach der Morgenversammlung zu mir kommen und für mich beten. Doch niemand erschien. Schon stiegen Zweifel in mir auf. Endlich trat jemand ins Zimmer, doch man beachtete mich nicht. Fünfmal legte ich meine Bitte vor, ehe ich die Zusage bekam, sie würden meine Bitte Bruder Wigglesworth vorlegen. Einst sagte ich *einmal* „Nein" – nun sagte ich *fünfmal* „Ja". Lange erschien mir das Warten. Doch endlich kam die Schwester mit strahlendem Gesicht und sagte: „Er ist eingetroffen." Ich schaute auf Jesus, als ich ihn eintreten sah. Der Evangelist sagte seiner Tochter, die ihn begleitete, sie solle ihre Hände auf meine Knie legen. Er selbst legte mir seine Hände auf mein Haupt und betete, indem er den Tod bedrohte. Dann sagte er: „Bist du bereit, aufzustehen?" „Ja", gab ich zur Antwort. Und ich stand auf, ohne daran zu denken, daß ich einige Minuten zuvor nicht einmal gewagt hätte, mich zu bewegen. Nur ein Gedanke beseelte mich: Schnell mich anzukleiden und meine Schülerinnen in der Bibelklasse zu grüßen. Kaum war ich fertig, da öffnete sich die Tür, und etliche von ihnen traten ein. Wie sie mich aufgestanden und angekleidet erblickten, fingen etliche an, vor Freude zu weinen, etliche zu jauchzen und etliche umarmten mich. Ich war vollkommen geheilt. Jede Schwachheit war von mir gewichen. Ich verlangte zu essen – und es schmeckte mir. Ich war wie ein neues Geschöpf, erfüllt mit Gottes heiliger Gegenwart, erweckt in einem Augenblick von den Schatten des Todes zum vollen Leben, um zu dienen. Am nächsten Tage nach meiner Heilung wurde ich herrlich in den Heiligen Geist getauft gemäß Apostelgeschichte 2, 4. Und nun füllt Er mich täglich und stündlich mit unaussprechlicher Freude und Herrlichkeit.

Besuche in der Schweiz und in Schweden

Im Jahre 1920 wirkte unser Wigglesworth sechs Monate lang in den verschiedenen Ländern Europas. Er diente für eine kurze Zeit in Frankreich und ging von dort in die Schweiz. Der folgende Bericht seiner Wirksamkeit ist Teil einer Zuschrift von Frau Debat aus Paris, die ihn in Frankreich und in der französischen Schweiz übersetzte.

In den französischen Alpen, in Chatres, hatten wir eine Konferenz. Vier Reichsgottesarbeiter kamen, um auszukundschaften und dann gegen das Wirken Gottes zu reden. Aber alle vier sind jetzt davon überzeugt, daß dieses Pfingstwerk von Gott ist. – Einer rief aus: „Ich bin unter einem göttlichen Himmel."

Ein von Ochsen gezogener Wagen fuhr vor das Versammlungshaus mit einem Mann im Streckverband. In dem Glauben, geheilt zu werden, hatte er eine beachtliche Wegstrecke zurückgelegt. Er litt an Magenkrebs und konnte nicht essen. Auf dem Wagen befand sich ein Korb mit Proviant. Man fragte ihn, wozu dieser sei, da er doch nicht essen könne. Er erwiderte: „Nein, ich kann nicht essen, aber ich werde geheilt werden, und dann verzehre ich diesen Proviant auf der Heimreise." Er hatte einen einfältigen Glauben – und natürlich begegnete ihm Gott.

Ich fragte eine Frau beim Verlassen der Versammlung: „Bist du geheilt?" Sie antwortete: „Natürlich bin ich geheilt." Mehrere Fälle von Taubheit wurden geheilt. In einem Fall war der Knochen in Stücke und die Trommel nicht mehr vorhanden – doch sie hörte vollkommen.

In Lausanne war ein blindgeborener Mann. Seine Frau hatte Tuberkulose und befand sich in einem entsetzlichen Zustand.

Sie hörte von den Versammlungen und fragte ihren Mann, ob er Glauben für Heilung aufbringen könnte. Er antwortete ihr spöttisch und in sichtbarem Unglauben. Doch sie kamen in die Versammlung. Beide wurden gerettet, geheilt und getauft. Ihre Gesichtsbildung veränderte sich, denn die Frau hatte vorher ein furchtbar häßliches Gesicht. Des Mannes Fall ist ein Beispiel langsamer Genesung, sein Augenlicht kommt nach und nach. Dort war ein anderer Mann, der an Taubheit und Bruch litt. Er dachte, er könne nicht um Befreiung von zwei Dingen bitten. So bat er, daß die Taubheit weggehen möge. Er wurde von beiden Leiden geheilt. Es befand sich ein Kind dort, dem ein neues Auge gegeben wurde. Auch eine nahezu blinde Frau wurde geheilt. Eine Anzahl Gelähmter ließ die Stöcke zurück.

In Godivil wurden drei Personen von Schwindsucht geheilt, darunter ein sterbendes Mädchen von 19 Jahren. Gott hat sie wunderbar gesegnet und mit Seinem Geist getauft. In Vevey war ein Bruder namens Zand. Er hungerte und dürstete immer nach Gott und ging überall hin, wo er dachte, mehr von Gott lernen zu können. Er gehörte zur Gemeinschaft der sogenannten „Offenen Brüder". Er sagte: „Ich bin nicht zufrieden, wenn ich auch bei der Bekehrung die Geistestaufe erhalten habe – mir fehlt etwas." Als er diese Feststellung machte, dachten seine Brüder, er sei ein Ketzer und sagten ihm, er solle sich davon reinigen. Er antwortete: „Das werde ich tun." Er kam und wurde gemäß der Schrift mit dem Heiligen Geist getauft. Hier war auch eine Gruppe junger Männer, die gute Straßenversammlungen hielten. Vier von ihnen stiegen auf einen Berg und begannen zu beten. Einige der Vorübergehenden begannen, mit Steinen nach ihnen zu werfen. Sie gingen tiefer in den Wald hinein und beteten bis zum Morgen, und alle vier wurden mit dem Heiligen Geist getauft.

In Morges hatten wir Konferenz. Man brachte einen Mann im Fahrstuhl, der seit einigen Jahren nicht mehr gehen konnte. Seine Heilung war wie die des Lahmen an der „Schönen Pforte". Er hüpfte und sprang und ging heim, von einem Knaben gefolgt, der den Fahrstuhl schob. Ein anderer wurde von Nervenzusammenbruch geheilt. Er ging zu einem Arzt, welcher ihm sagte, er solle zurückgehen und sich bedanken dafür, daß er geheilt worden sei. In Genf kamen etwa 300 nach vorn, um errettet zu werden. In ähnlicher Weise segnete Gott in dem deutschsprechenden Teil der Schweiz. Wunderbar wirkte Gott in Neuchatel. Einer, der eine wunderbare Geistestaufe empfing, wiederholte die ganze Bergpredigt. Ein anderer redete durch die Kraft des Geistes italienisch und deutsch.

Von seinem Besuch in der Schweiz sagte Wigglesworth, daß es wunderbar anzusehen war, wie der Geist Gottes über den Menschen brütete, als er durch einen Übersetzer sprach. Eine Frau mit Nasen- und Gesichtskrebs kam zum Gebet nach vorn. Er stellte sie mit dem Gesicht zu den Leuten und sagte zu ihnen: „Seht sie an! Sie wird morgen abend hier sein, und ihr werdet sehen, was Gott an ihr getan hat.“ Er betete für sie, und sie verließ die Versammlung. Am nächsten Abend kam sie zurück. Man sah, daß der Krebs fort und ihr Gesicht mit einer neuen Haut überzogen war. Eine andere Frau hatte ein furchtbar entstelltes Gesicht. Es wurde für sie gebetet. Am nächsten Tag erschien sie mit einer vollständig neuen Gesichtshaut. Sie hatte nun ein strahlendes Aussehen.

Ein junger Mann, der zum Spotten in die Versammlung gekommen war, wurde auf den Boden gestreckt und konnte nicht reden. Wigglesworth gebot dem bösen Geist, aus ihm auszufahren, und er war gelöst. In eine andere Versammlung wurden drei Wahnsinnige geschickt und in die vorderste Reihe gesetzt mit der Absicht, Unruhe zu stiften. Wigglesworth gebot im Namen Jesu den Dämonen, Ruhe zu halten – und es gab keine weitere Störung.

Als er noch in der Schweiz war, kamen zwei Polizisten mit einem Haftbefehl, um ihn festzunehmen, weil er ohne Genehmigung Leute heile. Sie gingen zum Prediger der Pfingstgemeinde in Godivil. Er sagte zu ihnen: „Herr Wigglesworth ist gerade nicht da, doch bevor Sie ihn in Haft nehmen, möchte ich Ihnen ein Resultat seines Dienstes an diesem Ort zeigen." Er brachte sie in den verrufensten Teil der Stadt, zu dem Haus einer Frau, die sie schon oftmals wegen Händel in betrunkenem Zustand in Haft gesetzt hatten und die so ihre meiste Zeit im Gefängnis zubrachte. Der Prediger sagte: „Diese Frau kam in betrunkenem Zustand in eine unserer Versammlungen. Während sie sich dort in diesem Zustand befand, legte Herr Wigglesworth ihr die Hände auf und bat Gott, sie zu befreien. Ihr Körper war ruiniert und sie hatte furchtbare Schmerzen, aber Gott heilte sie von der Trunksucht und ihren Schmerzen." Die Frau redete für sich selbst und sagte zu den Polizisten: „Gott rettete meine Seele, und seit diesem Augenblick habe ich nicht das geringste Verlangen zu trinken." Die Polizeioffiziere sagten: „Wir weigern uns, diese Art Arbeit zum Aufhören zu bringen. Jemand anders wird diesen Mann verhaften müssen." Daraufhin erfolgte nichts mehr.

Eines Tages kam in Neuchatel ein Zahnarzt in die Versammlung. Er dachte in seinem Herzen: „Ich glaube, dieser Mann ist ein Gauner. Er predigt göttliche Heilung und hat wahrscheinlich künstliche Zähne. Nach der Versammlung will ich zu ihm hinaufgehen und ihn bitten, seinen Mund zu öffnen. Wenn seine Zähne künstlich sind, werde ich ihn als Betrüger bloßstellen." So bat der Zahnarzt Wigglesworth am Ende der Versammlung, seinen Mund zu öffnen, damit er nach seinen Zähnen sehen könne. Er war erstaunt — wie er später bezeugte — Zähne zu sehen, wie er es sonst nicht in jemandes Mund gesehen hatte. Smith Wigglesworth hatte Glauben an Gott, daß Er jeden seiner Zähne bewahren würde. Und der Herr bewahrte sie, so daß er im Alter von 87 Jahren noch alle eigenen Zähne hatte.

Dr. Lanz — er war der Mann — wurde überführt und fing selbst an, dem Herrn zu vertrauen. Einige Jahre später sprach er in London und sagte: „In den letzten drei Jahren haben wir in der Schweiz große Dinge gesehen. Im französischen und deutschen Teil der Schweiz sind durch den Dienst von Smith

Wigglesworth viele neue Versammlungen entstanden. Viele von unseren Leuten haben den großen Pfingstsegen, die gesegnete Taufe in den Heiligen Geist mit mitfolgenden Zeichen, empfangen, und wir sind dafür zutiefst dankbar. Vor zwei Jahren kamen in Bern nur 15 bis 20 Leute in die Versammlungen. Heute haben wir eine große Gemeinde und eine schöne Halle. Die Jugend versammelt sich auf der Straße und predigt die frohe Botschaft der Befreiung von Sünde und die Taufe in den Heiligen Geist. Jeden Sonntagabend ist im Zentrum der Stadt eine große Platzversammlung — viele wurden errettet, geheilt und in den Heiligen Geist getauft."

Smith Wigglesworth erzählte uns: „In der Schweiz kam ich zweimal ins Gefängnis. Aber — Preis sei Gott! Ich kam jedesmal wieder heraus. Ein Offizier bekannte: ‚Ich finde keine Schuld an Ihnen. Sie waren für uns hier in der Schweiz ein großer Segen.' In der Mitte der Nacht sagten sie zu mir: ‚Sie können gehen.' Ich erwiderte: ‚Nein, ich werde nur unter einer Bedingung gehen, wenn hier jeder Offizier auf seine Knie geht. Ich werde für sie beten.'"

Eine Frau in Neuchatel hatte seit vielen Jahren an Nierengeschwulsten gelitten. Sie war zu vielen Ärzten gegangen, die ihr jedoch keine bleibende Hilfe geben konnten. Zwecks Operation ging sie in ein Berner Krankenhaus, doch die Ärzte stellten sieben Geschwulste fest und sagten, es sei unmöglich zu operieren. Sie hörte von den Versammlungen und kam, damit ihr geholfen würde. Sie wurde völlig hergestellt und mit dem Heiligen Geist getauft. Sie hatte die Freude, ihren Sohn — der in den Versammlungen errettet und von Gott gerufen wurde — für das Missionsfeld in Belgisch-Kongo herzugeben.

Eine Dänin, Frau Lewini, die vormals das Theater in Dänemark bereicherte, später aber Missionarin wurde, begleitete Smith Wigglesworth drei Monate auf Reisen in Dänemark und Schweden. Dieses ist ihr Bericht:

Es war eine Zeit der Heimsuchung von oben. Ich wage zu sagen, daß Hunderte den Herrn Jesus als ihren Heiland annahmen. Tausende wurden von allen Arten der Krankheiten geheilt. Mengen erwachten zu neuem Leben, und viele empfingen die Taufe im Heiligen Geist wie am Tage der Pfingsten. Für all dieses sei unserem Herrn und Heiland Jesus Christus Ehre und Preis. Und hier einige Beispiele von Wundern, die meine Augen gesehen haben.

Ich will mit der ersten Versammlung, an der ich teilnahm, beginnen. Es war in Örebro (Schweden). Ich suchte Hilfe für mich selbst. Durch langen, ununterbrochenen Dienst im Weinberge des Herrn war ich aufgezehrt. Am zweiten Tag fand eine Heilungsversammlung statt. Nach der Predigt kamen Hunderte von Männern und Frauen, um von Gott angerührt zu werden. Wir wurden nicht enttäuscht. Als Hände auf mich gelegt wurden, ging in wunderbarer Weise die Kraft Gottes durch mich. Ich war völlig geheilt.

Wunderbar war es, in den fortlaufenden Heilungsversammlungen die Wirkungen der Kraft Gottes wahrzunehmen, zu sehen, wenn sie auf die Leute herniederkam. Einige erhoben ihre Hände und riefen: „Ich bin geheilt!" Einige fielen, von der Kraft Gottes ergriffen, zu Boden. Ein junges, blindes Mädchen rief, als ihr gedient wurde: „Oh, wie viele Fenster sind in dieser Halle!" Während der drei Wochen, in denen die Versammlungen stattfanden, war die große Halle täglich gefüllt. Scharen wurden geheilt und sehr viele errettet. Die Zeugnisversammlungen waren wunderbar. Einer sagte: „Ich war taub; es wurde für mich gebetet, und der Herr heilte mich." Ein anderer: „Ich hatte Schwindsucht, jetzt bin ich frei!" usw.

In Skovde verwandte man für solche, die die Taufe in den Heiligen Geist suchten, eine kleinere Halle. Der Heilige Geist fiel auf die Harrenden, und auch Kranke wurden geheilt. Da war ein junger Mann, dessen Leib von der Sünde verderbt war, doch der Herr ist voller Erbarmen mit den Sündern. Er wurde gesalbt, und als ihm die Hände aufgelegt wurden, kam die Kraft Gottes wunderbar auf ihn hernieder. Er rief: „Ich bin geheilt!" Dann brach er zusammen und schrie wie ein kleines Kind, als er seine Sünde bekannte. Im selben Augenblick rettete ihn der Herr. Er ging dann in die große Halle und bezeugte, daß der Herr ihn errettet und geheilt hatte.

In Stockholm waren fast bei jeder Versammlung die Mengen zu groß, um in den Versammlungssaal hineinzukönnen. Sie warteten oft Stunden darauf, daß Leute herauskämen, damit sie hineinkönnten. Hier wurde ein Mann mit Krücken, dessen Leib infolge Lähmung zitterte, auf die Plattform gehoben. Im Namen Jesu Christi wurde er gesalbt und ihm die Hände aufgelegt. Doch er fuhr fort zu zittern. Dann ließ er eine Krücke fallen und nach kurzer Zeit die andere. Sein Körper zitterte immer noch, doch er tat den ersten Schritt im Glauben. Er hob einen Fuß und dann den anderen, ging rings um die Plattform und dann um das Gebäude.

Während dieser Versammlung begann eine Frau zu schreien. Der Prediger sagte ihr, still zu sein. Doch stattdessen sprang sie auf einen Stuhl, schwang ihre Arme und rief: „Ich bin geheilt! Ich hatte Mundkrebs und war ungerettet. Doch in dieser Versammlung, als ich dem Worte zuhörte, rettete mich der Herr und heilte mich von Mundkrebs." Sie schrie wieder: „Ich bin errettet! Ich bin geheilt von Krebs!" Sie war ganz außer sich. Die Leute weinten und lachten vor Freude.

Da war eine andere Frau, die nicht gehen konnte. Sie saß auf einem Stuhl, als man ihr diente. Ihr Erlebnis war dasselbe wie das hundert anderer. Sie stand auf, schaute ringsumher, sich wundernd, ob es nach allem ein Traum wäre. Plötzlich lachte sie auf und rief: „Mein Bein ist geheilt." Nachher sagte sie: „Ich bin nicht gerettet." Und in Strömen liefen ihr die Tränen übers Gesicht. Sie beteten für sie, und später verließ sie errettet und voller Freude die Versammlung.

In Oslo kam ein Mann samt seinem Sohn in einer Taxe in die Versammlung. Beide hatten Krücken. Der Vater hatte bereits zwei Jahre im Bette gelegen und war nicht imstande, den

Fuß auf den Boden zu setzen. Ihm wurde gedient. Er ließ beide Krücken fallen, wandelte und pries Gott. Als der Sohn das sah, rief er: „Helfen Sie mir auch!" Nach einer kleinen Weile gingen Vater und Sohn ohne Krücken und ohne Taxi nach Hause.

In Kopenhagen besuchten täglich Tausende die Versammlungen. Jeden Morgen wurde 200 bis 300 Personen mit der Gabe der Heilung gedient. Jeden Abend war die Plattform umringt. Wieder und wieder, wenn der Andrang sich verlaufen hatte, kamen neue Seelen und suchten Errettung. Hier wurden viele in den Heiligen Geist getauft.

Von Oslo schrieb unser Wigglesworth einen Brief von den großen Scharen, die in die Versammlungen strömten. Tausende konnten in die großen Gebäude, die man für den Feldzug gemietet hatte, nicht hineinkommen. Er sagte: „Ich diente über drei Stunden den Kranken, nachdem ich anderthalb Stunden gepredigt hatte. Viele, die kamen, waren völlig hilflos. Hunderte wurden geheilt. Ein großer Stoß Krücken, Stöcke und andere Hilfsmittel wurden auf der Plattform zurückgelassen. Ich diente öffentlich mit der Heilungsgabe. Die anderen sahen zu und jauchzten. Der Eindruck war wunderbar, als die Blinden sahen und die Lahmen gingen. Wir haben jetzt eine Halle mit 5000 Sitzplätzen, und die Leute sagen, daß sie zu klein sein wird. Ein Mann aus dem Krankenhaus bat um Erlaubnis, in die Versammlungen gehen zu dürfen; aber es wurde ihm verweigert. Doch er entschied sich zu gehen, und die Ärzte sagten: ‚Wenn Sie gehen, werden Sie nicht zurückkommen.' Der Mann antwortete: ‚Nein, ich werde nicht zurückkommen.' Nach dem Gebet war er vollkommen geheilt und warf seine Krücken weg. Ich sage euch, die Sache ist groß, und größere Dinge sind vor uns – glaubet nur!"

Später, von seiner Arbeit in Schweden redend, sagte Smith Wigglesworth:

Als ich in Schweden war, ruhte die Kraft Gottes mächtig auf mir. Dort geschah es, daß ich wegen des Predigens und Betens für die Kranken verhaftet wurde. Die lutherischen Kirchen und die Ärzte standen gleich einer Armee wider mich. Sie hatten eine besondere Audienz beim König, um zu erreichen, daß ich aus dem Lande gewiesen würde. Es kam so weit, daß ich von zwei Geheimpolizisten begleitet wurde, weil die mächtige Kraft Gottes unter den Leuten wirkte.

Eine der Pflegerinnen aus des Königs Haushalt kam und wurde von einer Beinkrankheit geheilt. Ich habe vergessen, ob es ein gebrochener Schenkel oder ein verrenktes Gelenk war. Sie ging zum König und sagte: „Ich bin durch den Dienst dieses Mannes so wunderbar geheilt worden. Sie wissen, daß ich nun richtig gehe." „Ja", erwiderte der König, „ich weiß alles von ihm. Sagen Sie ihm, er soll weitermachen. Ich wünsche nicht, daß er ausgewiesen wird. Wenn er aber von selbst geht, so kann er wieder zurückkehren." Ich danke Gott, ich wurde nicht ausgewiesen, ich wurde bloß hinausgeleitet.

Die Pfingstleute gingen zur Polizei und fragten, ob ich am Pfingstmontag eine große Versammlung im Park halten könne. Die Polizeioffiziere antworteten: „Es gibt nur einen Grund, aus dem wir es verweigern können, und das ist folgender: Wenn dieser Mann in dem großen Park auf die Kranken die Hände legt, brauchen wir noch 30 Polizisten mehr, um die Lage zu bewachen. Aber wenn er uns verspricht, seine Hände nicht auf die Kranken zu legen, werden wir den Park zur Verfügung stellen."

Sie kamen und fragten mich um Rat. Ich sagte: „Versprecht ihnen, daß ich ihre Wünsche erfüllen werde." Ich wußte, daß Gott nicht darauf begrenzt war, daß ich den Leuten die Hände auflegte. Wenn die Gegenwart Gottes da ist zu heilen, ist das Auflegen der Hände nicht mehr erforderlich. Der Glaube ist der große wirkende Faktor. Wenn wir Gott glauben, sind alle Dinge leicht.

Sie bauten eine Kanzel, von wo aus ich zu Tausenden von

Menschen sprechen konnte. Ich betete: „Herr, Du kennst die Lage. Du bist bisher noch niemals in eine Lage gekommen, derer Du nicht Herr wurdest. Zeige mir, was für diese armen, hilfsbedürftigen Menschen ohne Handauflegung getan werden kann. Zeige es mir!" Zu den Leuten sagte ich: „Alle von euch, die wollen, daß die Kraft Gottes sie heute heilend durchströme, hebt eure Hände hoch!" Tausende Hände gingen hoch. Ich schickte einen Schrei nach oben: „O Herr, zeige es mir!" Und Er zeigte mir so klar wie nur möglich, daß ich eine Person aus der Menge herausgreifen solle, die auf einem Felsen stand. Dieser Park war nämlich ein felsiger Ort. Ich sagte den Leuten, die Hände fallen zu lassen, mit Ausnahme dieser einen Person. Dann wandte ich mich an sie: „Bitte geben Sie den Leuten Ihre Nöte bekannt!" Sie fing an, ihren Kummer zu erzählen. Von Kopf bis zu Fuß war sie so voller Schmerzen, daß sie, ohne ein wenig auszuruhen, nicht gehen konnte. Ich sagte zu ihr: „Heben Sie die Hände hoch!" Dann fuhr ich fort: „Im Namen Jesu Christi schelte ich den Bösen von Ihrem Kopf bis zu den Füßen, und ich glaube, daß Gott Sie befreit hat." Oh, wie sie sprang, jauchzte und vor Freuden tanzte!

Das war das erste Mal, daß mir Gott offenbarte, was für eine sehr kleine Sache es für Ihn ist zu heilen, ohne daß ich meine Hände auflege. Ich sagte zu den kranken Leuten: „Jetzt lege sich jeder selbst die Hände auf, und wenn ich bete, wird Gott euch heilen." Wir zählten an diesem Tage Hunderte von Geheilten, ohne daß ich sie angerührt hatte – und Hunderte wurden errettet. Unser Gott ist ein Gott mächtiger Kraft. O wie wunderbar, wie herrlich und wie schön ist es, daß wir in Seinen königlichen Palast des Glaubens und der Kraft hineingehen dürfen! Wir haben einen großen Gott. Wir haben einen wunderbaren Jesus. Ich glaube an den Heiligen Geist.

Sein Geheimnis geistlicher Kraft

Viele mögen fragen: „Hatte Smith Wigglesworth irgendein geistliches Geheimnis? Worin lag seine große Stärke?" – Die zwei Hauptfaktoren in seinem geistlichen Leben waren diese: sein Verlaß auf den Geist Gottes und sein Vertrauen auf das Wort Gottes. Dieses waren die Grundlagen seiner heiligen Kühnheit und seiner beständigen Dreistigkeit, seines Wagemuts im Handeln.

Er war in hervorragender Weise ein Mann des Wortes – gerade wie er in hervorragender Weise ein Mann des Geistes war. Er erklärte: „Bibliotheken verursachen geschwollene Köpfe, aber das Wort Gottes schafft weite Herzen. Wir sollten erweiterte Herzen haben; Herzen, erfüllt mit dem süßen Duft der Liebe Gottes, die das Leben und die Kraft des Herrn verkündigen."

Er sagte: „Der Glaube kommt aus der Predigt und die Predigt durch das Wort Gottes, nicht durch das Lesen von Auslegungen. Glaube ist der Grundsatz des Wortes Gottes. Der Heilige Geist, der das Wort eingab, wird der Geist der Wahrheit genannt. Wenn wir das eingepflanzte Wort mit Sanftmut empfangen, bringt es in unseren Herzen Glauben hervor, Glauben an das Opfer von Golgatha, Glauben an das vergossene Blut Jesu, Glauben an die Tatsache, daß Er unsere Schwachheiten getragen hat und heute unser Leben ist. Das Wort Gottes ist lebendig und kräftig. In Seinem Schatz wirst du ewiges Leben finden. Wenn du es wagst, diesem wunderbaren Lebensfürsten zu vertrauen, wirst du in Ihm alles haben, was du brauchst."

Er sagte häufig: „Ich habe niemals irgendein anderes Buch gelesen als die Bibel." – Ein Kritiker, der ihn dieses sagen hörte, schrieb: „Wie kommt es, daß dieser Mann, der sagt, nie ein anderes Buch als die Bibel gelesen zu haben, schuldig ist, ein Buch geschrieben zu haben? Denn wir sehen sein Buch ‚Immer zunehmender Glaube' im Blatt ‚Pentecostal Evangel' angeboten." Wir schrieben diesem guten Mann die Antwort: „Smith Wigglesworth ist nicht schuld, daß dieses Buch geschrieben wurde. Es ist auf folgende Weise entstanden: Im Jahre 1923 kam er nach Springfield (USA), wo er in der nicht lange vorher gegründeten Bibelschule jeden Morgen zu den Schülern und jeden Abend zu einer großen Volksmenge in der Konferenzhalle sprach. Diese Predigten schrieben wir für das genannte Blatt nieder. Nachdem sie darin erschienen und davon genügend vorhanden waren, ließen wir sie in Buchform drucken. Smith Wigglesworth las nicht einmal eine Abschrift."

Wir sind uns der darin enthaltenen sprachlichen Härten bewußt, aber nichtsdestoweniger hat sich der Herr zu dem Buch bekannt und es zum Segen, zur Errettung und Heilung einer großen Anzahl überall in der Welt gemacht.

Der Prophet Hesekiel empfing das Wort des Herrn: „Tue deinen Mund auf und iß, was ich dir gebe!" Er sagt uns: „Und ich sah: und siehe, eine Hand war gegen mich ausgestreckt; und siehe, in derselben war eine Buchrolle. Und er sprach zu mir: ‚Menschensohn, iß, was du findest; iß diese Rolle und geh hin, rede!'" Der Prophet fährt fort: „Ich öffnete meinen Mund, und er gab mir diese Rolle zu essen. Und er sprach zu mir: ‚Menschensohn, speise deinen Bauch und fülle deinen Leib mit dieser Rolle, welche ich dir gebe!'"

Unser Wigglesworth aß ununterbrochen diese Rolle. Sie wurde Leben in seinem inneren Wesen, so daß er ging und in Vollmacht und Glauben zu denen redete, zu welchen Gott ihn sandte. Sein Schwiegersohn, der oft mit ihm reiste, sagt: „Er war in der Hauptsache ein Mann der Bibel. Er hielt sich niemals für völlig angekleidet, ohne das Wort Gottes in seiner Tasche. Er hatte es nicht nur bei sich, sondern er gebrauchte es ununterbrochen. Während andere in der Eisenbahn Romane und Zeitungen vor sich hatten, las er in seiner Bibel. Ob er sich an Bord der verschiedensten Schiffe, mit denen er reiste, befand, oder an der See, wo er von Zeit zu Zeit zur Erholung weilte, oder auf einem Lieblingsplatz im Park in der Nähe seines Hauses — sein Neues Testament war beständig in seiner Hand. Er verließ nie eines Freundes Tisch, ohne einen Abschnitt des Wortes gelesen zu haben, und gewöhnlich waren seine Auslegungen auserlesener als irgendein Gang der Mahlzeit."

Sein beständiger Rat an junge Leute war: „Füllt euren Kopf und euer Herz mit der Schrift. Lernt Bibelstellen auswendig mit dem Namen des jeweiligen Buches, Kapitels, Verses, so daß ihr die Stellen in Predigten oder auf Straßenversammlungen genau anführen könnt. Wenn ihr das tut, sät ihr in euer Herz Saaten, welche der Geist Gottes sprossen läßt. Er kann von Zeit zu Zeit in deine Erinnerung bringen, was du auswendig gelernt hast. Du mußt so durchnäßt sein mit dem Wort Gottes, du mußt so damit gefüllt sein, daß du selbst eine lebendige Epistel bist, gekannt, gelesen von allen Menschen. Gläubige sind nur stark, wenn das Wort Gottes in ihnen bleibt. Das Wort Gottes ist Geist und Leben für die, die es in einfältigem Glauben empfangen, und es belebt alle, die seine Macht anerkennen. Kenne deine Bibel, lebe sie aus, glaube sie und befolge sie! Verwahre Gottes Wort in deinem Herzen! Es wird deine Seele retten, deinen Körper beleben und deinen Verstand erleuchten. Das Wort Gottes ist vollkommen und entscheidend, unfehlbar, zuverlässig und zeitgemäß. Unsere Stellung zu ihm muß die eines Gehorsams sein, der nicht angezweifelt werden kann. Wenn eine Sache in der Bibel ist, dann ist sie so, wie sie ist. Es braucht nicht mehr darüber gebetet zu werden, es ist da zum Empfangen und dementsprechenden Handeln. Die Untätigkeit des Glaubens ist ein Dieb, der den Segen stiehlt. Wachstum kommt durch Handeln, durch die Anwendung dessen, was wir haben und wissen. In deinem Leben soll es von Glauben zu Glauben gehen."

Er lehrte beständig, daß das Wort Gottes unbeschränkt befolgt werden muß. Wiederholt führte er die Schriftstelle an: „Gehorsam ist besser als Opfer." Für ihn war Gehorsam eine normale Frucht wahren Glaubens. „Weil du wagst zu glauben, handelst du im Gehorsam."

Jeden Tag nahm er sich Zeit, das Wort Gottes zu lesen, indem er oft abseits von der Menge ging, um mit Gott für eine geistliche Erfrischung allein zu sein. Er wurde mit einem sehr frommen Prediger bekannt, als dieser einmal England besuchte, von dem ein ungewöhnlicher Grad der Gegenwart Gottes ausging. Sein Predigen war einfach und ungeziert, aber er brachte seine Zuhörer in eine bewußte Verbindung mit Gott. Viele eifrige Seelen suchten das Geheimnis seiner Kraft zu erlernen, doch er wollte es ihnen nicht offenbaren. Nachdem er aber über die Sache gebetet hatte, gab ihm der Herr Freiheit, denen, die ihn fragten, das Geheimnis seines tiefen geistlichen Lebens mitzuteilen. Er sagte: „Vor Jahren begann der Geist Gottes zu mir zu reden, doch ich war zu geschäftig, Seine Stimme zu beachten. Er beharrte, bis ich anfing, beiseite zu gehen, wenn Er redete, so daß ich hören konnte, was Gott, der Herr, zu sagen hatte. Dies wurde die Weise meines Lebens. Ich folgte Seiner Stimme bis jetzt; beim geringsten Hauch des Geistes lasse ich jeden und alles, um in Seiner Gegenwart zu weilen, Sein Wort zu hören und es zu befolgen."

Unser Wigglesworth nahm sich die Weise dieses gottseligen Bruders zum Vorbild, und mit dem Wort Gottes in der Hand konnte er „anderweitig verpflichtet" sein, allein mit Gott und manchmal vollständig eingeschlossen von irgendeiner Menge oder Gesellschaft. Sein Geheimnis mag ein entliehenes gewesen sein, aber jetzt steht es jedem treuen Diener Gottes zur Verfügung.

Eines Tages fuhr er in der Eisenbahn, wo eine Mutter samt ihrer Tochter sehr krank waren. Er sagte ihnen, daß er in seiner Tasche ein Heilmittel für jeden Kummer hätte, das selbst in den schlimmsten Fällen nie versagt hätte. – In der Tat, es ist nicht bekannt, daß es jemals seine Wirkung verfehlte, wo die Bedingungen erfüllt wurden. – Er redete so viel über das, was er in seiner Tasche hatte, daß sie um eine Dosis dieses wunderbaren allgemeinen Heilmittels baten. Er öffnete seine Tasche, entnahm ihr seine Bibel und las die Schriftstelle: „Ich bin der Herr, dein Arzt." Und er betete, daß sie an diesen wunderbaren Heiler glauben möchten. Nach kurzer Zeit behaupteten beide, daß sie geheilt wären.

Einmal betete er in der Stadt Cardiff in Süd-Wales für eine Frau, die vollständig geheilt wurde. Sie kam zur nächsten Versammlung und bezeugte mit großer Freude, was der Herr an ihr getan hatte. Sie sagte, daß sie die Wahrheit, die sich so heilsam an ihr erwiesen hätte, verbreiten wolle und bat unseren Wigglesworth um einige Traktate. Er antwortete: „Die besten Traktate über Heilung, die ich kenne, sind Matthäus, Lukas und Johannes. Sie sind voll der Vorkommnisse der Kraft und des Wirkens Jesu Christi. Er ist derselbe gestern, heute und in Ewigkeit. Sie können nichts Besseres haben."

Einst betete er für einen kranken jungen Mann. Nach dem Gebet sagte der junge Mann: „Bruder, ich möchte eine Verheißung, auf der ich stehen kann." Wigglesworth legte seine Bibel auf den Boden und befahl ihm: „Nun, stell dich darauf!" Er tat es, und Wigglesworth erklärte ihm: „Jetzt stehst du auf einem Haufen Verheißungen. Glaube eine jede von ihnen!"

Bis zum Jahr 1907, dem Jahr, in welchem er die pfingstliche Taufe empfing, spielte der Heilige Geist in seinem Erleben und Lehren zwar beständig eine Rolle, aber von da an begann ein neuer Zeitabschnitt in seinem Leben. Er verließ sich blind auf den Heiligen Geist für jede Phase und Art seines Dienstes. Er suchte im Geiste zu leben und vom Geiste geleitet zu werden. Die Gabe der Zungen war ein unschätzbarer Wert für ihn, und viele Male am Tag schwang sich sein Herz in Liebe und Anbetung zu Gott, nicht in den befleckten Sprachen der Erde, sondern in der vom Heiligen Geist gegebenen Sprache der Liebe, mit der ihn Gott gnädig beschenkt hatte. Er erprobte, daß dieses Reden in Zungen immer eine Quelle geistlicher Erbauung war. Er lebte die Schriftstelle in Judas Vers 20 aus: „... Geliebte, euch selbst erbauend auf euren allerheiligsten Glauben, betend im Heiligen Geist", und er praktizierte auch die andere Schriftstelle: „Zu aller Zeit betend mit allem Gebet und Flehen in dem Geiste, und eben hierzu wachend in allem Anhalten und Flehen für alle Heiligen."

James Salter sagt über seine Predigtart: „Wie oft baute er, bildlich gesprochen, den Altar Gottes auf und bereitete alles zum Opfer. Dann sandte Gott das Feuer und verzehrte das Opfer, Er vollendete und führte seine Bestrebungen aus."

Wigglesworth erforschte die Heiligen Schriften und betete Tag und Nacht, um sich selbst „Gott bewährt darzustellen als einen Arbeiter, der sich nicht zu schämen hat, der das Wort der Wahrheit recht teilt". Doch es war der Atem Gottes, die Salbung vom Himmel, die Person und die Kraft des Heiligen Geistes, die ihn zu dem machten, was er war. Er wußte das und hütete „eifersüchtig" dies anvertraute Gut. „Ich bin nichts ohne den Heiligen Geist." Und gewiß, er war nichts ohne Ihn.

Ein anderes Geheimnis seiner Kraft war, daß er ständig von Mitleid bewegt war. Er sah, daß die Quelle von Christi mächtigsten Wundern Sein wunderbares Erbarmen war. Tränen strömten aus seinen Augen, wenn er die von Sünde gezeichneten Seelen und die durch Krankheit zerstörten Leiber sah. Er brannte in seinem Eifer, die Werke des Teufels zu zerstören und griff unaufhaltsam, aber gesund an, indem er versuchte, im Gutestun mit seinem Meister wettzueifern, „... heilend alle, die vom Teufel überwältigt waren".

Einer, der ihn sehr gut kannte, schrieb von ihm: „Wenn die Post kam und die Zeit zum Öffnen der Briefe gekommen war, mußten wir alle, ganz gleich, was wir taten, die Arbeit liegen lassen und unter die Last kommen. Jeder im Hause mußte sich an den Gebeten beteiligen und Hände auf die Taschentücher legen, die an die Leidenden geschickt wurden. Sie wurden behandelt, als ob der Schreiber persönlich anwesend wäre. Mit jeder Bitte wurde besonders und aufrichtig verfahren – und Tausende dankbarer Leute in der ganzen Welt bezeugten das Ergebnis dieses mitleidigen Dienstes.

Eines Tages brachte ihm die Post einen ganz langen Brief einer Frau, die heftig an einer ernsthaften Krankheit litt. Er war voller Beweisgründe über die göttliche Heilung und zeigte, daß sie alles, was sie über diesen Gegenstand wissen mußte, auch wußte. Er las den Brief ein- oder zweimal, gab ihn dann mir und sagte: ‚Was denkst du darüber?' Er las ihn noch einmal und schrieb dann am Schluß darunter: ‚Glauben Sie ihren eigenen Brief, legen Sie ihn gleich einem gesalbten Taschentuch auf ihren eigenen Körper, und Sie werden geheilt sein.' Er sandte ihr den Brief zurück. Nach kurzer Zeit erhielt er von ihr eine Nachricht, worin sie ihm kundtat, daß sie völlig geheilt sei."

Der Herausforderer

Es gibt einen Zug, der täglich von Chicago nach Kalifornien fährt und den Namen „Der Herausforderer" trägt. Gewiß – auch ein ausgezeichneter Name für unseren Smith Wigglesworth.

Häufig pflegte er seine Predigten mit der Herausforderung zu beginnen: „Bist du bereit? Wofür? Bereit, Gott zu glauben? Bereit, zu sehen, was Gott für dich hat? Bereit, auf Gottes heutigen Plan für dich einzugehen?"

Was ihn selbst betraf, so war er der Wigglesworth, der jederzeit bereit war. Paulus sandte in die Machtzentrale der römischen Kaiser einen Brief und erklärte: „Ich bin bereit, auch euch, die ihr in Rom seid, das Evangelium zu verkündigen" (Römer 1, 15). Eines Tages machte Wigglesworth eine Reise nach Rom, und er war bereit, dort zu predigen. Auf der Straße traf er einen italienischen Bruder, der ihn in Kalifornien hatte predigen hören. Dieser Mann brachte ihn zu den Pfingstgeschwistern. Dort war es seine Freude, Christus zu verkündigen. Später besuchte er die Stadt Rom mit Bruder und Schwester Salter, um besondere Versammlungen zu halten. Eines Tages besichtigte er die Katakomben. Ein spezieller, junger, englisch sprechender Priester war zu ihrem Führer bestimmt. Jeder bekam eine dicke Wachskerze, um den unterirdischen Weg zu beleuchten. Der Priester schien den Rest der Gesellschaft zu vergessen und nahm ein besonderes Interesse an Smith Wigglesworth, der von allem, was er sah und hörte, sehr beeindruckt war. Wiederholt sagte der Priester zu ihm: „Sie würden einen guten Katholiken abgeben. Sie müßten Katholik sein." Und jedesmal antwortete er: „Ich bin Katholik, aber kein römisch-katholischer."

Der Priester setzte die Propaganda bis zum Ende der Besichtigung fort. Dann kam die Zeit für sie, die Treppen hinaufzusteigen und die Katakomben zu verlassen. Jetzt ergriff Smith Wigglesworth die Gelegenheit und sagte zu dem Priester: „Nun, Sie würden einen guten Christen abgeben, wenn Sie errettet wären. Knien Sie hier auf dem Fußboden nieder, und ich will Gott bitten, Sie zu retten.“ Der Priester war erschüttert, brach in eine Flut von Tränen aus und kniete nieder. Seine Hand auf des Mannes Haupt legend, betete Smith Wigglesworth, daß Gott seine Seele retten solle. Der Priester küßte ihm glühend die Hände, und es kostete Wigglesworth einige Zeit, von seiner Umarmung freizuwerden.

Eines Tages versammelte ein Mann, der den Ruf eines weiten Herzens hatte, in Cardiff (Wales) eine große Gruppe hervorragender christlicher Führer. Einheit und Eintracht waren die Themen dieser Konferenz, und Nachdruck wurde auf die Notwendigkeit des Heiligen Geistes und der persönlichen Heiligung gelegt. Wie es bei vielen solcher Zusammenkünfte die Gewohnheit ist, versuchten alle Redner, in feinen gewählten Worten, von denen keins scharf genug war, jemandes Gefühle zu verletzen, dem Thema beizukommen. Alles schien sehr gut sich einzulaufen, und der Veranstalter strahlte voller Befriedigung. Doch ein Mann in dieser großen Versammlung wurde von dem Gedanken bewegt: „Alle diese Leute gehen des Besten, was Gott für sie bereit hält, verlustig. Kann ich, weil es mir peinlich ist, mich zu äußern, stille bleiben und dieser großen Versammlung nicht sagen, daß es für jeden von ihnen eine mächtige Taufe in den Heiligen Geist gibt, gleich der, die die Jünger am Tage der Pfingsten erhielten?“ Und so verursachte dieser Mann, unser mutiger Wigglesworth, keine geringe Erregung, als er aufstand, seinen Rock ablegte und in Hemdsärmeln nach vorn ging, um von der Plattform seine Herausforderung abzugeben:

„Ich wurde — als ich acht Jahre alt war — unter den Methodisten errettet. Wenig später wurde ich von einem Bischof der englischen Hochkirche konfirmiert. Die Grundlage der Bibellehre empfing ich unter den ‚Offenen Brüdern'. Ich marschierte unter dem Blut- und Feuerbanner der Heilsarmee und lernte in Freiversammlungen Seelen gewinnen. Ich erhielt den zweiten Segen der Heiligung und des reinen Herzens. Dann eignete ich mir im Glauben die Gabe des Heiligen Geistes zu, als ich zehn Tage vor dem Herrn wartete. Aber 1907, in Sunderland, als ich vor Gott kniete, hatte ich ein Erlebnis wie in Apostelgeschichte 2, 4. Der Heilige Geist kam auf mich hernieder, und ich redete in neuen Zungen – wie einst diejenigen auf dem Obersöller. Das stellte mein Erlebnis außerhalb der Reihe der Streitsätze – aber hinein in den Bericht des heiligen Wortes Gottes. Gott gab mir den Heiligen Geist, wie Er es am ersten Anfang tat. Ich wünsche Eintracht und Einheit, aber ich möchte sie auf dem Wege Gottes. In der Apostelgeschichte war das Reden in neuen Zungen die Begleiterscheinung für das Erfülltwerden und Ausgießen des Heiligen Geistes, und ich glaube nicht, daß Gott Seine Methoden geändert hat."

Eine gespannte Atmosphäre erfüllte das Gebäude, und der Vorsitzende brachte die Versammlung schnell zum Abschluß. Doch Smith Wigglesworth hatte seine Herausforderung gegeben. Er empfand, daß das Pfingstzeugnis wert ist, daß man dafür einsteht, und wie immer kämpfte er einen guten Kampf, einen Kampf für das erhabene Zeugnis der Pfingstgläubigen. Er war der Ansicht, daß das pfingstliche Erleben nicht um ein Linsengericht vertauscht werden darf. Furchtlos bezeugte er immer, daß die völlige Taufe in den Heiligen Geist unveränderlich von dem Reden in neuen Zungen, wie der Geist gibt auszusprechen, begleitet wird.

Er ließ beständig die Herausforderung erschallen: „Lebe in Bereitschaft. Wenn du dich erst bereit machen mußt, wenn auf deinen Weg die Gelegenheit kommt, ist es für dich zu spät. Die Gelegenheit wartet nicht, nicht einmal während du betest. Du sollst dich nicht erst bereit machen, sondern du mußt in Bereitschaft leben."

Als er das erste Mal Amerika besuchte, hörte er von einer

Lagerversammlung, die in Cazadere, im nördlichen Kalifornien, abgehalten wurde, und er entschloß sich, zugegen zu sein. Als wir ankamen, sagte er Bruder und Schwester Montgomery, die die Konferenz leiteten, wer er ist. Am ersten Abend, nachdem mehrere Prediger gesprochen hatten, schaute der leitende Bruder kritisch auf Wigglesworth und sagte: „Jetzt sind Sie an der Reihe. Sind Sie bereit?" Wigglesworth lächelte und erwiderte: „Immer." Seinen Rock ablegend, ging er nach vorn auf die Plattform und, ohne lange zu reden, hatte er diese große Versammlung durch seine einzigartige Botschaft gefangengenommen. Von dem Tage an bat man ihn, während der dreiwöchigen Lagerversammlung jeden Morgen und Abend zu sprechen, denn die verschiedenen eingeladenen Brüder sagten: „Dieser Mann hat eine hervorstechende Botschaft des Glaubens, und wir möchten ihn hören." Auf dieser Konferenz gab man ihm Einladung um Einladung zum Dienen in den verschiedensten kalifornischen Städten.

Smith Wigglesworth pflegte seine Zuhörer aufzufordern: „Alle, die an Gebet glauben, mögen eine Hand hochheben. Alle, die an lautes Gebet glauben, mögen beide Hände hochheben. Jetzt stehe jedermann auf und tue es! Erlangt, was euer Herz wünscht!" Am Anfang fand diese Methode, die er anwandte, gemischte Aufnahme. Manche duldeten es — andere aber machten öffentliche Einwände. Im großen ganzen folgten die Leute und erzielten großen Nutzen. Im konservativen England tadelte man nicht selten seine Art und Weise, doch er war sich sicher, mit den Heiligen der ersten Gemeinde in Eintracht zu sein, die „ihre Stimme einmütig aufhoben zu Gott". Er sagte: „Dieses Aufheben der Hände ist nicht etwas, was Wigglesworth erfunden hat. Es wird im ersten Buch der Bibel gefunden. Abraham tat es. Und im letzten Buch der Bibel können wir lesen, daß die Engel es tun. Mose, Aaron, David, Jeremia, Hesekiel — alle taten es. Es bedeutete den Unterschied zwischen dem Gewinnen und Verlieren einer Schlacht, als Mose gegen die Amalekiter seine Hände zu Gott erhob. Im Hebräerbrief lesen wir: ‚Richtet auf die erschlafften Hände.' Und in Psalm 134 gebietet der Psalmist allen Knechten des Herrn: ‚Erhebet eure Hände im Heiligtum und preiset Jehova!' Paulus läßt das in 1. Timotheus 2, 8 widerhallen, wo er schreibt: ‚Ich will nun, daß die Männer an jedem Orte beten, indem sie heilige Hände aufheben, ohne Zorn und zweifelnde Überlegung.' Im Buche Nehemia haben wir ein Beispiel: ‚... und Esra pries Jehova, den großen Gott, und das ganze Volk antwortete: Amen, Amen! indem sie ihre Hände emporhoben und sich verneigten und vor Jehova niederwarfen, mit dem Antlitz zur Erde.' So seht ihr, daß wir ruhig ein bißchen weitergehen und doch noch biblisch sein können."

Am Ende der Versammlung trat er häufig in folgender Weise an die Zuhörer heran: „Nun, wer möchte näher zu Gott kommen? Wer möchte einen besonderen Segen haben? Jedermann, der hungrig ist, nach Gott hungrig ist, stehe auf. Jeder, dem es wirklich ernst ist, komme nach vorn. Wenn du nur einen Schritt machst, wird es kund sein, daß du es auch so meinst. Wenn du nach vorn kommst, werden wir mit dir beten, und Gott wird dir begegnen." Die Leute strömten dann nach vorn. Er pflegte sie zu ermuntern: „Wer will im Glauben seine Hände aufheben und Gott um etwas bitten? – Jetzt danke Gott dafür! – Nun bitte wieder um etwas! – Jetzt danke Gott!" Die Übung des Glaubens brachte Hunderten die Antwort, und viele wurden mit dem Heiligen Geist getauft, als sie ihre Hände und Stimmen zu Gott erhoben.

In diesen Nachversammlungen ließ er Bestimmtheit und Kürze walten, was die Leute in einer Minute mehr erreichen ließ, als manche Prediger in Jahren erreicht hätten. Er lehrte sie, daß ein ganz bestimmter Glaube auch ein bestimmtes Erlebnis hervorbringt. Er zeigte den Zuhörern, wie sie über Hindernisse und Schwierigkeiten schnell und wirksam zu ihrem Ziel kommen und den Gegenstand erlangen könnten.

Seine an Suchende gegebenen Belehrungen waren gewöhnlich sehr lieblich: „Bitte, um was du willst; glaube, empfange von Gott und danke Gott dafür!" – „Wenn du siebenmal um dasselbe gebeten hast, war es sechsmal im Unglauben", ist einer seiner Aussprüche. „Wie du dich auch zu irgendeiner Zeit fühlen magst oder fühlen möchtest, Gefühle sind Lügen. Isaak fühlte Jakob, doch er war betrogen. Glaube ist besser als Gefühle. Wenn du Glauben hast, wirst du alle Gefühle haben, die du nur fühlen kannst. Als die Frau mit dem Blutfluß den Saum Seines Kleides berührte, hatte sie bald viele Gefühle. Sie fühlte in ihrem Körper, daß sie von ihrer Plage geheilt war."

Obwohl sein Leben eine Vereinigung unaufhörlichen Gebets und Preises und jedes Wort und jede Tat eine Handlung der Anbetung war, gab er sich keinen aufschiebenden Zeiten des Fastens und Betens hin. Er selbst übte sich und ermutigte seine Zuhörer, ein Leben festen Vertrauens zu Gott zu leben, so daß sie zu jeder Gelegenheit bereit wären und niemals von irgendeinem Ereignis unvermutet angetroffen würden. Für ihn bedeutete Christi Wort: „Glaube nur"!, wirklich „glaube nur"! Andere Methoden des Zutritts zu Gott und des Erlangens von Dingen waren für ihn von untergeordneter Wichtigkeit. Dennoch wußte und schätzte er aufrichtig die Tatsache, daß sein Dienst reichlich unterstützt wurde von einer Schar, die sich dem Dienst des Gebets hingab, und in all seinen Briefen an solche bat er um Fortdauer ihrer betenden Unterstützung.

„Ein Prediger muß seinen Zuhörern nicht sagen, was er denkt, sondern was er weiß, und ihnen das Denken überlassen", pflegte er zu sagen. Gewiß, er brachte viele Leute zum Denken – allemal wenn er zu predigen anfing. Er war nicht immer so klar beim Gebrauch von Bibelworten, wie es manche Leute wünschten. Folglich gab es Gelegenheiten, bei denen er beschuldigt wurde, Lehren verkündigt zu haben, welche in Frage gestellt werden konnten. Sein Gebrauch des Wortes „Sterblichkeit" veranlaßte manche Christen zu behaupten, er lehre die Theorie, daß keine Notwendigkeit sei zu sterben. Tatsächlich hatten die Verfechter dieser Lehre keinen stärkeren Einwand als den, daß Wigglesworth behaupte, es sei nach

Römer 8,11 wunderbar möglich, das Auferstehungsleben Christi schon jetzt im sterblichen Leibe zu kennen. Aber keiner als er wußte besser, daß „der *äußere* Mensch vergeht".

Er redete ständig über die Kraft des Glaubens an Gott. Er sagte: „Die Furcht schaut, der Glaube springt. Er verfehlt niemals seinen Zweck. Wenn ich dich so zurücklasse, wie ich dich fand, bin ich nicht Gottes Kanal. Ich bin nicht zu deiner Unterhaltung hier, sondern um dich in die Stellung zu bringen, wo du über das Unmögliche siegen kannst, um die Güte des Herrn im Lande der Lebendigen zu glauben und zu sehen. Glaubensmenschen haben immer einen guten Ruf. Ich bin befriedigt in der Unzufriedenheit, die niemals ruht, bis sie wieder und wieder befriedigt. Wir müssen loskommen von unserem kleinen Maß, weil Gottes Maß so viel größer ist als unseres – ein Maß, das nicht gemessen werden kann."

Hier nun einige seiner herausfordernden Behauptungen:

Viel zu viele von uns wohnen in den Tiefländern der Erlösung. Kannst du nicht die Stimmen hören, die dich in die Hochländer der göttlichen Gnade rufen? Bergsteigen ist voller Abenteuer! Los vom Tal und hinauf! Hebrons Höhen sind vor uns! Laßt uns unser unbeanspruchtes Erbe in den himmlischen Orten erforschen! Sei mit dem Heiligen Geist erfüllt! In anderen Worten: Sei durchnäßt mit dem Heiligen Geist, so durchnäßt, daß jeder Faden in dem Gewebe deines Lebens die erforderliche Färbung des Geistes angenommen hat. Wenn du dann mißhandelt und an die Wand gedrückt wirst, wird alles, was aus dir heraussickert, die Jesusnatur sein.

Diener von Pfingsten – geisterfüllte Diener – suchen einzig und allein einen Platz des Dienens und fragen wenig danach, ob es ein Platz der Ehre sein wird. Sie streben nach Geburtswehen, und zwar mehr als nach Beifall, und wenn sie bei der erhabenen Schar der Himmlischen beliebt sein können, fragen sie nach nichts weiterem.

Wir sollten weit mehr um einen reichen edlen Charakter, als

um einen großen Namen besorgt sein. Beliebtheit kann fast jeden Tag um ein Lied gekauft und um einen Sperling verkauft werden, aber ein edler Charakter ist das Ergebnis jahrelanger göttlicher Erziehung und Zucht.

Nicht an Armut leiden die Christen, sondern an der Krankheit des Geizes und der Selbstsucht. Deshalb ermangeln sie der Gebefreudigkeit eines willigen Herzens zur Förderung von Gottes Herrlichkeit und des Wohls ihrer Mitmenschen, während sie genug haben, selbst zum Sparen für sich, ihre Kinder und ihre Vergnügungen.

Viel zu viele verbringen ihre ganze Lebenszeit damit, um den Lebensunterhalt zu sichern. Das ist ein kleiner, niedriger, zeitlicher Zweck, der das Wachstum hindert und lähmt.

Vom Tode zum Leben hindurchdringen ist die königliche, gerechte und heilige Bestimmung des Menschen. Der eine lebt im engen, dem Gefängnis gleichenden Bereich des Ichs – der andere in einem Bereich, der nur dann begrenzt wäre, wenn Unendlichkeit und Ewigkeit Grenzen hätten.

Kleine Seelen ergötzen sich am Fehlersuchen und -finden, große ermessen den Wert einer Seele. Die Durchschnittsmenschen sind Minusmenschen, Menschen, die nur abstreichen; aber es sind die großen Herzen, die Plusse ausmachen, die vermehren, beifügen, addieren. Sie fügen dem Leben hinzu und machen es reicher; durch den Sonnenschein ihrer Wertschätzung holen sie das Beste aus uns heraus.

Sieh zu, daß das Leben dich immer erfüllt; der äußere Dienst wird dich aufbrauchen, wenn die inneren Kräfte nicht erneuert werden.

Viel von unserer schauspielhaften pfingstlichen Organisation ist nichts weiter als „prächtige“ Hohlheit und Leere, während manche ruhige, bescheidene Gemeinschaft mit der erhabenen Herrlichkeit des Herrn beladen ist.

Wir haben erst den äußeren Bereich des großen Stromes des Lebens im Geiste berührt; dort im unbetretenen Königreich der göttlichen Liebe sind verborgene Wunder, dort winken neue

Pfade, die durch die tropische Üppigkeit der erlösenden Gnade beschritten werden sollen.

Sei mit dem Heiligen Geist erfüllt! In anderen Worten: Sei „vollgestopft“ mit dem Heiligen Geist, so erfüllt, daß für nichts anderes mehr Raum verbleibt. Was ist der Vorzug eines solchen Lebens? Wir können nur das empfinden und wahrnehmen, was den zentralen Bereich des Bewußtseins erreicht. Wenn wir das Böse nicht in den inneren Bereich hineinlassen, zerstören wir seine Giftigkeit. Wenn nun unser Bewußtsein mit der Gegenwart der Herrlichkeit des Herrn erfüllt ist, wird noch nicht einmal für die angreifenden Irrtümer der zerstörenden Kritik oder für bitteren Verdruß Platz sein. Du wirst dich nicht damit befassen, denn es findet keinen Raum in dir.

Keiner ist je geschickt, über Sieg in den Versuchungen zu reden, es sei denn, daß er sie durchmacht. Alle Siege werden in Schlachten gewonnen. Du mußt jeden Tag auf einen höheren Grund kommen. Du mußt dich selbst verleugnen, um mit Gott vorwärts zu gehen. Du mußt alles, was nicht rein und heilig ist, verweigern. Gott will dich reinen Herzens haben. Er möchte, daß du ein großes Verlangen nach der Heiligung hast.

Das Wort Gottes nützt nie etwas, bis es mit dem Glauben dessen, der es hört, vermischt ist. Gott möchte, daß du so voll des Geistes bist, daß dein ganzes Leben ein Lobpreis zu Seiner Ehre ist. Der größte Plan, den Christus verkündigt hat, war der Dienst. Wenn wir dahin kommen, wo wir um der reinen Liebe willen dienen, wird die Hand des göttlichen Meisters auf uns ruhen, und wir werden niemals fehlen. Zwei Dinge werden dich heute aus dir selbst herausheben in die großen Verheißungen Gottes hinein. Eines ist Reinheit und das andere Glauben, welcher mehr und mehr von Reinheit durchglüht wird. Gott hat keinen Platz für den Menschen, der zurückschaut, rückwärts denkt und rückwärts handelt. Das Wort Gottes ist nicht dazu da, daß man darüber betet; das Wort Gottes ist da, damit man es annimmt und befolgt. Da, wo Eintracht ist, ist immer Segen. „Einmütig“ ist das Schlüsselzeichen zum Sieg. Achte darauf, daß niemals etwas über deine Lippen kommt, was die Einheit stören könnte! Lebe vielmehr so, daß du jedem helfen, jeden emporheben und jeden veranlassen kannst, in vollkommene Eintracht zu kommen.

Sei nicht furchtsam zu bitten, denn Gott ist auf dem Thron und bereit zu antworten.

Du kannst immer in Trübsinnigkeit darniederliegen, wenn du in deinen Gefühlen lebst. Denke daran, daß uns Gott in Christus weit über alle Dinge erhoben hat. Er sagt: „Alles ist euer." Wir sind „Erben Gottes und Miterben Jesu Christi".

Eines Sonntags befand er sich in einer fremden Stadt. Als er einen Ort der Anbetung suchte, geriet er in ein Versammlungshaus der Quäker. Eine Zeitlang saß er still, ebenso wie die anderen Leute, dann wurde sein Erlebnis gleich dem des Psalmisten, der sagt: „Während ich nachsann, brannte das Feuer, dann redete ich mit meiner Zunge." Seine Seele loderte, denn er hatte eben die Gebetsstunde der Heilsarmee verlassen, und flüssiges Feuer floß von seinen Lippen. Am Schluß der Versammlung umringten ihn die Leiter und riefen aus: „Wie schnell wirst du doch durch den Geist bewegt! Was ist dein Geheimnis? — Bitte, sage es uns." Über seine „plumpe" Antwort waren sie etwas erschrocken. Sie lautete: „Gern! Seht ihr, es ist so. Wenn der Geist mich nicht bewegt, bewege ich den Geist." Das war zweifellos eine unverdaute Ausdrucksweise von ihm, doch wir haben ihn oft sagen gehört: „Wenn ich im Glauben im Natürlichen beginne, begegnet mir immer der Geist Gottes und salbt mich, so daß ich — obwohl ich im Natürlichen begann — im Übernatürlichen oder im Geist beende."

Es konnte von Smith Wigglesworth gesagt werden, daß er einzig, originell und unbegrenzbar war. Er war zu aufrichtig, um ein Nachahmer zu sein, und zu durchsichtig, um nachgeahmt zu werden. Es gab solche, die versuchten, seine Neuerungen zu borgen, doch sie erfuhren, daß diese Nachahmungen so unschicklich für sie waren wie Sauls Waffenrüstung für David, so nutzlos wie Elisas Stab für Gehasi und so offenbar wie das furchtbare Erlebnis der sieben Söhne des Skevas, die versuchten, im Namen des Jesus – welchen Paulus predigte – Dämonen auszutreiben.

Noch eins sei betont: Eifrig und entschieden hielt er den Glauben, den er predigte und praktizierte. Er dachte, es ist besser, glaubend zu sterben als zweifelnd zu leben. Wenn jemand ein Zeugnis von seiner Heilung ablegte und dabei Gott, die Ärzte sowie die Medizin teilnehmen ließ, fand solch ein Zeugnis nicht seine Zustimmung. Er war vom Geiste beseelt, Ihn allein zu hören. Drei Hütten wollte Petrus erbauen lassen, doch als er unwissend diesen Ausspruch getan hatte, waren die zwei gleich verschwunden, und es blieb Jesus allein zurück.

Frei von Habsucht

„Der Wandel sei ohne Geldliebe; begnügt euch mit dem, was vorhanden ist", steht in Hebräer 13, 5 geschrieben. Unser Wigglesworth glaubte und befolgte diese Schriftstelle, wie er überaus bemüht war, jedes andere Wort der Wahrheit zu glauben und zu befolgen.

Einmal war er Gast eines geachteten Millionärs in London. Gemeinsam machten sie einen frühen Morgenspaziergang in den Hyde Park. Wigglesworth bemerkte: „Bruder, ich habe keine Sorge auf der Welt. Ich bin so glücklich wie die Vögel und ebenso frei." Doch im selben Augenblick hatte er in seiner Tasche Briefe von daheim, deren Inhalt das Herz der meisten Menschen mit Furcht und Sorge erfüllt und in tiefen Kummer niedergebeugt hätte.

„Was sagst du? Willst du das noch einmal wiederholen?" bat der Millionär. Er wiederholte es, und sein Freund sagte: „Ich würde alles, was ich habe, hergeben, um das auch sagen zu können." Wenn er diesem Manne betreffs seiner großen finanziellen Nöte nur einen kleinen Wink gegeben hätte, wäre ihm so viel Geld gegeben worden, wie er nur verlangte. Dieser wohlhabende Mann würde es als ein Vorrecht geachtet haben, alle in diesen Briefen erwähnten Bedürfnisse zu begleichen. Doch die Billigung in Gottes Augen und die persönliche Freiheit waren nach Wigglesworths Meinung von viel größerem Wert, als in der finanziellen Knechtschaft irgendeines Menschen zu sein.

„Du sollst kein Geschenk nehmen, denn das Geschenk macht den Weisen blind und verkehrt das Wort des Gerechten", ist eine Schriftstelle, die er von Herzen kannte. Bis zum Ende seines Lebens blieb er in geldlichen Dingen unbefleckt und konnte wahrhaft sagen: „Ich habe keines Silber oder Gold begehrt." Er konnte seinen Mund verschließen, sein Herz versiegeln, in der Öffentlichkeit lächeln und zugleich Lasten tragen, an denen eines Riesen Rücken zerbrochen wäre. In der Gegenwart Gottes pflegte er alles abzulegen und den Himmel zu stürmen, bis die Versicherung kam, daß all seinen Nöten begegnet würde.

Wenn irgendeine Gemeinde ihn für einen Feldzug haben wollte, so war eine seiner Bedingungen, auf der er bestand, daß eine oder mehrere Missionsversammlungen sein sollten. Er erbat nie etwas für sich selbst, aber er konnte reichlich für solche bitten, die in den fernen Ländern das Evangelium verkündigten. Einmal sagte er zu uns: „Ich möchte einmal photographiert werden, wenn ich einen Scheck für die Mission ausschreibe, dann sehe ich nämlich ganz glücklich aus."

Während einer seiner Feldzüge drückte man ihm einen Scheck über eine ansehnliche Summe in die Hand. Er erkundigte sich nach dem Geber. Man versicherte ihm, daß die Person, die das Geld gegeben hätte, wohlhabend sei und daß die Gabe keinerlei Bedingungen hätte. Er schickte das Geld an einen gewissen Missionsverein zu dessen Gebrauch. Später erfuhr er, daß es in dem Leben des Gebers Zustände gäbe, die er nicht billigen konnte. Daraufhin schickte er in Raten die ganze Summe zurück, wie es sein Einkommen erlaubte.

Er haßte verschwenderische Ausgaben und war genügsam. In den Kriegsjahren, als die Einnahmen gering, die Ausgaben groß waren, und die Preise in die Höhe schnellten, tat man weise, ihn mit den Dingen des Haushalts nicht vertraut zu machen. Wenn er beispielsweise erfuhr, wie teuer das Essen war, das auf dem Tische stand, und der Preis schien ihm zu übermäßig, konnte es passieren, daß er es nicht anrührte. Er war sehr streng mit sich selbst, doch anderen gegenüber, besonders wenn es Gottes Werk betraf, freigebig. Er war nicht knauserig mit dem Gelde, denn er hielt sich daran, daß Geld nicht unser Meister, sondern unser Diener sein soll. Wohlüberlegt sagte er: „Ein weiser Mann wird nicht jeden Groschen ausgeben, das macht der Tor; nachher aber bettelt er."

Am Schluß eines großen Feldzuges gab man ihm eine beträchtliche Summe Geld. Doch was tat er? Er gab dieses Geld für zwei Missionare, von denen er erfahren hatte, daß sie es brauchten, um an ihren Wirkungsort zu kommen. So tat er es sehr oft.

Viele Jahre lang widmete er alle Einkünfte aus dem Verkauf seines Buches „Der zunehmende Glaube" Missionswerken und -arbeitern. Er erhielt von überall Briefe mit Bitten um Hilfe, und er wies keinen ab, sondern half, soviel er konnte.

Es gab auch solche, die seine Freigebigkeit mißbrauchten oder für eigene Zwecke verwandten. Da fuhr er wieder einmal nach Australien und Neuseeland. Auf dem Hinwege passierte er die Vereinigten Staaten, und man traf bereits Abkommen für Dienste nach seiner Rückkehr. Gott segnete wunderbar in Neuseeland und goß Seinen Geist aus. Die Erweckung erreichte gerade ihren Höhepunkt, als die Zeit herankam, seine gemachten Zusagen zu erfüllen. Er versuchte es, den Betreffenden in den USA klarzumachen, daß er angesichts der großen Segnungen Gottes die Zeit nicht einhalten könnte. Telegramme gingen hin und her. Schließlich brach er ab und reiste hin. Drei Wochen dauerte die Reise. Die Gemeinde, die so auf der Zusage bestanden hatte, versprach ihm, eine eventuelle Rückreise zu bezahlen. Während der nun stattfindenden Versammlungen nahmen sie große Opfer ein, verkauften Wigglesworths Predigten, die sie stenographiert hatten, sammelten reichlich und besonders für eine Bibelschule. Doch als der Abschluß kam, baten sie ihn, er möchte auf das Rückreisegeld verzichten. Obwohl er selbst in Nöten war, ging er schließlich darauf ein. — Finanziell gesehen verließ er jene Stadt ärmer als zuvor, aber reicher an Erfahrung.

An einem Ort diente er drei Monate lang. Der Gemeindehirte wollte ihn um jeden Preis länger behalten. Er nannte sogar eine hohe Summe. Doch Wigglesworth sagte: „Was Gott wollte, habe ich an diesem Orte getan. Nun kann kein Geld oder irgend etwas in dieser Welt mich länger hier festhalten. Ich habe den himmlischen Frieden, und der ist mir lieber und köstlicher als alles andere. Versammle die Gemeindeältesten! Ich werde nochmals mit ihnen beten, und dann muß ich zu einem anderen Ort." Weinend standen die Brüder. Er betete mit ihnen und sagte dann: „Das himmlische Lächeln ist mehr als Millionen von Dollars wert. Eine Minute unter Gottes Salbung zu sein, ist kostbarer als alle Welten zu besitzen. Sollte ich so etwas preisgeben? Nimmermehr!" Nach dem Gebet zog er weiter.

Unser Wigglesworth hatte viele reiche Freunde in den verschiedensten Teilen der Welt; doch er war nicht ihr Sklave. Wäre er habsüchtig gewesen, so hätte er ein reicher Mann werden können. Doch sein Spruch lautete: „Ist es an der Zeit, zu nehmen Geld ..."

Angebote folgender Art kamen zu ihm: Ein Bierbrauer-Millionär hatte eine kranke Frau. Die besten Spezialisten konnten ihr nicht helfen. Er hörte von Wigglesworth. Nun versprach er ihm eine hohe Geldsumme, damit er ja komme. Doch er tat es nicht. Viele andere, die schwachsinnige Kinder hatten oder selbst seelisch und körperlich ruiniert waren, telegraphierten und schrieben: „Komm so schnell wie möglich! Geld spielt keine Rolle." Doch er behielt ein taubes Ohr für solche Rufe, denn er wollte nicht außerhalb des Willens Gottes sein.

Obwohl er um die Bedeutung des Geldes wußte, war es nicht maßgebend, wenn er seine Pläne, Reisen und Feldzüge entwarf. Er wußte, wenn man Gott den ersten Platz einräumt, stehen alle Seine Quellen zur Verfügung.

Allezeit behielt er das Wort im Herzen: „Gutes tun und mitzuteilen vergesset nicht, denn solche Opfer gefallen Gott wohl." Eines Tages besuchte er mich in meinem Hause. In jener Zeit ging es uns irdisch nicht so blendend. Irgendwie muß er bemerkt haben, daß mein Anzug sehr abgetragen war. Kurzerhand nahm er meine Frau und mich in die Stadt, kaufte mir einen neuen Anzug und ihr eine Ausstattung. Er war so tief innerlich gerührt, daß er zwei Menschen, die er liebte, eine Hilfe zuteil werden lassen konnte, daß er in eine dunkle Ecke ging und dort – unbemerkt von den Kaufangestellten – seine Tränen abwischte.

Er nutzte jede willkommene Gelegenheit, um Leute zum lieblichen freiwilligen Opfern zu bewegen. – Es geschah während einer Konferenz in London. Er stand auf und sagte: „Heute habe ich Geburtstag. Ich weiß, ihr habt mich lieb und möchtet mir ein Geburtstagsgeschenk geben. Ihr, liebe Schwestern, habt viel zu viel Kleider und braucht eine Zeitlang keine neuen zu kaufen, und ihr, Brüder, gleicherweise. So laßt uns nun ein Opfer für die Missionare in der ganzen Welt einsammeln. Möge es ein wahres Geburtstagsopfer zu Gottes Ehre sein." In der Tat, es kam ein sehr großes Opfer zusammen. Für ihn war eben Geben seliger als Nehmen.

Nach seinem Heimgang schrieb ein Freund aus Melbourne (Australien): „Nie werde ich die erste Glaubenskonferenz in Sunderland vom Jahre 1908 vergessen. Es wurde ein Missionsopfer eingesammelt. Als man bekanntgab, daß 70 Pfund zusammenkamen, klatschten einige in die Hände. Aber Wigglesworth war enttäuscht, denn ihm erschien das Opfer zu klein. Er stand auf und sagte unter Tränen, die seine Wangen herunterliefen: ‚Pfingsten haben wir erlebt... und nur 70 Pfund!' Und es dauerte nicht lange – auf einer der nächsten Konferenzen kamen 1300 Pfund zusammen."

Ein Leben der Freude

Smith Wigglesworth sagte oft: „Niemand hat mehr vom Leben denn ich. Ich habe mehr von einer Minute als andere von einem Monat."

In seinen Ergötzungen und Freuden erinnert er uns an große Jungen. Er liebte, die Wälder zu durchstreifen, kannte alle Vögel seiner heimatlichen Umgebung und unterschied deren Gesänge. Als eines Tages sein ältester Sohn zu ihm sagte: „Vater, wir haben einen jungen Kuckuck gefunden – nicht weit von hier, gerade an der Straße", da wollte er gleich los, um ihn zu sehen. Wie packte es ihn manchmal innerlich, wenn er beobachtete, wie ein kleines Vöglein jeweils bei leisestem Laut das Schnäblein öffnete. Es beleuchtete ihm den Ausspruch des Psalmisten in Psalm 81, 11: „Tue deinen Mund weit auf, laß mich ihn füllen."

Er jauchzte, wenn er die Blumen betrachtete, die Lilien, die Veilchen, die Rosen und Nelken oder das Heidekraut in seiner Heimat. James Salter erzählt, wie er eines Tages mit ihm in die Moorlandschaft ging. „Herrlich lag das Moor vor uns, meilenweit bedeckt mit wunderschön purpurrot blühendem Heidekraut. Die Sonne schien mit vollem Glanze. Die Vögel sangen. Die Luft war wie ein Balsam. Da erhob Wigglesworth seine Arme, warf die Schultern zurück, wie er es gewöhnlich tat und jauchzte: ‚Dies ist Wunderwein, dies ist Leben und Gesundheit!' Ein älterer Mann, der vorbeiging, hielt an und schaute verwundert auf seine merkwürdigen Bewegungen. Als Wigglesworth ihn erblickte, sagte er zu ihm: ‚Welch ein wunderbarer Platz, welcher Friede! Wer hier lebt, stirbt wohl kaum!' Die Antwort des alten Mannes erfreute ihn sichtlich. Sie lautete: ‚Ja, ja, mein Herr, doch einmal nur ...'"

Ein leise rauschender Bach erschien ihm wie ein lieblich gesungenes Liedlein. „Oh, ich möchte die ganze Nacht hier weilen!" rief er aus. Wie ein Junge benahm er sich, fing Forellen und beschaute sie; er sang und jauchzte mit den Vögeln um die Wette, trillerte mit den Lerchen und balgte mit den Kaninchen.

Seine Ferien waren heilige Tage. Wohl gönnte er sich dann eine gewisse Ruhe, aber die Arbeit, die er so liebte, gab er nicht auf — er gewann auch in solchen Tagen Seelen. Als seine Frau und er noch jung waren, radelten sie durch Schottland. In einer Stadt stießen sie auf eine Platzversammlung. Das war für Schwester Wigglesworth nur eine willkommene Gelegenheit. Sie reihte sich gleich ein, trat vor und gab ein fröhliches Zeugnis. Daraufhin trat der Leiter an beide heran und veranstaltete eine besondere Versammlungswoche. Abends verkündigten sie Gottes Wort und am Tage stiegen sie auf die Berge und Hügel. Während dieser Bergausflüge führte er drei Seelen zu Jesus.

Eine besondere Vorliebe hatte er für Nord-Wales. Selbst als er schon im hohen Alter war, bestieg er noch den Gipfel des hohen Berges Snowdon und betrachtete voller Entzücken den Aufgang der Sonne. Eines Tages — es war im Jahre 1905, zur Zeit der Erweckung in Wales — begegnete er einer großen Volksmenge, die draußen einen Platz für ihre Versammlung suchte, denn alle Hallen waren zu klein. Sie sangen und beteten und zeugten. Diese Versammlungen hatten keinen direkten Leiter. Jeder betete den Herrn an, wie er konnte. Solche Zusammenkünfte schienen ohne Anfang und Ende zu sein. Wigglesworth genoß die heilige Atmosphäre in dieser Versammlung; doch nach einer gewissen Zeit sagte er zu seiner Tochter: „Nun laß uns etwas essen. Wir werden diesen Weg gehen, er wird uns schon irgendwohin führen." Und sie kamen auch auf einem Hof an. Eine Bäuerin trat ihnen entgegen. Er sagte zu ihr: „Wir haben wohl etwas zu essen, aber gib uns zu trinken!" Die Bäuerin entschuldigte ihr Aussehen und den Zustand ringsherum und sagte, sie würde nur wenig daheim sein, denn in diesen Tagen verbringe sie fast die ganze Zeit in den Versammlungen; nur um die Kühe zu füttern und zu melken käme sie nach Hause. Um das Essen kümmere sie sich wenig. Dann bereitete sie ihnen einen Tee. Wigglesworth fragte sie: „Sind Sie errettet?" „Nein", antwortete sie, „nicht in der Weise von Evan Roberts, denn ich bin Methodistin." „Gut", erwiderte nun Wigglesworth, „Sie können errettet werden allein nach der Weise des Herrn Jesu, durch den Glauben an Ihn." Und schon hatte er sein Testament geöffnet und legte ihr den Weg des Heils klar. So hatte er die Freude, diese Seele zu Jesus zu führen. Auf dem Rückwege zeigte er noch zwei anderen den Weg zu Jesus.

Wenn er in Kalifornien weilte, liebte er den Naturschutzpark Yosemite Valley zu besuchen. Abend für Abend um 21.00 Uhr wurde dort ein Feuerwerk veranstaltet. Tausende von Menschen sind gewöhnlich dort versammelt. Auf den Ruf: „Laßt das Feuer fallen!", wird von einer Höhe (über 300 m) mit hellen Flammen brennendes Holz herabgeworfen gleich einem feurigen Wasserfall. Auch bei solchen Gelegenheiten brachte er das Evangelium, indem er mit lauter Stimme ein Halleluja erschallen ließ, welches durch das lange Tal erdröhnte und die Menschen aufhorchen hieß. Solch ein Bild fallenden Feuers entzündete seine pfingstliche Seele bis in die tiefsten Tiefen, und er konnte es nie vergessen.

Ein andermal wohnte er einer Veranstaltung bei, wo das Meister-Musikstück von Händel „Der Messias" vorgetragen wurde. Das Oratorium erreichte seinen Höhepunkt mit jenem gewaltigen Hallelujagesang, so daß alle Anwesenden sich von ihren Plätzen erhoben. Als der Chor mit der letzten Silbe und Note schloß, erhob unser Wigglesworth seine Stimme zu einem überwältigenden Halleluja, das durch die ganze Halle drang. Der Berichterstatter — der diesen Vorfall am nächsten Tag in der Zeitung erwähnte — schrieb dazu: „Solche Stimme habe ich in meinem Leben noch nie gehört."

Bei seinen Reisen durch viele Länder versäumte er nicht, die herrlichsten Sehenswürdigkeiten in der Natur Gottes, des Schöpfers, zu betrachten. Am meisten beeindruckten ihn die gewaltigen Wasserfälle, sei es „Trummelbach" in der Schweiz oder der Niagarafall. Wenn er so auf die herabstürzenden gewaltigen Wasserströme schaute, pflegte er mit Tränen, die seine Wangen herabliefen, zu flehen: „Mein Gott, mein Gott, gleich diesen Strömen laß lebendige Wasserströme von mir fließen!" Im Anschluß an den Wasserfall besuchte er gewöhnlich noch New York, wo er seine letzten Versammlungen in Amerika hielt, und wirklich – gleich Strömen, jenen Strömen gleich – flossen die Segensströme von ihm. Beim Anblick dieser majestätischen Schöpfungswerke Gottes wurde seine Seele ergriffen und emporgehoben, und er pries und lobte den Herrn. Ja, ich habe ihn in der Überfülle des Geistes hüpfen sehen. Mit erhobenen Händen jubelte er in Gott, während Tränen sich aus seinen Augen ergossen. Er liebte dann zu sagen: „Brüder, laßt uns beten!" Jeder Ort wurde so ein Bethel und jede Menschengruppe eine Anbeterschar.

Seine Freude verblieb ihm bis zum Ende seines Lebens. Er pflegte zu sagen: „Ich habe nichts zu bedauern; es gibt ja nichts, weshalb ich nochmals umzukehren hätte." Kam sein Geburtstag oder nahte sich das Weihnachtsfest und fragte man ihn, was er sich als Geschenk wünsche, so antwortete er: „Es gibt nichts in dieser Welt, was ich mir wünsche. Ich habe alles, was ich brauche."

Leid blieb ihm nicht erspart. Im Jahre 1913 starb ihm seine heißgeliebte Frau. Sie hatte dem Herrn bis zum letzten Atemzug gedient. Während sie von einer Versammlung heimging, hörte ihr Herz auf zu schlagen.

Zwar war sein Herz sehr gebrochen von ihrem Heimgang, doch es schien, daß gerade von der Zeit an sein Dienst von einem neuen Geistesauftrieb und besonderer Salbung durchdrungen wurde. Im Jahre 1915 ging sein jüngster Sohn heim zum Herrn. Sein Tod riß eine tiefe Wunde in sein Herz, doch aus seinen Briefen kann man entnehmen, daß er sich dadurch noch mehr dem Herrn auslieferte, und sein Dienst wurde noch größer, umfangreicher und angenehmer.

Ein großer Glaubenskampf

In 2. Samuel 23, 8—12 haben wir einen kurzen Überblick der Taten von Davids drei mächtigsten Helden. Jischbaal schwang seinen Spieß über 800, die er auf einmal erschlug. Eleasar verhöhnte die Philister und schlug sie, bis seine Hand ermüdete und am Schwerte klebte. Das ergab einen großen Sieg, und Israel plünderte seine Feinde. Schamma stand mitten auf einem Ackerstück voll Linsen und schützte es. Durch seine Kühnheit und Standhaftigkeit wurden die angreifenden Philister geschlagen, und der Herr gab einen großen Sieg. Ähnlich wie diese drei kämpfte unser Wigglesworth einen guten Kampf des Glaubens.

Auf die fast allgemeine Frage: „Wie können wir großen Glauben haben?", antwortete er: „Großer Glaube ist das Ergebnis großer Kämpfe. Große Zeugnisse sind das Produkt großer Versuchungen. Große Triumphe können nur aus großen Prüfungen kommen." Es ist bedeutsam, daß die höchsten militärischen Auszeichnungen in allen Ländern durch ein Kreuz versinnbildlicht werden — dem Zeichen des größten Kampfes und größten Sieges.

Es gibt viele, die die Wahrheit bestreiten, daß Jesus Christus heute noch die Kranken heilt. Aber unser Wigglesworth gründete sein Predigen und Handeln auf die Wahrheit, daß Christus immer noch derselbe ist, und daß der Herr, der sich nicht ändert, immer noch zu jedem Kranken und Bedürftigen spricht: „Ich bin der Herr, dein Arzt." Einer seiner Freunde, Thomas Myerscough, drückte aus: „Derjenige, der ein Erlebnis hat, hat mehr als einer, der nur einen Streitsatz hat." Unser Wigglesworth hatte einen felsenartigen Rückhalt von göttlicher Heilung in seinem eigenen persönlichen Erleben, und er sah, wie Heilung von dem Herrn zu Tausenden floß, denen er diente. Der Herr ließ ihn in seiner Erfahrung durch viele Versuchungen und Prüfungen gehen – aber er bezeugte häufig: „Gott hat wiederholt Seine Dampfwalze über mich geschickt und mich niedergedrückt, doch Er hat mich niemals am Boden gelassen." Am Anfang des Buches haben wir erzählt, wie Gott ihn von inneren Geschwüren heilte, als ein eifriger junger Mann im Gebet durchkämpfte und für den sterbenden Mann Befreiung und Heilung erlangte. Wir haben auch über seine Befreiung von seinem langen, ernsthaften Leiden an Hämorrhoiden berichtet. Die Schriftstelle, die ihm der Herr bei dieser Gelegenheit gab, war: „Seit den Tagen Johannes des Täufers leidet das Himmelreich Gewalt, und die Gewalt tun, reißen es an sich." Er verstand dieses als einen Ruf zur Übung eines ungestümen, gewaltsamen Glaubens seinerseits, um die Versuchung in seinem Körper zu überwinden. Zu der Zeit stürmte er buchstäblich den Thron der Gnade und nahm das Himmelreich durch Gewalt. In späteren Tagen war sein Gebet für die vom Teufel Bedrückten von heiliger Gewalt gekennzeichnet, und er suchte das in Jesaja 58 bezeichnete Fasten zu erfüllen: „... zu lösen die Schlingen der Bosheit, loszumachen die Knoten des Joches und gewalttätig Behandelte als Freie zu entlassen." Seine Stellung war nie die eines Kindes, das ein Kätzchen streichelt, sondern vielmehr die eines Mannes, der den Raub aus dem Maule des Drachen holt.

Im letzten Teil seines Lebens durchging er drei schreckliche körperliche Versuchungen. Die erste begann gut 15 Jahre vor seinem Heimgang. Er begegnete ihr in wunderbarer Glaubensstärke. Er ließ sich von einem Arzt, den er kannte, untersuchen, welcher zu ihm sagte: „Herr Wigglesworth, ich habe hier die Röntgenaufnahme, die ihren Zustand zeigt. Derselbe ist sehr ernsthaft. Sie haben Nierensteine im vorgerückten Stadium. Wenn Sie meinen Rat befolgen, werden Sie sich so bald wie möglich einer Operation unterziehen. Das ist das einzigste, was Sie von einer verlängerten, schmerzlichen Krankheit retten kann. Unter Umständen können die Steine Ihren Tod herbeiführen. Lassen Sie mich im Krankenhaus anrufen und sogleich ein Bett für Sie bestellen."

In das eifrige Gesicht des Arztes sehend, erwiderte er: „Doktor, der Gott, der diesen Leib gemacht hat, kann ihn auch heilen. Solange ich lebe, soll kein Messer an ihn kommen." „Und was wird mit den Steinen?" fragte der Arzt. „Gott wird damit verfahren", war seine Antwort. Der Arzt meinte: „Nun! – Wenn Er es jemals tut, würde ich interessiert sein, es zu erfahren!" „Das werden Sie", antwortete Wigglesworth, als er das Sprechzimmer verließ.

Tag und Nacht litt er unter zunehmenden Schmerzen. Man stellte an einem passenden Ort ein Gefäß zu seinem Gebrauch auf. An einem Tag hatte er ungewöhnliche Anfälle, und als seine Tochter ging, um das Gefäß zu leeren, bemerkte sie auf dem Boden dicken grauen Satz. Darin war eine Substanz, ähnlich einer groben geeckten Nußschale. So ein Ding in einem Nierenprozeß auszuscheiden, mußte marternde Schmerzen verursacht haben. Als man es ihm zeigte, bemerkte er: „Das ist der Beginn des Endes. Der Herr hat operiert." Es war der Anfang, aber das Ende war noch in weiter Ferne. Es mußten noch viele Jahre höchster Pein vergehen, bevor er den letzten Stein ausschied. Er zeigte dem Arzt, was aus ihm gekommen war, und dieser gab das Wunder zu, daß er fähig gewesen wäre, so ein Ding von den Nieren auszustoßen. Für diejenigen aber, die seinen Kampf kannten, war es eine erschütternde Sache, wie er solche unaufhörliche Marter erduldete. Er stieß die Steine aus, wobei ihm jeder Nerv vor Schmerz tanzte, und er verlor auch nicht wenig Blut. Doch in seinem Dienst ließ er keineswegs nach, sondern setzte ihn unentwegt fort.

Eines Tages erhob er sich von seinem Bett, um eine Reise nach der Insel Man zu machen, wo er für einige Kranke beten wollte. Es war ein weiter Weg: drei Stunden Eisenbahnfahrt und mehrere Stunden Schiffahrt im winterlichen Wetter. Eine Krankenschwester, die mit ihm verwandt war, holte ihn ab und bat ihn, mit heißen Wärmflaschen ins Bett zu gehen, weil er so krank war. Doch er blieb aufrecht und weilte so lange auf der Insel, bis er den Kranken mit Heilung und Befreiung gedient hatte. Dabei kämpfte er mit Steinen, die sich nach unten bewegten, und verlor auf der Rückfahrt so viel Blut, daß seine Wangen erbleichten. Man mußte ihn in schwere Decken einhüllen, um ihn zu erwärmen.

Später fuhr er zu einem aufgeschobenen Besuch nach Schweden und Norwegen. Sein Schwiegersohn begleitete ihn. Die ganze Nacht kämpfte er und wälzte sich zuweilen auf dem Fußboden, um Steine auszustoßen. Dennoch stand er auf und diente zweimal täglich den Kranken. – In der großen Philadelphiakirche war der Dienst an den Kranken ungewöhnlich schwer. Am Schlusse eines Tages sagte der Prediger, Bruder Lewi Pethrus, daß am Nachmittag mit über 800 Leuten und am Abend mit über 500 gebetet worden wäre. Heilungswunder geschahen, als er den Kranken im Namen Jesu Christi diente, und obwohl er zu gleicher Zeit mehr litt als die Leute, für die er betete, erhielt er keine Hilfe für sich selbst. – Es konnte wahrhaftig gesagt werden, daß er in der Schwachheit des Fleisches diente.

In der Schweiz durchzog er die Gemeinden wie eine Flamme. Erweckung folgte seinem Dienst, Seelen wurden errettet und Leiber von allen Arten der Krankheit geheilt. Die großen Hallen füllten sich, und die Menschen wurden gesegnet. Jedoch sehr wenig Leute wußten, daß er durch die schwerste Versuchung seines Lebens ging; aber er ragte über alle diese Dinge empor wie ein Fels.

Als er in Amerika war, füllte er die größten Hallen und betete für Tausende von Menschen, doch die Versuchung hielt an. Häufig mußten ihn sein Schwiegersohn und seine Tochter im Bett zurücklassen. Diente er in der Versammlung, so trug er die Pein, die er litt, so lang wie er nur konnte. Dann lief er von der Plattform und suchte einen Ort der Erleichterung, aber nur, um wieder zurückzukehren und die Versammlung fortzuführen.

James Salter bezeugt: „Da ich mit ihm häufig längere Zeit auf seinen Reisen zusammen war und oft das Zimmer mit ihm teilte, wunderten wir uns, wie trotz aller Krankheitsversuchungen er voller Diensteifer und Mitleid für die Kranken war. Weil ich ihn kannte wie vielleicht kein anderer, gegenseitig mit ihm Geheimnisse teilte, hatte ich genug Gelegenheit, ihn leiblich und geistlich abzuwägen. Gewiß, er war von eiserner Beschaffenheit und hatte einen Willen wie von Stahl, doch solche Eigenschaften sah ich unter kleineren Versuchungen zusammenbrechen. Aber er ertrug die Leiden in dem Wissen, daß sie einem göttlichen Zweck dienen, und er frohlockte in ihnen und über sie.

Er besaß eine Glasflasche, in der er viele der Steine, die er ausgeschieden hatte, verwahrte. Schließlich waren es einige Hundert. Nach einer Versuchung von zuletzt sechs Jahren ging er mit seinem im Feuer erprobten Glauben befestigter denn je und einem erneuerten und unerschütterlichen Vertrauen zu Gott hervor. Er strebte, Hiob gleich zu sein, und Gott konnte durch ihn über den Teufel triumphieren. Sein Vertrauen während der ganzen Zeit der Versuchung war ausgedrückt in den Worten Hiobs: ‚Denn er kennt den Weg, der bei mir ist. Wenn er mich geprüft haben wird, werde ich hervorgehen wie Gold. An seinem Schritt hat mein Fuß festgehalten, seinen Weg habe ich beobachtet und bin nicht abgebogen.'"

1937 besuchte unser Wigglesworth Südafrika. Häufig bemerkte er, daß dieses die anstrengendste, versuchungsvollste Reise seines ganzen Lebens war. Er fühlte sich nicht wohl, als er England verließ, und bestieg das Schiff unter sehr großen Schmerzen. Fast die ganze Seereise hindurch litt er heftig an Gicht, welche zuweilen seine Beine hemmte und das Gehen äußerst schmerzhaft machte. Trotz dieser Behinderung waren die Feldzüge von Gott reichlich gesegnet, und die Ergebnisse seines seelenrettenden und leiberheilenden Dienstes stehen heute noch wunderbar vor unseren Augen.

Ein Mann, der durch das Lesen seines Buches sehr gesegnet wurde, kaufte ein geräumiges Auto und fuhr ihn während seines ganzen Aufenthaltes in Südafrika. Schwiegersohn und Tochter begleiteten ihn auf dieser Reise. Eines Abends, nach besonders schwerem Dienst, schloß er die Schlafzimmertür und offenbarte Bruder Salter, daß er sich einen schweren Bruch zugezogen hätte. Er meinte, er sei durch das Ein- und Aussteigen aus dem Auto entstanden. Das mag ihn wohl gefördert haben. Doch während seines Dienstes war er von einigen hohen Plattformen gesprungen, und für einen 78jährigen Mann war das zweifellos eine gefährliche Sache. Doch er vollendete die Reise und ließ nur seinen Schwiegersohn davon wissen. Auf dieser Reise fanden Versammlungen in großen Hallen statt. Er fuhr Tausende von Meilen über schlechte und gefährliche Straßen, predigte und betete für die Kranken, die Schwarzen und Weißen, aß ungewohnte Speisen, schwitzte in der heißen Sonne und schonte sich doch nie. Er benahm sich nicht wie ein Mann mit einem gefährlichen Bruch. Hier zeigte sich ein anderes Geheimnis, das Gott und er teilten.

Im Herbst 1944 mußte er wieder eine schwere Zeit körperlicher Krankheitsanfechtung durchmachen. Damals war er 85 Jahre alt. Nach seiner Gewohnheit saß er im Park nahe seiner Wohnung. Als er heimkam, bemerkte man, daß sein Gesicht stark entstellt war und daß er über die eine Hälfte seines Körpers wenig Gewalt hatte. Er lächelte, doch seine Sprachorgane schienen angegriffen zu sein. Man gab ihm zu essen und brachte ihn zu Bett. Den Rest des Tages war er nicht bei vollem Bewußtsein. Zum Abend empfand der Sohn, der Arzt müßte ihn untersuchen. Es kam derselbe Arzt, der ihm die Operation geraten hatte. Doch Wigglesworth bat, man möchte ihn allein lassen. Der Arzt stellte Sonnenstich fest und meinte, er würde die Krankheit kaum überstehen. Doch nach zwei Tagen kam er zu sich, erstarkte, stand auf, fiel noch zweimal hin, schwankte am ganzen Leibe, aber ging. Seine Lieben bedienten und pflegten ihn den ganzen Winter hindurch. Anfang des folgenden Jahres erlebte er eine wunderbare Berührung von oben an Geist und Leib. Er fing an, seine Briefe zu schreiben und ging aus wie gewöhnlich. In der Zeit verklärte der Herr ihm besonders Römer 8, 11: „Wenn aber der Geist dessen, der Jesum aus den Toten auferweckt hat, in euch wohnt, so wird er, der Christum aus den Toten auferweckt hat, auch eure sterblichen Leiber lebendig machen wegen seines in euch wohnenden Geistes." Seine Briefe und Reden waren voll von dieser Botschaft. Er war ganz verjüngt und schrieb seine Heilung zur Veröffentlichung nieder. Zu Ostern nahm er wieder seinen Platz als Vorsitzender der Prestoner Konferenz ein. Er konnte kaum abwarten, bis die Lieder in der Eröffnungsversammlung gesungen waren, um sein Zeugnis zu geben. Römer 8, 11 war sein Textwort in allen Versammlungen. Wiederum durfte man seinen alten vertrauten Ausspruch hören: „Nun, ich weiß nicht, daß ich einen Leib habe." In diesem Zustand geistlichen und leiblichen Glanzes blieb er bis zu seinem Heimgang. Er erreichte sein 87. Lebensjahr.

Jahre zuvor, wie ein Freund berichtet, sagte er auf einer Konferenz, er bitte Gott um weitere 15 Jahre. Der Herr schenkte sie ihm bis zur letzten Woche. Es waren die Jahre, in welchen er die Länder Europas, Südafrika und die Vereinigten Staaten besuchte, wo Gott überall Sein Wort mit darauffolgenden Zeichen und Wundern bestätigte.

Nach dem Begräbnis eines seiner geliebten Freunde ging auch er am selben Tage heim. Vorher hatte er noch für eine Krebskranke gebetet. Heimgekommen vom Begräbnis, das sein Schwiegersohn hielt, fragte er nach dem Zustand dieser Frau. Als man ihm kundtat, daß es nur ein wenig besser mit ihr geworden sei, seufzte er tief auf, und es war dieses Aufseufzen von Mitleid, das sein Herz brach. Sein Kinn fiel auf seine Brust, und ohne einen sichtbaren Schmerz war er zum Herrn eingegangen, den er so innig geliebt hatte.

AUSZÜGE AUS SEINEN PREDIGTEN

Betreffs der geistlichen Gaben

In 1. Korinther 12, 1 lesen wir: „Was aber die geistlichen Gaben betrifft, Brüder, so will ich nicht, daß ihr unkundig seid." Die Gemeinde Christi ist von großer Schwachheit betroffen, weil betreffs des Geistes Gottes und der Gaben, die zu bringen Er gekommen ist, solche furchtbare Unwissenheit herrscht. Auf Grund der geoffenbarten Erkenntnis Seines Willens – in bezug auf die Kraft und Kundgebung Seines Geistes – möchte Gott uns mächtig, gewappnet in jeder Beziehung, zur Verfügung haben und allezeit hungrig sehen, um mehr und mehr von Seinem Geist zu empfangen. In den vergangenen Jahren hielt ich viele Konferenzen ab, und ich habe gefunden, es ist besser, einen nicht geistgetauften Mann, der aber nach allem, was Gott für ihn hat, hungrig ist, sprechen zu lassen, als einen, der die Taufe im Geiste einmal empfangen hat und nun selbstzufrieden, satt und steif dasitzt. Allerdings würde ich den vorziehen, welcher geistgetauft ist und dazu Hunger nach mehr von Gott hat. Wer keinen Hunger hat, mehr von Gott zu empfangen, ist auf jeder Konferenz aus dem Geleise.

Es ist unmöglich, die Wichtigkeit des Erfülltseins mit dem Heiligen Geist zu überschätzen. Wir können den Nöten des Tages nicht siegreich begegnen, wir können nicht wandeln, wie Er im Lichte ist, nicht Königreiche unterwerfen, keine Gerechtigkeiten wirken oder die Macht des Satans binden, wenn wir nicht beständig mit dem Heiligen Geist erfüllt sind.

Wir lesen, in der ersten Gemeinde blieben sie fest in der Apostellehre, in der Gemeinschaft, im Brotbrechen und in den Gebeten. Gleicherweise ist es für uns von großer Wichtigkeit, in diesen Dingen fest zu bleiben. Etliche Jahre hindurch hatte ich nähere Gemeinschaft mit den sogenannten Plymouthbrüdern. Sie halten fest zum Wort, stehen gesund, was die Wassertaufe betrifft und vernachlässigen nicht das Brotbrechen, das jeden Sonntag bei ihnen gehandhabt wird. Diese Leute scheinen alles zu haben außer dem Zündholz. Sie besitzen wohl das Holz, doch fehlt ihnen das Feuer. Hätten sie es, wie würden sie aufflammen! Da ihnen nun das Feuer des Heiligen Geistes fehlt, ist in ihren Versammlungen kein Leben. Ein junger Mann, der ihre Versammlungen besuchte, hatte die Geistestaufe mit dem Zeichen der Zungen — wie der Geist auszusprechen gibt — empfangen. Darüber waren diese lieben Brüder ganz außer sich. Sie liefen zu seinem Vater und sagten: „Du mußt deinen Sohn nach der Seite nehmen und ihm sagen, daß er damit aufhöre." Sie wollten eben keine Störung ihres altgewohnten Verlaufs der Versammlung. Der Vater wandte sich zum Sohn und sprach: „Mein Sohn, schon 20 Jahre besuche ich diese Gemeinde, und nie habe ich so etwas gehört. Wir sind in der Wahrheit gegründet, fest geworden, wir wünschen nichts Neues, wir wollen es nicht." Der Sohn antwortete: „Wenn es so Gottes Wille und Plan ist, will ich gern gehorsam sein, aber irgendwie dünkt es mich, daß es sich nicht so verhält." Als sie darauf nach Hause fuhren, stand das Pferd plötzlich still und konnte nicht weiter; die Räder waren tief im Geleise festgefahren. Der Vater zog die Zügel an, aber das Pferd bewegte sich nicht von der Stelle. Jetzt fragte er: „Was meinst du, was passiert ist?" Der Sohn antwortete: „Wir sind festgefahren." Gott behüte uns, daß wir nicht festfahren.

Gott will, wir sollen für die geistlichen Gaben volles Verständnis haben, wir sollen sie ernstlich erstreben und gleichzeitig bemüht sein, den weit vortrefflicheren Weg der Geistesfrucht zu betreten. Wir müssen Gott um diese Gaben bitten. Es ist eine ernste Sache, die Geistestaufe zu haben und dennoch festgefahren zu sein. Es ist eine Tragödie, es ist traurig, wenn jemand nur zwei Tage auf geistlicher, seliger Ebene sich bewegen kann. Wir müssen willig sein, alles dranzugeben, um die Offenbarung der Wahrheit Gottes und die Fülle des Geistes zu empfangen. Nur das wird Gott befriedigen und sollte auch uns nicht minder befriedigen. Ein junger Russe empfing den Heiligen Geist und wurde mächtig mit Kraft aus der Höhe ausgerüstet. Einige Schwestern wollten nun gern wissen, welches das Geheimnis seiner Kraft sei. Das Geheimnis seiner Kraft war das beständige Warten auf Gott. Als der Heilige Geist ihn erfüllte, schien bei ihm jeder Atemzug ein Gebet zu sein. Sein ganzer Dienst nahm fortan in jeder Hinsicht zu – es ging aufwärts.

Ich kenne einen Mann, der voll des Heiligen Geistes war und der nur dann predigte, wenn er wußte, daß er mächtig gesalbt war mit der Kraft Gottes. Er wurde gebeten, in einer Methodistenversammlung zu sprechen. Beim Prediger war er zur Herberge. Als die Versammlung eröffnet werden sollte, sagte er zu ihm: „Gehen Sie voran in die Kirche, ich will hernach kommen." Der Raum war gepackt voll, und der erwartete Gast kam nicht herein. Der Methodistenprediger wurde darüber unruhig und schickte sein Töchterlein zu sehen, warum er nicht erscheine. Als sie an seine Zimmertür kam, hörte sie ihn dreimal ausrufen: „Ich will nicht gehen!" Sie ging zum Vater zurück und sagte ihm, sie habe ihn, den Gast, dreimal sagen hören, daß er nicht kommen will. Doch alsbald kam er, und als er an jenem Abend predigte, offenbarte sich die Kraft Gottes in außergewöhnlicher Weise. Hernach fragte ihn der Prediger: „Warum sagtest du zu meiner Tochter, du wolltest nicht kommen?" Er antwortete: „Ich weiß, wann ich erfüllt bin. Ich bin ein einfacher Mann und sagte zum Herrn: ‚Ich wage nicht eher zu gehen, bis Du mir eine frische Füllung des Geistes gegeben hast.' Als Seine Herrlichkeit mich dann erfüllte, als sie überfloß, kam ich zur Versammlung."

O ja – es gibt Kraft, Segen, Sicherheit und Ruhe in der Gegenwart des Heiligen Geistes. Du kannst Seine Gegenwart wahrnehmen und wissen, Er ist mit dir. Du brauchst keine

Stunde vergehen lassen, ohne das innere Bewußtsein Seiner heiligen Gegenwart zu verspüren. Wenn Seine Kraft auf dir ruht, gibt es kein Mißlingen noch Versagen. Du stehst allezeit über allen Dingen.

„Ihr wisset, daß ihr, als ihr Heiden waret, zu den stummen Götzenbildern hingeführt wurdet, wie ihr irgend geleitet wurdet." Jetzt ist die Gnadenzeit der Heiden. Als die Juden die Segnungen Gottes verachteten, zerstreute Er sie – und nun pfropfte Er die Heiden in den Ölbaum ein, wo die Juden ausgebrochen sind. Niemals zuvor hat Gott ein Volk, das nicht „ein Volk war", so begünstigt. Er hat die Heiden eingepfropft, um Seine Absicht auszuführen, damit das Evangelium allen Völkern gepredigt und die Kraft des Heiligen Geistes empfangen werde, um diese Aufgabe zu vollenden. Gottes Barmherzigkeit ist es, daß Er sich den Heiden zugewandt und uns zu Teilnehmern aller Seligkeiten und Segnungen gemacht hat, die den Juden gehörten. Und unter diesem Himmelszelt der Herrlichkeiten erhalten wir all den Segen des gläubigen und treuen Abraham, dieweil auch wir nun glauben. – Halleluja!

„Deshalb tue ich euch kund, daß niemand, im Geiste Gottes redend, sagt: Fluch über Jesum! und niemand sagen kann: Herr Jesus! als nur im Heiligen Geist." Es sind viele böse, betrügerische Geister in diesen letzten Tagen ausgegangen, um dem Herrn Jesus Seine Herrschaft und Seinen rechten Platz zu rauben. Viele öffnen diesen letzten Dämonen Haus und Tür, wie der modernen Theologie, der Theosophie, der christlichen Wissenschaft usw. Diese bösen Kulte verleugnen die Grundwahrheiten des Wortes Gottes. Sie alle leugnen die ewige Pein und Strafe sowie die Gottheit Jesu Christi. Du wirst nie sehen, daß jemand, welcher diesen Irrtümern verfallen ist, die Taufe im Heiligen Geist empfangen wird. Auch kein überzeugter römischer Katholik kann sie erhalten. Sie haben die Maria an die Stelle des Heiligen Geistes gesetzt. Zeige mir doch einen Katholiken, der wirklich weiß, daß er errettet ist. Niemand kann wissen, ob er errettet ist, wenn er sich auf Werke verläßt. Sprich ihn, den Katholiken, und du wirst sehen, daß er nicht weiß, was Wiedergeburt ist. Er kann es auch nicht wissen. Weiter: Du wirst keinen Bibelforscher, keinen sogenannten Zeugen Jehovas finden, der getauft ist mit dem Heiligen Geist, denn Christus ist bei ihnen als persönlicher Heiland nicht bekannt. Wisse, kein Kult, keine Gemeinschaft kann erwarten, mit dem Heiligen Geist getauft zu werden, wenn sie nicht Jesus Christus über alles setzt, wenn nicht Er Mittelpunkt ist.

Das Wichtigste aller Dinge ist, Jesus als den *Herrn* zu bekennen. Wir können abirren, einseitig werden, wenn wir nur göttliche Heilung betonen oder stets über Wassertaufe predigen. Aber nie werden wir irregehen, wenn wir den Herrn Jesus Christus verherrlichen werden, indem wir Ihm den ersten Platz geben und Ihn als beides, als Herrn und Christus, ja, als wahren Gott, erhöhen.

Gottes Befehl an uns ist, gefüllt zu sein mit Seinem Geist. Es genügt nicht, wenn wir einen vollen Becher haben, wir müssen allezeit einen überfließenden Becher haben. Es ist traurig um dich bestellt, wenn du nicht in der Fülle des Überfließens lebst. Sieh zu, daß du nie unter dem gestrichen voll lebst; nach der Schrift sollst du nämlich über dem gestrichen voll leben. Gelobt sei der Herr!

„Es sind Verschiedenheiten von Gnadengaben, aber derselbe Geist." Jede Kundgebung des Geistes ist uns zum Nutzen gegeben. Wenn der Heilige Geist in einer Versammlung am Wirken ist und Seine Gaben sich betätigen, so wird jeder davon Nutzen haben. Ich habe manche gesehen, die furchtbar gegeißelt worden sind. Sie glaubten an die Gaben, an die Weissagungen – aber sie gebrauchten diese Gaben ohne die Kraft des Heiligen Geistes. Wir müssen achten auf den Heiligen Geist, damit Er uns zeige, wie und wann die Gaben zu betätigen, auf daß wir sie nie ohne die Kraft des Heiligen Geistes gebrauchen. Ich weiß nicht, was heutzutage in den Gemeinden wohl schlimmer ist, als wenn Menschen sich erdreisten, die Gaben ohne die Kraft des Geistes zu betätigen. Tue es nie! Gott behüte uns vor solch einem Tun.

Ist man erfüllt mit dem Heiligen Geist, so können sich durch uns Geistesgaben kundtun, ohne daß man bewußt ist, je eine zu besitzen. Ich bin an vielen Orten gewesen, um zu helfen und habe gefunden, daß unter der Salbung des Heiligen Geistes viele wunderbare Dinge in der Mitte der Gläubigen geschahen, wenn die Herrlichkeit Gottes sich herabgelassen hatte. Jeder, der mit Gott und Seinem Geist erfüllt ist, kann jeden Augenblick gewärtig sein, daß irgendeine der neun Gaben sich durch ihn manifestieren, kundgeben kann, ohne zu wissen, daß man eine Gabe hat. Manchmal habe ich erwogen, was wohl besser wäre: Allezeit erfüllt sein mit dem Heiligen Geist und Zeichen und Wunder sehen, ohne das Bewußtsein zu haben, eine Gabe zu besitzen oder wissen, man hat eine Gabe. Hast du nun Gaben des Geistes empfangen und sind sie gesegnet, so wisse, daß du sie nie – unter keinen Umständen – betätigst, ohne die Kraft Gottes über dir zu haben, welche die Gabe zum „Durchstoß“ bringt. Manche haben die Weissagung ohne die Berührung des Heiligen Geistes gebraucht, mit ihr operiert, und sie sind darin fleischlich ausgeartet, haben Zerstörung und Unordnung gebracht, Herzen zerbrochen und geschlagen und Gemeinden verwirrt. Suche nicht die Geistesgaben, solange du nicht entschlossen bist, im Heiligen Geist zu bleiben. Sie dürfen sich nur in der Kraft des Heiligen Geistes kundgeben.

Der Herr wird dir gestatten, sehr betrunken in Seiner Gegenwart – aber besonnen unter den Leuten zu sein. Ich sehe gern Leute so erfüllt mit dem Geist wie jene 120 am Tage der Pfingsten, aber ich sehe ungern Leute betrunken am falschen Platz. Es bereitet uns nicht geringe Schwierigkeiten, wenn jemand in der Versammlung betrunken ist und Leute hereinkommen, die nichts vom Worte wissen. Wenn du in solchem Fall betrunken bist oder es dir erlaubst, betrunken zu sein, dann jagst du dadurch die Leute weg; sie schauen dann nicht auf Gott, sondern auf dich. Sie verdammen dann alles, weil du nicht zur rechten Zeit besonnen warst. Der Apostel Paulus schreibt: „Denn sei es, daß wir außer uns sind, so sind wir es Gott; sei es, daß wir vernünftig sind, so für euch" (2. Korinther 5,13). Du kannst wohl außer dir sein, du kannst sogar ein wenig weiter gehen, als betrunken zu sein – du kannst hüpfen, aber es geschehe zur rechten Zeit. Viele Dinge sind angebracht und wohl gesehen und lieblich, wenn alle im Geiste sind. Viele Dinge erscheinen aber töricht und sind töricht, wenn Leute dich umgeben, die nicht im Geiste sind. Wir müssen achtgeben, daß wir nicht eine „herrliche Stunde, gute Zeit, ein Schwimmen" auf Kosten eines anderen, der unkundig ist, haben. Willst du solch „schöne Stunden" haben, dann sieh zu, daß die geistliche Atmosphäre dazu geeignet ist und daß alle Leute denselben Ton anschlagen – dann wird ein wahrer Segen sein.

Während es gut ist, ernstlich nach den besten Gaben des Geistes zu streben, müssen wir anerkennen, daß es am wichtigsten ist, mit der Kraft des Heiligen Geistes selbst erfüllt zu sein. Du wirst nie Schwierigkeiten mit Leuten haben, die mit dem Heiligen Geist erfüllt sind, aber du wirst sie bekommen mit Leuten, die vorgeben, Gaben zu besitzen und keine Kraft haben. Der Herr will nicht, daß wir Mangel an irgendwelcher Gabe haben, doch Er möchte uns zu gleicher Zeit so erfüllt mit dem Heiligen Geist sehen, daß der Heilige Geist es selbst ist, der sich durch die Gaben kundgibt. Wo man die Herrlichkeit Gottes allein im Ziele hat, können wir nach jeder berechtigten Gabe Ausschau halten, damit sie sich offenbare. Gott zu verherrlichen ist mehr, als Gaben zu vergöttern. Wir brauchen den Geist Gottes bei jeder Gabe, ja vielmehr, wir können Ausschau nach der ganzen Dreieinigkeit halten: Verschiedene Gaben – derselbe Geist, verschiedene Dienste – derselbe Herr und verschiedene Wirkungen – derselbe Gott. Kannst du begreifen, was das bedeutet, wenn der dreieinige Gott sich selbst in der ganzen Fülle in unseren Versammlungen offenbart?

Betrachte den großen Kessel der Lokomotive, wenn er mit Dampf gefüllt ist. Wenn die Lok steht und ein wenig Dampf herausgelassen wird, dann sieht es aus, als ob alles zerbersten wolle. So sind auch manchmal die lieben Heiligen. Sie beginnen zu schreien, aber nicht zur Erbauung. Wenn sich aber die Lok in Bewegung setzt, dann dient sie dem Zweck, zu welchem sie gebaut worden ist, indem sie viele Wagen fortbewegt. Es ist wunderbar, erfüllt zu sein mit der Kraft des Heiligen Geistes und Ihm zu dienen, indem Er durch uns Seine Absichten und Ziele ausführt. Von unseren Lippen können göttliche Aussprüche fließen, unsere Herzen sind erfreut und unsere Zunge ist fröhlich. Es ist die durch den Heiligen Geist in uns wohnende Kraft, die sich nach außen hin offenbart. Jesus Christus wird verherrlicht. Und wenn dein Glaube in Ihm belebt, erquickt worden ist, dann werden von dir, aus deinem Innern, Ströme des lebendigen Wassers fließen. Der Heilige Geist wird sich durch dich, gleich einem großen Strom, ergießen und Tausende werden gesegnet sein, weil du ein hingegebener Kanal bist, durch den der Heilige Geist fließen kann.

Das Wichtigste, das Eine, was zählt, was wertvoll in unserem Leben ist, daß wir darauf achten, ist, ständig mit dem Heiligen Geist zum Überfließen erfüllt zu sein. Nichts mißfällt dem Herrn so, als wenn wir hierin nachlässig sind. Gott hat uns befohlen, mit dem Heiligen Geist erfüllt zu sein – und wisse, in dem Maße, wie wir es ermangeln, gehen wir auch des Planes Gottes für uns verlustig. Der Herr will uns vorwärtsgehen sehen, von Glauben zu Glauben, von Herrlichkeit zu Herrlichkeit, von Fülle zum Überfließen. Es ist nicht gut für uns, wenn wir uns mit unseren Gedanken immerwährend in der Vergangenheit bewegen. Vorwärts müssen wir eilen, hin zum höheren Grund, wo wir uns erkühnen, Gott zu glauben. Er hat erklärt, daß, nachdem der Heilige Geist über uns gekommen ist, wir Kraft haben werden. Ich glaube, es gibt eine Lawine, eine Flut von Kraft Gottes, die wir erlangen könnten, wenn wir nur den Blick dafür hätten.

Paulus schrieb einmal: „Ich will auf Gesichte und Offenbarungen kommen." Gott hat uns in eine Stellung gebracht, in der Er von uns erwartet, daß wir Seiner letzten Offenbarung teilhaftig werden, nämlich der Offenbarung jener glorreichen Tatsache: *Christus in uns,* und was dies wirklich bedeutet. Wir können Christi nur dann völlig teilhaftig werden, wenn wir überfließend mit dem Heiligen Geist erfüllt sind. Nur das Erfülltsein mit dem Geiste Gottes, das Hingenommenwerden zu neuen Offenbarungen auf höherem Grund, kann uns Schutz bieten, daß wir nicht in unseren alten natürlichen Sinn, von dem wir ja nichts erhalten können, zurückfallen. Die Ursache, warum ich mit solchem Nachdruck auf die Wichtigkeit des Erfülltseins mit dem Heiligen Geist hinweise, ist die: Ich möchte dich all den menschlichen Plänen und Gedanken entreißen und in die volle Offenbarung des Herrn Jesus Christus hineinbringen. Willst du Ruhe? Sie ist in Jesus. Willst du bewahrt bleiben vor alledem, was der Teufel in diesen letzten Tagen zutage fördert, um die Gotteskinder zu verwirren und zu verführen? Empfange und bleibe fortwährend in der Fülle des Heiligen Geistes, und Er wird dir offenbaren, daß alles, was du allezeit brauchst, in Christus, unserem Herrn, ist.

Mit Nachdruck möchte ich die Wichtigkeit des Dienstes des Geistes und die Offenbarungen des Geistes betonen, die jedem zum Nutzen gegeben werden. Sofern du dich dem Geist des Herrn übergibst, hat Er Macht über deinen Verstand, dein Herz und deine Stimme. Der Heilige Geist hat Macht, Christus zu entschleiern, dir ein Bild von Ihm zu geben, dann deine Zunge zu gebrauchen, um Ihn zu verherrlichen, und zwar auf eine Weise, wie du es nie ohne die Kraft des Geistes tun könntest.

Sage niemals, wenn du mit dem Heiligen Geist erfüllt bist, du mußt dies oder jenes tun, du seist dazu verpflichtet. Wenn Leute sagen, sie „müssen" dies oder jenes tun, weiß ich, es ist nicht der Geist Gottes, sondern ihr eigener Geist, der sie antreibt, nutzlose und unbedeutende Dinge zu tun. Viele stören die Versammlungen, indem sie schreien. Wenn du nun unbedingt schreien „mußt“, dann suche dir einen Keller. Schreien fördert die Erbauung nicht. Ich glaube, wenn der Heilige Geist über dir ist und dich bewegt zu sprechen, wie Er auszusprechen gibt, dann wird es immer zur Erbauung geschehen. Aber bring die Versammlung nicht um den Segen, verdirb sie nicht, wenn du statt aufzuhören, in deinem eigenen Geist fortfährst. Wer verdirbt die Gebetsversammlung? Derjenige, welcher im Geist beginnt und im Fleische endet. Nichts ist so lieblich wie Gebet, aber eine Gebetsversammlung kann zerstört werden, wenn du in deinem eigenen Geist fortfährst, nachdem der Geist Gottes aufgehört hat, dich zu inspirieren. Wir sagen manchmal, wenn wir von einer Versammlung heimgehen: „Das war doch eine herrliche Predigt! Wenn er nur eine halbe Stunde eher aufgehört hätte.“ Lerne sofort zu halten, wenn die Salbung des Geistes aufgehört hat. Der Heilige Geist eifert um dich. Dein Leib ist der Tempel des Heiligen Geistes, und Er erfüllt den Tempel nicht zur Verherrlichung des Menschen, sondern nur zur Verherrlichung Gottes. Du hast keine Lizenz, keine Berechtigung über das „So spricht der Herr“ hinauszugehen und selbst fortzusetzen.

Auch eine andere Seite wollen wir noch beachten. Gott will die Versammlung so frei wie nur möglich haben, und du sollst deine Hand nicht auf das Wirken des Geistes legen, denn es könnte dir manche Schwierigkeiten bringen. Du mußt bereit sein, jung geistgetaufte Seelen ein wenig über die Stränge springen zu lassen. Erinnerst du dich nicht, daß du gleichfalls nicht wenig über die Stränge gesprungen bist, als du in die Fülle des Geisteslebens hineinkamst? Nun aber bist du allzu „nüchtern“ und besonnen geworden. Es ist traurig, daß manche so allzu nüchtern geworden sind, dieweil sie heute nicht mehr so stehen, wie sie einst in der Fülle gestanden. Wir müssen zu Gott nach Weisheit ausschauen, damit wir nicht dazwischentreten, den Geist oder die Kraft Gottes dämpfen, wenn Er sich in unseren Versammlungen kundgibt. Willst du eine

Gemeinde haben, die voll Leben ist, dann mußt du eine Gemeinde voll der Offenbarungen des Geistes haben. Niemand wird zukommen, wenn keine Offenbarungen Gottes vorhanden sind. Wir müssen Gott um besondere Gnade anflehen, damit wir nicht zurückgehen, indem wir geistliche Dinge vom natürlichen Standpunkt aus zu betrachten beginnen.

Prediger, welche die Salbung verloren haben, müssen ernst Buße tun, mit Gott ins Reine kommen und die Salbung zurückerhalten. Wir sind nicht zu gebrauchen, wenn wir die Salbung des Geistes verloren haben. Wenn du mit der Gnade des Herrn erfüllt bist, wirst du nicht gleich jeden in der Gemeinde beurteilen oder richten, sondern du wirst jedem vertrauen, was auch geschehen sein mag; du wirst ein Herz haben, das alles glaubt; auch wenn da manche „Ausschreitungen" vorgekommen sind, wirst du glauben, der Heilige Geist hat die Aufsicht über alle Dinge und achtet darauf, daß nur Jesus verherrlicht und geehrt und hungrigen Seelen offenbart wird, die ein Verlangen haben, Ihn kennenzulernen. Der Herr will uns weise im Guten, furchtlos dem Bösen gegenüber, frei von Mißtrauen und Argwohn sehen; in die Jesusähnlichkeit sollen wir eintreten und wagen zu glauben, daß Gott, der Allmächtige, über alles wacht. – Halleluja!

Der Heilige Geist ist der *Eine,* welcher den Herrn Jesus Christus erhebt, der *Eine,* der Ihn verklärt und Seinen Glanz und Seine Herrlichkeit hervortut. Wenn man mit dem Heiligen Geist erfüllt ist, ist es unmöglich, die Zunge stille zu halten. Kannst du von einer stummen, geistgetauften Seele erzählen? Du findest sie weder in der Schrift noch außerhalb. Wir sind erfüllt mit dem Heiligen Geist, um den Herrn zu verherrlichen, Ihn zu preisen – und es sollte keine Versammlung geben, in welcher die Heiligen den Herrn im Geist und in der Wahrheit nicht loben, preisen, rühmen und anbeten würden.

Gleichwohl möchte ich zur gewissen Vorsicht mahnen, denn Fehlschläge und Mängel kommen sehr oft dadurch, weil wir nicht die Tatsache wahrnehmen, daß wir noch immer im Leibe sind. Wir brauchen unsere Leiber, solange wir leben. Aber unser Leib muß vom Heiligen Geist gebraucht und beaufsichtigt werden. Wir sollen unsere Leiber darstellen als ein lebendiges, heiliges, Gott wohlgefälliges Schlachtopfer, welches unser vernünftiger Gottesdienst sei. Jedes Glied unseres Leibes muß durchheiligt sein, um in Harmonie mit dem Geiste Gottes zu wirken. Unser Auge muß geheiligt sein. Von dem Tage an, als ich in den Sprüchen las, was Gott über das Zwinkern mit den Augen sagt (Sprüche Salomo 6, 13; 10, 10), habe ich nie mehr gezwinkert. Ich wünsche, meine Augen möchten so geheiligt sein, daß sie allezeit vom Herrn gebraucht werden können. Der Geist des Herrn wird in unser Inneres ein Mitleid für Seelen hineinlegen, welches in den Augen zu sehen sein wird.

Gott hat nie den Gang der Dinge geändert – nämlich daß zuerst das Natürliche und dann das Geistliche hervortritt. Zum Beispiel, wenn du zu beten beginnst, kann das erste Wort noch im Sinn und im natürlichen Bereich sein, das zweite aber vielleicht bereits in der Kraft des Geistes. Du beginnst und Gott wird enden. Ähnlich verhält es sich, wenn man Kundgebungen des Geistes auszusprechen hat. Du spürst in dir den Ansporn, die Bewegung des Geistes. Du beginnst darauf zu sprechen und der Geist gibt die Aussage, also das, was Er kundtun will. Tausende haben sich um die wunderbarsten Segnungen gebracht, konnten ihrer nicht teilhaftig werden, weil sie nicht Glauben hatten, „hervorzukommen" und im Natürlichen, im Sinn zu beginnen, dem Herrn vertrauend, daß Er sie in den Bereich des Übernatürlichen nehmen kann. Wenn du den Heiligen Geist empfängst, empfängst du Gottes Gabe, in welcher alle Gaben des Geistes sind. Paulus ermahnt Timotheus, anzufachen die Gabe, die in ihm ist. Der Weg, wie man die Gabe anfacht, die im Innern ist, ist der, daß man im Glauben beginnt, und Er, der Herr, der Geist, gibt, was für den gegebenen Fall notwendig ist. Sei gewiß, du wirst nicht beginnen, bevor du Gott nicht hingegeben und mit Ihm erfüllt bist. Wenn wir uns von Furcht bewegen lassen, uns ihr hingeben, dann liefern wir uns dem Satan aus. Satan flüstert: „Das ist alles dein Eigenes." Er ist ein Lügner. Ich habe folgendes gelernt: Wenn der Geist Gottes mich anfacht, dann bin ich nicht mehr unschlüssig, in Zungen zu reden; ich rede, und der Geist Gottes gibt mir die Aussage sowie die Auslegung. Ich finde, daß jedesmal, wenn ich mich dem Herrn hierzu hingebe, ich göttlich von Ihm angerührt werde, einen Hauptgedanken vom Heiligen Geist erhalte, und die Versammlung wird bewegt – bewegt durch den Glauben.

Angenommen, du besuchst eine Versammlung im Glauben und glaubst, Gott wird dir dort begegnen. Aber vielleicht ist nun gerade der Evangelist nicht in rechter Harmonie und Verbindung mit Gott. Die Leute in der Versammlung bekommen nicht das, was Gott ihnen geben möchte. Der Herr weiß es. Er weiß, Seine Kinder sind hungrig. Was geschieht nun? Er wird wahrscheinlich die kleinsten Gefäße nehmen und Seine Kraft hineinlegen. Wenn sie sich dem Geist hingeben, werden sie in Zungen ausbrechen – der Herr wird Aussage und Auslegung geben. Die Gemeinde des Herrn muß geweidet werden, und der Herr wird diese Mittel anwenden, um zu Seinen Kindern zu sprechen. Pfingstleute können nicht mit einer natürlichen Botschaft befriedigt werden. Sie sind in Berührung mit himmlischen Dingen gekommen und können nicht mit geringeren Dingen gestillt werden. Sie empfinden, wenn etwas in der Versammlung mangelt, und sie blicken auf zu Gott, und Er versieht sie mit dem, was fehlt.

Wenn wir mit dem Heiligen Geist erfüllt sind, haben wir keinen Begriff von dem, wieviel wir haben. Wir sind in unserem Verständnis so begrenzt, daß wir es nicht begreifen können. Der einzige Weg, die Kraft zu erkennen, die uns gegeben worden, ist der Weg der Betätigung, wenn sich der Dienst und die Kundgebungen des Geistes Gottes durch uns offenbaren. Meinst du, Petrus und Johannes wußten, wieviel sie hatten, als sie zum Tempel hinaufgingen, um zu beten? Sie waren in ihrem Begriff und im Hervorbringen des Empfangenen begrenzt. Je näher wir zu Gott kommen, um so mehr sind wir uns unserer Armut, der Armut des Menschen bewußt, und wir rufen mit Jesaja: „Ich bin unwürdig, ich bin unrein!" Aber der Herr wird Sein teures Blut, Seine flammenden Kohlen über uns bringen, und wir werden gereinigt, geläutert und dann von Ihm ausgesandt werden, um für Ihn zu arbeiten – angetan mit der Kraft Seines Geistes.

Gott hat diese Ausgießung des Geistes gesandt, damit wir alle in die Offenbarung unserer Sohnschaft hineingebracht werden, das bedeutet: Wir sind Söhne Gottes, Männer der Kraft, wir sollen Ihm, dem Herrn Jesus, ähnlich sein, die Kraft der Sohnschaft besitzen, die Kraft, die das Schwache zu erquicken weiß. Die Taufe mit dem Geist macht uns zu Söhnen Gottes, die in der Kraft dastehen, ausgerüstet mit den Gaben, die der Geistestaufe folgen. Preis sei Ihm! Wir sollen uns unserer menschlichen Unzulänglichkeit, unserer Begrenztheit bewußt sein, aber wir dürfen nicht den Heiligen Geist begrenzen, der gekommen ist, in uns zu wohnen. Wir müssen glauben, daß, seitdem der Heilige Geist über uns gekommen ist, wir in Wahrheit Söhne Gottes, ausgerüstet mit göttlicher Kraft, sind. Sage nie, du kannst es nicht sein. Alle Dinge sind möglich, dem, der glaubt. Tauche dich hinein in die Tiefe des Geistes und glaube, Gott hat alles für dich, und du kannst alles tun – durch Ihn, der dich stärkt.

„... einem anderen aber das Wort der Erkenntnis nach demselben Geiste; einem anderen aber Glauben in demselben Geiste" (1. Korinther 12, 8–9). Wir haben bis jetzt diesen Weg noch nicht passiert. Ich glaube, daß der Satan viele Wahlsprüche hat und daß sie heute schlimmer sind als je zuvor; aber ich glaube auch, daß es eine volle Offenbarung der Kraft und der Herrlichkeit Gottes auf Erden gibt, um jeden Wahlspruch Satans niederzuschlagen. In Epheser 4 wird uns gesagt, daß wir bestrebt sein sollen, die Einigkeit im Geiste durch das Band des Friedens zu halten, denn da ist ein Leib und ein Geist, ein Herr, ein Glaube, eine Taufe und ein Gott und Vater unser aller. Die Geistestaufe soll uns alle eins machen. Paulus sagt uns in 1. Korinther 12, 13, daß durch einen Geist wir alle zu einem Leibe getauft und mit einem Geist getränkt sind. Es ist Gottes Gedanke, daß wir dasselbe sprechen. Wenn wir alle die volle Offenbarung des Geistes haben, werden wir alle dasselbe sehen. Paulus fragte diese Korinther: „Ist Christus geteilt?" Wenn der Heilige Geist die volle Kontrolle hat, ist Christus niemals geteilt, ist Sein Leib nicht geteilt, und es gibt keine Spaltung. Spaltungen und Trennungen sind Produkte des fleischlichen Geistes.

Wie wichtig ist es, daß wir die Offenbarung des „Wortes der Erkenntnis" stets in unserer Mitte haben. – Die Offenbarung der Geheimnisse Gottes kommt durch den Geist, und wir müssen ein übernatürliches Wort der Erkenntnis haben, um anderen die Dinge mitzuteilen, die der Geist Gottes offenbart hat. Der Geist Gottes offenbart Christus in all Seiner wunderbaren Fülle, und Er zeigt Ihn uns vom Anfang bis zum Ende der Schrift. Es ist die Heilige Schrift, die uns klug zum Heil, zur Seligkeit macht, die uns die Tiefen des himmlischen

Königreichs öffnet, und die uns den ganzen göttlichen Ratschluß offenbart. Es gibt Tausende von Leuten, die das Wort Gottes lesen und erforschen. Aber es ist nichts Erquickendes für sie. Ohne den Geist ist die Bibel ein toter Buchstabe. Das Wort Gottes kann nie lebendig und mächtig in uns sein, außer durch den Geist. Die Worte, die Christus sprach, waren nicht etwa tote Worte, sondern sie waren Geist und Leben. Und so ist es Gottes Gedanke, daß ein lebendiges Wort, ein Wort der Wahrheit, das Wort Gottes, ein übernatürliches Wort der Erkenntnis, aus uns herauskommen soll durch die Kraft des Geistes Gottes.

Es ist der Heilige Geist, der Äußerungen von unseren Lippen und eine göttliche Offenbarung von all den Gedanken Gottes hervorbringt. Das Kind Gottes sollte dürsten nach dem Wort. Es sollte nichts anderes als das Wort und nichts unter den Menschen als Jesus kennen. „Der Mensch lebt nicht vom Brot allein, sondern von einem jeglichen Wort, das durch den Mund Gottes geht." Indem wir uns durch das Wort nähren und über die Botschaft nachdenken, die es enthält, kann der Geist Gottes das lebendig machen, was wir empfangen haben, und durch uns das Wort der Erkenntnis hervorbringen, das ebenso voll von Kraft und Leben sein wird, wie Er, der Geist Gottes, auf die Heiligen von früher kam und ihnen diese inspirierte Schrift gab. Sie wurde eingehaucht von Gott, da sie am Anfang hervorkam, und durch denselben Geist sollte sie aus uns herauskommen: lebendig, lebend, machtvoll und schärfer als kein zweischneidig Schwert.

Mit den Gaben des Geistes sollte die Frucht des Geistes kommen. Mit Weisheit sollten wir Liebe, mit Erkenntnis sollten wir Freude und mit der dritten Gabe, Glauben, sollten wir die Frucht des Friedens haben. Glauben wird immer von Frieden begleitet. Glaube ruht immer. Der Glaube lacht über unmögliche Dinge. Heil kommt durch Glauben, durch Gnade, und es ist die Gabe Gottes. Wir werden getragen von der Kraft Gottes durch Glauben. Gott gibt Glauben, und niemand kann ihn fortnehmen. Durch den Glauben haben wir die Kraft, in die wunderbaren Dinge Gottes einzudringen. Es gibt drei Stellungen des Glaubens: rettenden Glauben, welcher die Gabe Gottes ist, den Glauben des Herrn Jesus und die Gabe des Glaubens.

Ihr werdet euch erinnern an das Wort des Herrn Jesus, welches Er Paulus gab, auf welches Apostelgeschichte 26 hinweist, wo der Herr ihn beauftragte, zu den Heiden zu gehen, „aufzutun ihre Augen, daß sie sich bekehren von der Finsternis zu dem Licht und von der Gewalt des Satans zu Gott, zu empfangen Vergebung der Sünden und das Erbe samt denen, *die geheiliget werden durch den Glauben an mich*". O dieser wundervolle Glaube des Herrn Jesu! Dein Glaube kommt zu einem Endpunkt. Wie oft war ich an dem Punkt angelangt, wo ich dem Herrn sagen mußte: „Ich habe all den Glauben angewandt, den ich habe", und dann hat Er Seinen eigenen Glauben in mich gelegt. Einer unserer Arbeiter sagte mir zur Weihnachtszeit: „Wigglesworth, ich hatte nie so ein leeres Portemonnaie in meinem Leben." Ich antwortete: „Preis Gott, du bist jetzt gerade am Eingang von Gottes Schätzen." Erst wenn wir am Ende unserer eigenen sind, können wir in die Reichtümer von Gottes Schätzen eindringen. Erst wenn wir nichts besitzen, können wir alle Dinge besitzen. Der Herr wird dir immer begegnen, wenn du auf der Linie des lebendigen Glaubens bist.

Ich war einmal in Irland, ging zu einem Hause und sagte zu der Dame, die an die Tür kam: „Ist Bruder Wallace da?" Sie antwortete: „Oh, er ist fortgegangen nach Bangor, aber Gott hat dich zu mir hierher geschickt. Ich brauche dich. Komm herein." Sie erzählte mir, daß ihr Mann ein Diakon der Presbyterianerkirche sei. Sie selbst hatte die Taufe empfangen, während sie ein Mitglied der Presbyterianerkirche gewesen war, aber sie nahm sie nicht als Gottes Gabe an. Die Leute der Kirche sagten zu ihrem Mann: „Dies kann nicht so weiter gehen. Wir möchten dich nicht mehr länger als Diakon haben, und deine Frau ist unerwünscht in der Kirche." Der Mann war sehr wütend und wurde seiner Frau gegenüber verbittert. Es schien, als ob ein böser Geist in ihm sei, und das Heim, das einmal so friedlich gewesen war, wurde sehr schrecklich. Schließlich verließ er das Haus und ließ kein Geld hinter sich zurück.

Die Frau fragte mich, was sie tun solle. Wir gingen ins Gebet, und bevor wir fünf Minuten gebetet hatten, wurde die Frau mächtig mit dem Heiligen Geist erfüllt. Ich sagte zu ihr: „Setz dich hin und laß mich dir etwas sagen. Bist du oft so im Geist?“ Sie sagte: „Ja, was könnte ich jetzt ohne den Heiligen Geist tun?“ Ich sagte zu ihr: „Die Lage ist dein. Das Wort Gottes sagt, daß du Macht hast, deinen Mann zu heiligen. Wage es, dem Wort Gottes zu glauben. Jetzt müssen wir zuerst einmal beten, daß dein Mann heute abend zurückkommt.“ Sie sagte: „Ich weiß, er wird das nicht tun.“ Ich sagte: „Wenn wir uns zusammen einig sind, wird es geschehen.“ Sie sagte: „Ich willige ein.“ Ich sagte zu ihr: „Wenn er nach Hause kommt, zeig ihm alle nur erdenkliche Liebe, gib ihm verschwenderisch alles. Wenn er nicht hinhören will, was du zu sagen hast, so laß ihn zu Bett gehen. Die Lage ist dein. Knie nieder vor Gott und übergib ihn dem Herrn. Gelange in die Herrlichkeit hinein, genauso wie du heute hineingelangt bist, und da der Geist Gottes durch dich betet, wirst du finden, daß Gott dir alle Wünsche deines Herzens gewähren wird.“

Einen Monat später sah ich diese Schwester auf einer Konferenz. Sie erzählte mir, daß ihr Mann an dem Abend nach Hause gekommen und zu Bett gegangen sei, aber daß sie bis zum Siege durchgebetet und dann ihre Hände auf ihn gelegt hätte. Im selben Moment, wo sie die Hände auf ihn gelegt hätte, hätte er um Gnade geschrien. Der Herr rettete ihn und taufte ihn im Heiligen Geiste.

Die Kraft Gottes geht über unsere Gedanken hinaus. Die Schwierigkeit ist die, daß wir die Kraft Gottes nicht in einer vollen Offenbarung haben wegen unserer begrenzten Gedanken, aber wo wir weitergehen und Gott Seinen Platz geben, gibt es keine Grenze gegenüber dem, was unser grenzenloser Gott in Beantwortung eines grenzenlosen Glaubens tun kann. Aber ihr werdet niemals etwas bekommen, wenn ihr nicht auf der ständigen Jagd nach all der Kraft Gottes seid.

Eines Tages, als ich von unserer Freiversammlung um 11.00 Uhr nach Hause kam, stellte ich fest, daß meine Frau nicht da war. Ich fragte: „Wo ist sie denn?" Mir wurde gesagt, daß sie unten bei Mitchells wäre. Ich hatte Mitchell an dem Tage gesehen und wußte, daß er am Todespunkt angelangt war. Ich wußte, daß, wenn nicht der Herr etwas unternehmen würde, es für ihn unmöglich wäre, den Tag zu überstehen. Es gibt viele, die sich in Krankheit ergeben und das Leben des Herrn Jesus Christus – das für sie vorgesehen ist – nicht in Besitz nehmen.

Ich wurde zu einer Frau geführt, welche im Sterben lag und sagte zu ihr: „Wie steht es mit Ihnen?" Sie antwortete: „Ich habe Glauben, ich glaube." Ich sagte: „Sie wissen, daß Sie keinen Glauben haben; Sie wissen, daß Sie sterben. Es ist kein Glaube, den Sie haben, es sind leere Worte." Es gibt einen Unterschied zwischen leeren Worten und Glauben. Ich sah, daß sie in den Händen des Teufels war. Es gab keine Lebensmöglichkeit, bis er aus der Wohnung vertrieben war. Ich hasse den Teufel! Ich nahm von der Frau Besitz und rief: „Komm heraus, du Teufel des Todes! Ich gebiete dir im Namen Jesu, herauszukommen!" In einer Minute stand sie siegreich auf ihren Füßen.

Aber ich möchte zurückkommen auf den Fall von Bruder Mitchell. Ich eilte hinab zu seinem Haus. Als ich in die Nähe kam, hörte ich fürchterliche Schreie. Ich wußte, es war etwas geschehen. Ich ging auf der Treppe an Frau Mitchell vorbei und fragte: „Was ist los?" Sie antwortete: „Er ist tot. Er ist tot!" Ich ging einfach an ihr vorüber in das Zimmer, und sofort sah ich, daß Mitchell tot war. Ich konnte es nicht verstehen, aber ich begann zu beten. Meine Frau hatte immer Angst, daß ich zu weit gehen würde. Sie ergriff mich und sagte: „Tue das nicht, Vater. Siehst du nicht, daß er tot ist?" Ich betete weiter. Meine Frau schrie laut: „Tue das nicht, Vater. Siehst du nicht, daß er tot ist?" Aber ich betete weiter. Ich ging so weit, wie ich mit meinem eigenen Glauben kommen konnte und ergriff Gott. Oh, es war solch ein Ergreifen, daß ich alles glauben konnte. Der Glaube des Herrn Jesus ergriff mich und kam in mein Herz. Ich rief: „Er lebt! Er lebt!" Und er lebt heute noch.

Es gibt einen Unterschied zwischen unserem Glauben und dem Glauben des Herrn Jesus. Der Glaube des Herrn Jesus ist notwendig. Wir müssen den Glauben von Zeit zu Zeit ändern. Euer Glaube kann an die Stelle gelangen, wo er schwankt. Der Glaube Christi schwankt nie. Wenn du diesen Glauben hast, ist die Sache getan. Wenn du diesen Glauben hast, wirst du niemals die Dinge so sehen, wie sie sind, sondern du wirst sehen, wie die Dinge der Natur den Dingen des Geistes Platz machen und das Zeitliche von dem Ewigen verschluckt wird.

Ich war vor mehreren Jahren in einer Lagerversammlung in Cazadero (Kalifornien), wo eine bedeutende Sache geschah. Ein Mann kam dorthin, der stocktaub war. Ich betete für ihn und wußte, daß Gott ihn geheilt hatte. Dann kam die Probe. Er wollte immer seinen Stuhl nahe an die Plattform stellen, und jedesmal, wenn ich aufstand, um zu sprechen, wollte er so nahe wie nur möglich heran und seine Ohren spitzen, um aufzuschnappen, was ich zu sagen hatte. Der Teufel sagte: „Er ist nicht geheilt." Ich erklärte: „Er ist geheilt." Dies ging drei Wochen lang so. Dann kam die Offenbarung, und er konnte deutlich auf 60 Yards (ungefähr 55 Meter) entfernt hören. Als seine Ohren geöffnet wurden, dachte er, daß dies ein solch großes Ereignis wäre, daß er die Versammlung unterbrechen und jedermann es sagen müsse. Ich traf ihn kürzlich in Oakland, und er hörte vollständig.

Wenn wir standhaft und unbeweglich auf dem Grund des Glaubens bleiben, werden wir in vollkommener Offenbarung das sehen, was wir glauben. Die Leute sagen zu mir: „Hast du nicht die Gabe des Glaubens?“ Ich erkläre: „Dies ist eine wichtige Gabe, aber noch wichtiger für uns ist, daß wir jede Minute einen Fortschritt in Gott machen. Wenn ich heute das Wort Gottes betrachte, finde ich, daß seine Wirklichkeiten heute für mich etwas Größeres sind, als es gestern der Fall war. Es ist die erhabenste, freudige Wahrheit, die Gott vergrößert. Es gibt nichts Totes, Trockenes oder Unfruchtbares in diesem Leben des Geistes; Gott zieht uns immer zu etwas Höherem hin, und da wir in diesem Geist weiterziehen, wird unser Glaube zu dem Bedürfnis ansteigen, da verschiedene Umstände entstehen. So wird die Gabe des Glaubens offenbart. Du siehst ein Ziel und du weißt, daß dein eigener Glaube in dem Fall nichts ist.

Neulich war ich in San Francisco. Ich saß in der Straßenbahn und sah einen Jungen in großem Schmerz auf der Straße. Ich sagte: „Lassen Sie mich aussteigen.“ Ich stürzte dorthin, wo der Junge war. Er hatte Schmerzen durch Magenkrampf. Im Namen Jesu legte ich meine Hände auf seinen Magen. Der Junge sprang hoch und schaute staunend auf mich. Er war vollkommen frei. Die Gabe des Glaubens wagte es trotz allem. Wenn wir im Geist sind, wird der Geist Gottes diese Gabe überall und zu jeder Zeit wirken lassen. Wenn der Geist Gottes durch diese Gabe in einem Menschen wirkt, bringt Er ihn zur Erkenntnis dessen, was Gott tun wird.

Als der Mann mit der verschrumpften Hand in der Synagoge war, brachte Jesus alle Leute dazu, das zu sehen, was geschehen würde. Die Gabe des Glaubens kennt immer die Ergebnisse. Er sagte zu dem Mann: „Strecke deine Hand aus.“ Sein Wort hatte schöpferische Kraft. Er lebte nicht auf der Linie der Spekulation. Er sprach und es geschah etwas. Er sprach am Anfang, und die Welt entstand. Er spricht heute, und diese Dinge müssen geschehen. Er ist der Sohn Gottes und kam, um uns zur Sohnschaft zu führen. Er war die Erstfrucht der Auferstehung und beruft uns dazu, Erstfrüchte zu sein, dieselbe Art von Frucht zu sein wie Er. Dies ist ein wichtiger Punkt. Du kannst nicht die Gaben auf bloßen menschlichen Wunsch hin haben. Der Geist Gottes verteilt sie besonders, wie Er will. Gott kann nicht alle mit der Gabe betrauen, aber einige, die ein demütiges, zerbrochenes, reuevolles Herz haben.

Eines Tages war ich in einer Versammlung, in der eine Anzahl Doktoren, bedeutende Männer und viele Pfarrer anwesend waren. Es war eine Konferenz, und die Kraft Gottes fiel auf die Versammlung. Ein demütiges kleines Mädchen, das am Tische wartete, öffnete sein Wesen dem Herrn, wurde mit dem Heiligen Geist erfüllt und begann in Zungen zu sprechen. Alle diese großen Männer reckten ihre Hälse hoch und blickten empor, um zu sehen, was geschehen sei, und sagten: „Wer ist es?" Dann erfuhren sie, daß es die Dienerin gewesen war! Niemand empfing als die Dienerin. Diese Dinge sind den Klugen und den Verständigen verborgen, aber die kleinen Kinder, die Demütigen, sind diejenigen, die empfangen.

Wir können keinen Glauben besitzen, wenn wir uns gegenseitig die Ehre geben. Ein Mann, der mit Gott geht, sucht unter seinen Mitmenschen keine Ehre. Gott ehrt den Menschen, der einen zerbrochenen, zerknirschten Geist hat. Wie soll ich dahin gelangen? So viele Leute möchten große Dinge tun und wünschen, dabei gesehen zu werden; aber der, den Gott benutzen wird, ist derjenige, der bereit ist, verborgen zu sein. Mein Herr Jesus sagt nie, daß Er Dinge tun könne, sondern Er tat sie.

Als dieser Trauerzug aus Nain kam, wobei man den Sohn der Witwe auf der Bahre trug, ließ Er diese vor sich hinstellen. Er sprach das Wort: „Stehe auf!", und gab den Sohn der Witwe zurück. Er hatte Mitleid mit ihr. Du und ich werden niemals etwas tun, wenn es nicht auf der Linie des Mitleides ist. Wir werden niemals in der Lage sein, das Krebsgeschwür zu beseitigen, wenn wir nicht so tief in die Kraft des Heiligen Geistes eingetaucht sind, daß das Mitleid Christi durch uns zieht. Ich finde das in all dem, was mein Herr tat. Er sagte, daß Er es nicht tun würde, sondern daß ein anderer in Ihm das Werk tue. Was für eine heilige Unterwerfung! Er war nur ein Instrument zum Ruhme Gottes. Haben wir eine Stellung erreicht, wo wir es wagen, die Gabe zu handhaben? Ich sehe in 1. Korinther 13, daß, wenn ich Glauben habe, womit ich Berge versetzen kann, und keine Liebe habe, alles ein Fehlschlag ist. Wenn meine Liebe so in Gott ist, daß ich mich nur zum Ruhme Gottes bewege, daß ich nur den Ruhm Gottes suche, können die Gaben offenbart werden. Gott möchte offenbart sein und möchte Seinen Ruhm demütigen Seelen offenbaren. Ein furchtsames Herz kann nie eine Gabe haben. Es gibt zwei notwendige Dinge: Erstens Liebe und zweitens Entscheidung, eine Kühnheit an Glauben, die Gott dazu bewegen wird, Sein Wort zu erfüllen.

Als ich getauft wurde, erlebte ich eine wunderbare Zeit und hatte eine Aussage im Geiste. Doch danach sprach ich nicht mehr in Zungen. Aber eines Tages, als ich einem anderen half, gab mir der Herr wieder Aussagen im Geiste. Eines anderen Tages ging ich die Straße hinab und sprach eine lange Zeit in Zungen. Da taten einige Gärtner ihre Arbeit. Sie hoben ihre Köpfe hoch, um zu sehen, was los sei. Ich sagte: „Herr, Du hast etwas Neues für mich. Du sagtest, daß, wenn ein Mann in Zungen spricht, er um die Auslegung bitten solle. Ich bitte um die Auslegung, und ich werde direkt hierbleiben, bis ich sie bekomme.“ Von der Stunde an gab mir der Herr die Auslegung.

Einmal war ich in Lincolnshire in England und kam in Verbindung mit dem alten Pfarrer einer Kirche der Episkopalier. Er war sehr interessiert und bat mich in seine Bibliothek. Ich hörte nie etwas Süßeres als das Gebet, welches der alte Mann aussprach, als er niederfiel um zu beten. Er begann zu beten: „Herr, mache mich heilig. Herr, heilige mich.“ Ich rief aus: „Wachen Sie auf! Wachen Sie jetzt auf! Stehen Sie auf und setzen Sie sich in Ihren Sessel.“ Er setzte sich und schaute mich an. Ich sagte zu ihm: „Ich dachte, Sie wären heilig.“ Er antwortete: „Ja." „Warum bitten Sie dann Gott um das, was Er getan hat?" Er begann zu lachen und dann in Zungen zu sprechen. – Laßt uns in das Reich des Glaubens ziehen, in dem Reich des Glaubens leben, und laßt Gott Seinen Weg haben!

Gott hat uns viel in diesen letzten Tagen gegeben. Und wo viel gegeben worden ist, wird auch viel gefordert werden. „Ihr seid das Salz der Erde. Wenn nun das Salz kraftlos wird, womit soll man es salzen? Es ist zu nichts hinfort nütze, denn, daß man es hinausschütte und lasse es die Leute zertreten." Einen ähnlichen Gedanken drückte Jesus aus, als Er von den Reben sprach: „Wer nicht in mir bleibt, der wird weggeworfen wie eine Rebe und verdorrt, und man sammelt sie und wirft sie ins Feuer." Demgegenüber sagte Er gleichfalls: „Wenn ihr in mir bleibet und meine Worte in euch bleiben, werdet ihr bitten, was ihr wollt, und es wird euch widerfahren." Wenn wir in diesen Tagen mit dem Herrn nicht Schritt halten, werden wir dem kraftlosen Salz und der verdorrten Rebe gleich sein. Eins müssen wir tun: Vergessen, was hinter uns liegt, vergessen die Fehler und die Segnungen und „uns ausstrecken nach dem, was da vorne ist und jagen nach dem vorgesteckten Ziel, nach dem Kleinod der himmlischen Berufung Gottes in Christus Jesus".

Schon jahrelang hat der Herr mich vorwärtsschreiten gelehrt und mich so vor Verstockung und Versteifung bewahrt. Als ich mich in der Methodistenkirche befand, wußte ich, daß ich errettet bin. Ich war so sicher, daß alles in Ordnung ist. Dann sagte der Herr: „Komm heraus!", und ich ging heraus. Als ich mit den sogenannten „Brüdern" zusammen war, wußte ich auch, daß alles gut ist. Doch wieder rief der Herr: „Komm heraus!" Dann ging ich zur Heilsarmee. Damals war noch Leben in ihr, und überall brannten Erweckungsfeuer. Doch bald schlitterten sie in menschliche Dinge, und die Erweckung hörte auf. Der Herr rief: „Komm heraus!" Und ich verließ sie. So ging ich dreimal heraus. Ich glaube, daß die Pfingstbewegung, in der wir jetzt sind, die beste Bewegung in der Welt ist, und doch will es mir scheinen, Gott hat noch etwas Besseres. Gott kann keinen Menschen gebrauchen, der nicht nach „Mehr" von Ihm und Seiner Gerechtigkeit dürstet und hungert.

Gott hat uns befohlen, ernstlich nach den geistlichen Gaben zu streben, und wir sollen nach Dingen trachten, die zur Vermehrung Seiner Ehre gereichen. Wir müssen die Gaben der Heilungen und Wunder in Tätigkeit sehen. Manche meinen, es müßte bei uns auch die Gabe der Geisterunterscheidung hervortreten, und zwar gemeinsam mit den Gaben der Heilungen und Wunder, aber ich glaube, Gott versieht uns mit Offenbarungen, wenn wir mit Kranken zu tun haben. Manche meinen, die Unterscheidung zu besitzen, doch wenn sie versuchen würden, diese Unterscheidung an sich selbst anzuwenden, sagen wir zwölf Monate lang, dann würden sie diese Unterscheidung nicht mehr haben wollen. Die Gabe der Unterscheidung hat nichts mit Kritik und Tadel zu tun. Ich wäre zufrieden, wenn man in unseren pfingstlichen Kreisen hauptsächlich nach Liebe trachten würde.

Die Gaben der Heilungen sind verschiedener Art. Fast jeder Fall ist anders gelagert. Ich bin niemals glücklicher im Herrn, als wenn ich mich am Bett eines Kranken befinde. Die meisten Offenbarungen Gottes empfing ich, wenn ich den Kranken diente. Wenn dein Herz mit den Notleidenden Erbarmen hat, offenbart der Herr Seine Gegenwart. Du kannst dann ihren Zustand feststellen. Dann weißt du auch, du mußt mit dem Heiligen Geist erfüllt sein, um unter solchen Umständen handeln zu können.

Wenn Leute krank sind, kennen sie gewöhnlich drei Bibelstellen. Sie wissen um Paulus' Dorn im Fleisch, um Timotheus' schwachen Magen, weshalb er ein wenig Wein nehmen sollte, und daß Paulus jemand krank zurückließ. Viele denken dann tatsächlich, sie haben einen Dorn im Fleisch. Die Hauptsache ist aber, den Zustand des Kranken festzustellen. Wenn du in der Kraft des Geistes des Herrn dienst, wird Er dir zeigen, was ihnen am besten hilft und den Glauben anfacht.

Als ich noch im Klempnerberuf tätig war, liebte ich es, mit Kranken zu beten. Es kamen oft dringende Rufe, und manchmal hatte ich nicht Zeit, die Hände zu waschen; ja, mit schwarzen Händen predigte ich ihnen, denn mein Herz war von Liebe entzündet. Oh, dein Herz muß mit dem Kranken mitgehen, du mußt mit göttlichem Erbarmen hinuntersteigen bis zum tiefsten Grund und Abgrund des Krebses, dann werden die Gaben des Geistes in Tätigkeit treten.

Einmal wurde ich um zehn Uhr abends gerufen, für ein junges Mädchen zu beten, das vom Arzt bereits aufgegeben war. Es hatte die Schwindsucht. Als ich es anschaute, wußte ich: Alles ist vergeblich, wenn nicht Gott etwas tut. Ich wandte mich zur Mutter und zu den anderen Kindern und sagte: „Ihr geht jetzt schlafen!" Doch sie wollten nicht. „Gut", sagte ich, nahm den Mantel und wollte weggehen. Da schrien sie alle auf: „Oh, wenn du dableibst, gehen wir alle zu Bett!" Ich wußte, Gott tut nichts in einer Atmosphäre menschlichen Mitleids und Unglaubens. Allein blieb ich zurück. Ich beugte die Knie vor dem Bett und sah mich dem Tode und Teufel gegenüber. Doch Gott vermag die schlimmste Lage zu verändern und sich als der Allmächtige zu erweisen.

Nun nahte der Kampf. Es schien, als wäre der Himmel verschlossen. Ich betete von elf bis halb vier Uhr morgens. Ich sah das Licht vom Angesicht der Leidenden schwinden, und sie war dahin. Der Teufel flüsterte: „Nun ist es aus für dich! Du kamst von Bradford, und das Mädchen ist unter deinen Händen gestorben." Ich sagte: „O Gott, das kann nicht sein. Du hast mich nicht umsonst hergesandt. Jetzt ist es an der Zeit, Deine Kraft zu offenbaren." Die Bibelstelle „. . . daß die Männer beten . . . ohne Zweifel" kam in mein Herz. Der Tod war eingetreten – doch ich wußte, Gott ist mächtig und hat einst das Rote Meer gespalten, und Er ist derselbe heute. Da schaute ich zum Fenster . . . und in diesem Augenblick erschien das

Angesicht Jesu. Es war, als ob Millionen von Strahlen von Ihm ausgingen. Wie Er so auf die Hingeschiedene schaute, kam wieder Farbe in ihr Gesicht. Sie bewegte sich und schlief ein. Frühmorgens wachte sie auf, zog ein Kleid an und setzte sich ans Klavier. Sie spielte und sang ein wunderbares Lied. Die Mutter, Bruder und Schwester, ja alle kamen herein, um zuzuhören. Der Herr hatte es getan. Ein Wunder war vollbracht.

Der Herr geht mit uns auch solche Wege. Ich danke Ihm für solche schweren Krankheitsfälle. Der Herr hat uns zur Herzensgemeinschaft mit Ihm berufen. Er möchte, daß Seine Braut eines Herzens und eines Geistes mit Ihm ist und tut, was Er selbst getan. Hier fand ein Wunder statt. Die Lungen dieses Mädchens waren dahin, doch der Herr stellte sie her, und sie war vollkommen gesund.

Die Frucht des Geistes, Sanftmut, muß die Gabe der Heilung begleiten. Wen Gott mit der Gabe der Heilung betraut und ihn gebraucht, der muß sanftmütig und voller Mitleid sein. Allezeit muß er bereit sein, ein Trostwort zu spenden. Ist der Kranke hilflos und verzagt, muß man mit ihm tragen. Unser Herr Jesus war voll Erbarmen, und so müssen wir auch sein, wenn wir den Leidenden helfen wollen.

Sicherlich, es gibt auch Fälle, wo wir rauh sein müssen. Doch dann haben wir es nicht mit der kranken Person, sondern mit Satan selbst zu tun, der dahinter steht und sie gebunden hält. Dein Herz ist dann gleichsam voller Liebe und Erbarmen; aber in heiligem Zorn ergrimmend gebietest du Satan, den Platz zu verlassen, den er im Kranken eingenommen hat. Du hast es also dann nicht mit dem Kranken, sondern mit dem bösen Geist zu tun, bis er im Namen des Herrn ausgetrieben ist. Viele Krankheiten werden auch durch schlechten Wandel und andere böse Dinge hervorgerufen, denn dadurch erhält Satan Raum im Körper des Menschen. Man gibt ihm Gelegenheit, einzukehren. Es heißt zu bekennen und Buße zu tun, dann kann erst im Namen Jesu gehandelt werden.

Beziehe die Stellung, die dir das Wort in 1. Johannes 4 gibt: „Der in euch ist, ist größer, als der in der Welt ist." Erkenne, daß nicht du es bist, der mit der Macht des Bösen zu tun hat, sondern der Herr selbst ist es, Er, der größer ist. Wunderbar, mit Ihm erfüllt zu sein! Du vermagst nichts aus dir selbst zu tun, aber der in dir ist, bringt den Sieg. Dein Mund, deine Gedanken, dein ganzes Wesen werden vom Herrn bearbeitet und von Ihm erfüllt. Laßt uns aufwachen und Gott glauben! Ehe Gott mich in diese Stellung hineinbringen konnte, mußte Er mich tausende Male zerbrechen. Ich habe geweint, ich habe geschrien und viele Nächte im heißen Ringen zugebracht. Solange du nicht hinuntergestiegen bist, kannst du nicht diese Sanftmut und das herzliche Erbarmen besitzen. Die Gaben der Heilung und der Wunder können nie durch uns tätig sein, es sei denn, wir stehen in göttlicher Kraft, die Er gibt, es sei denn, wir stehen im Glauben, im Glauben auch dann, wenn wir alles getan haben.

Wir haben wunderbare Offenbarungen der Kraft Gottes bereits gesehen, und größere mögen noch geschehen. Doch denke nicht, die Gaben des Geistes werden dir wie reife Äpfel in den Schoß fallen. In einem gewissen Sinn mußt auch du für all das, was du empfängst, den Preis bezahlen. Wir sollen streben nach den größten und besten Geistesgaben, aber auch Amen sagen für jede Schulung Gottes, die Er uns zuteil werden läßt, damit wir demütige und brauchbare Gefäße werden, durch welche Er selbst mit der Kraft des Heiligen Geistes wirken kann.

Die Geisterunterscheidung

„Einem anderen, Geister zu unterscheiden" (1. Korinther 12, Vers 10). Es ist ein großer Unterschied zwischen natürlicher und geistlicher Unterscheidung. Wenn wir die natürliche besehen, können wir viele Menschen finden, die schwer damit beladen sind, und zwar vermögen sie Fehler bei ihren Nächsten zu finden. Solchen gilt das Wort Jesu Christi im sechsten Kapitel des Lukas: „Was siehest du aber den Splitter in deines Bruders Auge, und des Balkens in deinem Auge wirst du nicht gewahr?" Willst du diese natürliche „Begabung" der Unterscheidung anwenden, dann versuche es bei dir für mindestens zwölf Monate, und du wirst so viele Mängel und Gebrechen bei dir finden, daß dir die Lust vergehen wird, dem anderen Fehler anzuzeigen. Im sechsten Kapitel des Propheten Jesaja lesen wir, daß der Prophet in der Gegenwart Gottes sogar seine Lippen als unrein erkannte, ja alles war unrein. Jedoch – Preis sei Gott! – es gibt auch heute noch die feurige Kohle, die Feuertaufe, die Reinigung von Herz und Sinn, die Erneuerung des Geistes. Oh, es ist sehr wichtig, daß das Feuer Gottes unsere Zungen berührt!

In 1. Johannes 4, 1 lesen wir: „Ihr Lieben, glaubet nicht einem jeglichen Geist, sondern prüfet die Geister, ob sie von Gott sind." Und weiter heißt es: „Ein jeglicher Geist, der da bekennt, daß Jesus Christus ist in das Fleisch gekommen, der ist von Gott; und ein jeglicher Geist, der Jesus nicht bekennt, der ist nicht von Gott. Und das ist der Geist des Widerchrists, von welchem ihr habt gehört, daß er kommen werde, und er ist schon jetzt in der Welt." Von Zeit zu Zeit, wenn ich Personen unter der Kraft des Bösen sah, oder daß sie einen Anfall hatten, sagte ich zu diesen teuflischen Mächten, die sie besessen hielten: „Ist Jesus ins Fleisch gekommen?", und prompt antworteten sie: „Nein!“ Zuweilen schwiegen sie auch, denn sie wollten nicht anerkennen, daß Jesus ins Fleisch gekommen ist. Auf Grund der weiteren Feststellung des Johannes, „... denn größer ist, der in euch ist, als der in der Welt ist“, kannst du im Namen des Herrn Jesus Christus handeln und befehlen, daß diese Mächte ausfahren. Als Pfingstleute müssen wir die List und Taktik des Bösen kennen und imstande sein, die teuflischen Mächte hinauszuwerfen.

Einst predigte ich in Doncaster (England) über Glauben, und eine Anzahl wurde errettet. Es befand sich auch ein Mann dort, der sehr bewegt wurde von dem, was er hörte und sah. Er litt an einem steifen Knie. Es war mit vielen Metern Stoff umwickelt. Zuhause angekommen, sagte er zu seiner Frau: „Die Botschaft, die Wigglesworth brachte, hat mich wirklich gepackt. Nun will ich danach handeln und geheilt werden, und du sei bei mir.“ Er faßte das Knie mit beiden Händen und gebot: „Komm heraus, du Satan, im Namen Jesu!“ Dann rief er: „Es ist gut, Frau!“, und nahm allen Stoff und alle Bandagen ab. Das Knie war gesund. – Am nächsten Abend besuchte er die Methodistenversammlung. Viele junge Leute dort wurden von schweren Krankheiten geplagt. Im Namen Jesu gebot er den Krankheiten, wobei er erkannte, daß ein großer Teil derselben eine Wirkung des Teufels war. Aber sein Glaube an die Macht Jesu gab ihm einen wunderbaren Sieg über den Feind.

Ich kam in Göteborg in Schweden an. Man bat mich, eine Versammlung zu halten. Während die Versammlung in vollem Gange war, fiel am Eingang ein Mann auf den Boden, und der böse Geist versuchte ihn herunterzuziehen. Ich lief zu der Tür, erfaßte den Mann und gebot: „Komm heraus, Satan! Im Namen Jesu sei als böser Geist hinausgeworfen!“ Dann gebot ich dem Mann, im Namen Jesu aufzustehen und zu gehen. Ich weiß nicht, ob jemand im Raume mich verstanden hatte, es sei denn mein Dolmetscher, denn ich sprach Englisch. Aber diese Dämonen in Schweden gehorchten und verließen den Mann. Einen ähnlichen Fall erlebte ich auch in Christiana.

Der Teufel wird versuchen, durch Auge und Sinn sich einzunisten. Eines Tages wurde eine junge Frau zu mir gebracht, die in einen Prediger verliebt war, der sie aber nicht ehelichte. Der Teufel nutzte die Gelegenheit und brachte sie von Sinnen. In diesem Zustand fuhr man mit ihr ungefähr 400 km, um sie zu mir zu bringen. Kurz zuvor hatte sie sogar die Geistestaufe empfangen. Du magst nun fragen: „Wie, ist da noch Raum für den Teufel vorhanden, wenn man in den Heiligen Geist getauft worden ist?" Unsere einzige Sicherheit ist in der *beständigen* Gemeinschaft mit Gott und im beständigen Erfülltsein mit dem Heiligen Geist. Wir dürfen Demas nicht vergessen. Es ist anzunehmen, daß auch er mit dem Heiligen Geist getauft war, denn er war ein Mitarbeiter von Paulus; aber es gelang dem Teufel, ihn dahin zu bringen, daß er die Welt liebgewann, und er ging hinter sich.

Sofort erkannte ich den bösen Geist in dem Mädchen und gebot im Namen Jesu, sie zu verlassen. Es war eine große Freude, sie den Versammelten gesund vorzustellen.

Es gibt ein Leben in vollkommener Freiheit, und darin will Gott uns haben. Wenn ich bemerke, daß mein Friede irgendwie gestört ist, weiß ich, der Satan ist am Werke. Wie und wodurch weiß ich es? Weil Gott verheißen hat, unsere Herzen und Sinne in vollkommenem Frieden zu bewahren. Paulus sagt uns, wir sollen unsere Leiber Gott zum lebendigen, heiligen und wohlgefälligen Opfer geben, welches unser vernünftiger Gottesdienst sein soll. Weiter: „Und stellet euch nicht dieser Welt gleich, sondern verändert euch durch Erneuerung eures Sinnes, auf daß ihr prüfen möget, was Gottes Wille ist, nämlich das Gute, Wohlgefällige und Vollkommene." Und in Philipper 4: „Weiter, liebe Brüder, was wahrhaftig ist, was ehrbar, was gerecht, was rein, was lieblich, was wohllautet, ist etwa eine Tugend, ist etwa ein Lob, dem denket nach." Wenn wir über das nachsinnen, was rein ist, werden auch wir rein; wenn wir das Heilige erwägen, werden auch wir heilig, und wenn wir uns in unseren Gedanken mit dem Herrn befassen, werden wir wie Er. Was wir anschauen, prägt uns.

Wollen wir die Geister unterscheiden, so müssen wir in Ihm, der heilig ist, bleiben, und Er wird uns eine Offenbarung geben und die satanischen Mächte entschleiern und bloßstellen. In Australien war ich an einem Ort, wo die Familien zerstört waren. Satan hatte sie so irregeführt, daß die Männer ihre Frauen verließen und umgekehrt die Frauen ihre Männer. Sie meinten, eine Art geistliche Gemeinschaft zu pflegen. Das ist Satan. Möge der Herr uns von solchen bösen Erscheinungen erretten. Es gibt keinen besseren Lebensgefährten als den, welchen Gott dir gegeben hat. Ich habe so viele zerbrochene Herzen und Heime gesehen. Wir müssen von Gott eine Offenbarung über diese verführerischen Geister haben, welche uns bezaubern wollen, und zwar durch angebliche Frömmigkeit und Geistlichkeit, um so Gottes Werk in Verruf zu bringen. Solche Dinge haben nichts mit Heiligkeit zu tun. Das Fleisch steckt dahinter, und satanische Kräfte bemächtigen sich desselben. Will der Satan dich in solche Dinge hineinbringen, dann nimm sofort Zuflucht zu Jesus. Er kann dich von solchen satanischen Mächten und Einflüssen befreien.

Durch den Heiligen Geist werden wir die Gabe der Unterscheidung empfangen, so wir danach streben, und wir werden auch die nötigen Offenbarungen erhalten, um die satanischen Kräfte, die zerstören wollen, zu erkennen.

Es werden auch Spiritisten oder Leute der sogenannten christlichen Wissenschaft in unsere Versammlungen kommen. Du mußt imstande sein, solchen Geistern zu begegnen. Sie werden keine Macht in der Versammlung bekunden können, doch du mußt solche Geister erkennen und stellen. Spiele nie mit ihnen — entblöße sie! Gedenke der Warnung des Herrn: „Der Dieb kommt, um zu stehlen, zu zerstören und zu töten."

Ehe Satan seine Geister hineinschleusen kann, muß er eine offene Tür für sie haben. Höre nun, was die Heilige Schrift sagt: „Der Arge wird ihn nicht antasten" (1. Johannes 5, 18).

„Der Herr behüte dich vor allem Übel, er behüte deine Seele" (Psalm 121, 7). Wann und wie bekommt Satan eine offene Tür? Wenn die Heiligen aufhören, nach Heiligkeit, Reinheit, Gerechtigkeit und Wahrheit zu suchen; wenn sie aufhören zu beten, die Bibel zu lesen – dann öffnen sie sich dem Fleische, und dann kommt auch Satan. Oft ist Krankheit die Folge von Ungehorsam. David sagt: „Ehe ich gedemütigt ward, irrte ich." Suche den Herrn, und Er wird in dir jeden Gedanken heiligen, bis du von einem Verlangen durchdrungen bist, nur für Ihn in wahrer Heiligkeit da zu sein, zu welcher Er dich auch geschaffen hat. Oh, diese Heiligkeit! Können wir dahin gelangen? O ja! Jeder Anhauch von Sünde muß verschwinden. Gott kann jeden Gedanken reinigen. Wir vermögen durch Ihn die Sünde zu hassen und die Gerechtigkeit zu lieben. Er nimmt das steinerne Herz aus uns heraus und besprengt uns mit reinem Wasser. Wann tut Er es? Dann, wenn du Ihn suchst, um solche wahre Reinheit zu erhalten.

Die Gabe der Weissagung

In 1. Korinther 12 spricht Paulus von den Verschiedenheiten der Gaben des Geistes durch denselben Geist und erwähnt: „Einem anderen Weissagung." Die Wichtigkeit dieser Gabe ersehen wir aus 1. Korinther 14, wo Paulus schreibt, daß wir nach der Liebe streben und der geistlichen Gaben uns befleißigen sollen, am meisten aber, daß wir weissagen mögen. Dann sehen wir, daß wer weissagt, der redet den Menschen zur Erbauung, zur Ermahnung und zur Tröstung. Daher ist es sehr wichtig, daß sich diese Gabe in der Gemeinde des Herrn kundtut, damit die Heiligen aufgebaut, stark gemacht und mit viel Trost erfüllt werden. Jedoch müssen wir beachten, daß gleich den anderen Gaben auch diese durch die Kraft und Salbung des Heiligen Geistes betätigt wird, damit jeder – der eine Weissagung hört – wisse, sie ist von Gott und dient zur Auferbauung.

Der Heilige Geist teilt durch den gesalbten Propheten die Tiefen Gottes mit. Weissagungen heben empor und geben Licht über die Wahrheit. Sie entspringen nicht dem Nachdenken und der Überlegung, sondern sind weit tiefer. Durch Weissagung verstehen wir, was der Sinn und die Absicht des Herrn ist, und wenn wir diese gesegneten Aussprüche empfangen, wird die Gemeinde in eine geistliche Atmosphäre versetzt. Unsere Herzen und Sinne und auch unsere Leiber werden durch den Ausspruch des Geistes belebt und erquickt. Wir erfahren: Seligkeit, Kraft und Heilung offenbaren sich, und daher sollten wir ernstlich nach dieser Gabe streben.

Obwohl wir wahre Weissagung wertschätzen, dürfen wir nicht vergessen, daß die Heilige Schrift uns ganz unmißverständlich vor Dingen warnt, die falsch sind. In 1. Johannes 4 ist uns gesagt: „Ihr Lieben, glaubet nicht einem jeden Geist, sondern prüfet die Geister, ob sie von Gott sind; denn es sind viele falsche Propheten ausgegangen in die Welt.“ Und Johannes sagt uns klar und deutlich, wie wir den Unterschied zwischen Wahrem und Falschem erkennen können: „Daran sollt ihr den Geist Gottes erkennen: ein jeglicher Geist, der da bekennt, daß Jesus Christus ist im Fleisch gekommen, der ist von Gott; und ein jeglicher Geist, der Jesus nicht bekennt, der ist nicht von Gott. Und das ist der Geist des Widerchrists, von welchem ihr habt gehört, daß er kommen werde, und ist schon jetzt in der Welt.“

Es gibt Stimmen, die sich als Weissagungen ausgeben und auch so klingen, und viele sind in Finsternis und Umnachtung hineingekommen, weil sie solchen Fälschungen ihr Ohr liehen. Wahre Weissagung hat allezeit die Verherrlichung Jesu Christi, Seines Blutes, die Anbetung Gottes, die Ermutigung der Heiligen, den Herrn zu loben und zu preisen, als Inhalt. Falsche Weissagung hat gewöhnlich mit Dingen zu tun, die nicht aufbauend wirken, sondern die Zuhörer aufbauschen und in Irrtum hineinbringen.

Auf vielen Bildern wird Satan als ein abscheuliches Ungeheuer mit großen Ohren, hervorquellenden Augen und riesigen Hörnern dargestellt. Die Bibel kennt nicht solche Darstellung. Satan war einst ein glänzendes Wesen, dessen Herz sich aber erhoben hatte (Hesekiel 28). Und heutzutage zeigt er sich überall als Engel des Lichts. Er ist voll von Hochmut, und wenn du nicht acht auf dich selbst hast, wird er dir sagen, du seist auch etwas Großes. Niemand von uns ist etwas, und wenn wir wissen, wir sind gar nichts, kann uns Gott mehr und mehr als Kanal Seiner Kraft benutzen. Möge der Herr uns vor all dieser Truglist bewahren. Wahre Weissagung wird uns Christus als *alles* in *allem* offenbaren, uns selbst aber als null und nichtig hinstellen. Falsche Weissagung wird unterlassen, Christus zu verherrlichen, aber dich veranlassen zu denken, du werdest eines Tages ein großer Mann sein. Sei schon jetzt überzeugt, daß so etwas vom „Fürsten der Hochmutssöhne" herkommt.

Ich möchte dich auch vor der Torheit warnen, fortwährend irgendwelche Stimmen hören zu wollen. Richte deinen Blick auf das Wort Gottes. Darin haben wir die Stimme Gottes, „der vorzeiten und auf mancherlei Weise geredet hat zu den Vätern durch die Propheten, Er hat in diesen letzten Tagen zu uns geredet durch den Sohn". Jage nicht davon mit irgend anderen Dingen. Solltest du aber wirklich die Stimme Gottes vernehmen, so wird sie mit dem Worte Gottes übereinstimmen. In Offenbarung 22, 18—19 ist uns vor Augen geführt, welcher Gefahr wir uns aussetzen, wenn wir versuchen sollten, der Weissagung des Wortes etwas zuzusetzen oder davonzutun. Echte Weissagung, gebracht in der Kraft und Salbung des Heiligen Geistes, wird nie etwas vom Worte Gottes abtun oder ihm zusetzen, sondern wird es bekräftigen und das in uns beleben, was wir bereits vom Wort empfangen haben. Der Heilige Geist wird uns an alles erinnern, was Jesus getan und gesagt hat. Anhand wahrer Weissagung wird uns Altes und Neues aus der Schrift lebendig und kraftvoll gemacht.

Nun mögen manche einwenden: „Haben wir also die Heilige Schrift, wozu noch Weissagungen?" Die Schrift selbst beantwortet diese Frage. Gott hat gesagt: „In den letzten Tagen werde ich von meinem Geist ausgießen auf alles Fleisch und eure Söhne und Töchter werden weissagen." Der Herr wußte, daß in den letzten Tagen Weissagung uns ein wahrer Segen sein wird, und deswegen rechnen wir mit Ihm und erwarten, daß Er uns durch den Heiligen Geist — mittelst Seiner Diener und Dienerinnen — wahre prophetische Botschaften geben wird.

Laßt mich ein Beispiel der Warnung anführen, gerade hinsichtlich sogenannter Stimmen. In Paisley (Schottland) wurde ich mit zwei jungen Frauen bekannt. Sie waren in der Telegraphie tätig. Ihr Verlangen war aber, Missionarinnen zu sein. Sie hatten bereits die Geistestaufe erhalten und waren in der

Tat liebe Schwestern, die es aufrichtig meinten. Jedoch in welchem geistlichen Zustand wir auch sein mögen, wir sind Versuchungen ausgesetzt. Eine böse Macht kam zu einer von ihnen und sagte: „Wenn ihr mir gehorchen werdet, werde ich euch zu den größten Missionaren machen, die je ausgegangen sind." Natürlich war es kein anderer als der Teufel, der dieses ihr einflüsterte — und zwar verstellt als Engel des Lichts. Diese Schwester war so davon eingenommen und kam in solche Erregung, daß die andere Schwester meinte, es sei mit ihr etwas in Unordnung. Sie ersuchte den Vorsteher um Urlaub.

Als sie unter sich waren, kam die Macht Satans — den Geist Gottes nachahmend — so stark über sie in verschiedenen Stimmen, daß sie meinte, es ginge schon in selbiger Nacht auf das Missionsfeld. Der böse Geist sagte: „Sage niemand etwas davon als nur deiner Schwester." Nun, ich meine, wenn etwas von Gott ist, dann kann man es auch sagen. Wenn du nicht das predigen kannst, was du auslebst, dann stimmt es eben mit deinem Leben nicht. Wenn du etwas geheim halten willst, was du im Dunklen tust, wird es vom Dache ausgerufen werden.

Dann flüsterte die böse Macht in das Herz des Mädchens: „Geht heute nacht zum Bahnhof. Ein Zug wird um 7.32 Uhr einlaufen. Kauft eine Fahrkarte. 60 Pfennig werden euch noch übrigbleiben. Im Abteil werdet ihr eine Krankenschwester antreffen und ihr gegenüber einen Mann sitzen, der all das Geld für euch haben wird." Sie kauften die Fahrkarten, und tatsächlich, es blieben ihnen noch 60 Pfennig. Auch der Zug lief genau um 7.32 Uhr auf dem Bahnhof ein. Das stimmte. Doch das andere erfüllte sich nicht. Sie durchsuchten bei Nacht den ganzen Zug, doch vergeblich, sie fanden weder solche Schwester noch den Mann. Doch der Geist hatte ihr noch weiter eingeredet, der betreffende Mann werde sie zu einer Bank in Glasgow nehmen und ihnen dann das nötige Geld vorzählen.

Wurden diese Schwestern befreit? Gewiß, aber nach einem langen Hader mit Gott. Ihre Augen wurden geöffnet. Sie wurden überführt, daß diese Einflüsterungen vom Teufel und nicht von Gott waren. Heute tun sie einen gesegneten Dienst als Missionarinnen in China, ausgesandt nach Gottes Willen und nicht irregeführt durch irgendwelche Stimmen. Solltest du in ähnlicher Weise einem Irrtum verfallen sein, dann wisse, es gibt einen Weg heraus. Lob und Dank und Preis! Ich danke meinem Gott, daß Er uns so zerbricht, bis jeder Hochmut von uns gewichen ist. Der schlimmste Hochmut ist der, wenn man sich selbst gefällt.

Paulus gibt uns eine Anweisung: „Propheten aber lasset reden zwei oder drei, und die anderen lasset die Rede prüfen. Wenn aber eine Offenbarung geschieht einem andern, der da sitzt, so schweige der erste. Ihr könnet alle weissagen, einer nach dem andern, auf daß sie alle lernen und alle ermahnt werden." Wenn du nicht genügend demütig bist und dich weigerst, deine Weissagung prüfen zu lassen, dann ist sie genauso verkehrt wie du verkehrt bist. Weissagung muß beurteilt werden. Solche Versammlung, wie Paulus sie im Sinne hat, ist die wunderbarste, die man haben kann. Preis sei Gott, die Flut steigt wieder an! – Alles wird vollkommen richtig, wenn die Gemeinde nur ein Ziel hat, und zwar die Verherrlichung Jesu Christi.

Verbunden mit der Weissagung ist die Geistesfrucht Gütigkeit. Heilige Männer haben einst geredet, getrieben vom Heiligen Geist. Auch heute müssen die Propheten in dieser Stellung sich befinden. Wenn sie diese Stellung verlassen, wenn sich die Geistesfrucht bei ihnen nicht kundtut, stehen sie in Gefahr, aufgeblasen, aufgebauscht und ein Werkzeug in der Hand des Feindes zu werden.

Ich kenne Leute, die gute Bauernhöfe besaßen und einen guten Ruf in der ganzen Nachbarschaft hatten. Dann hörten sie irgendwelche Stimmen, die sie anwiesen, alles zu verkaufen und nach Afrika zu gehen. Diese Stimmen drangen derart auf sie ein, daß sie kaum Zeit fanden, alles zu veräußern. Zum Schluß verkauften sie ihr Eigentum zu einem lächerlichen Preis. Dann sagten ihnen die Stimmen, sie sollten zu einem

Hafen fahren. Dort würden sie das und das Schiff vorfinden. Sie fuhren hin, doch von solchem Schiff war nichts zu sehen. Die Schwierigkeit mit diesen Leuten bestand darin, daß sie schwer zu überzeugen waren, daß es falsche Stimmen gibt. Sie suchten ein anderes Schiff. Dann erreichten sie Afrika. Die Sprache verstanden sie nicht. Enttäuscht, verzagt, an nichts mehr glaubend, elend und arm kamen sie zurück. Wenn diese Leute den gesunden Sinn hätten walten lassen, wären zu wahren Männern Gottes gegangen und hätten ihren Rat gesucht, hätten sie gewiß überführt werden können, daß die Stimmen nicht von Gott, sondern vom Teufel waren. Wenn wir solchen Einflüsterungen von Stimmen gehorchen, beweisen wir unseren Hochmut; wir sind geistlich stolz geworden, setzen uns über die Brüder, die Gott uns zur Seite gestellt hat, weg und meinen, wir hätten mehr als sie. Gedenke aber, wenn du irgendwelchen Stimmen Gehör leihst, die dir sagen, du seist mehr als diejenigen, die Gott in die Gemeinde gesetzt hat, sie zu leiten, daß solche Stimmen gewißlich vom Teufel sind.

Wir lesen in der Offenbarung des Johannes: „Das Zeugnis Jesu aber ist der Geist der Weissagung." Sei überzeugt, wahre Weissagung erhebt das Lamm Gottes. Eine prophetische Anregung ist dann von Nutzen, wenn sie Feuer enthält. Ich erwarte nicht, von Gott gebraucht zu werden, es sei denn, das Feuer hat begonnen zu brennen. Wenn ich spreche, muß es durch den Geist bewirkt sein. Beachte, „die Weissagung muß dem Glauben gemäß sein". Wenn du in Schwachheit aufstehst und die Liebe dich drängt, Gott zu ehren, beginne im Aufblick zu Ihm, und du wirst die Gegenwart Gottes wahrnehmen und so im zunehmenden Glauben handeln, daß Gott dir begegnet.

Möge uns der Herr dahin bringen, daß wir so im Heiligen Geist leben, daß Gott wunderwirkend und prophetisch durch uns tätig sein kann, und wir es auch wissen, daß nicht mehr wir es sind, die etwas tun, sondern daß Er durch uns wirkt und durch uns hervorbringt, was Ihm wohlgefällt.

„Strebet nach der Liebe; eifert aber um die geistlichen Gaben, vielmehr aber, daß ihr weissaget. Denn wer in Zungen redet, redet nicht Menschen, sondern Gott, denn niemand versteht es, im Geiste aber redet er Geheimnisse" (1. Korinther 14, 1–2).

Es ist äußerst notwendig, daß wir ein Verlangen nach den geistlichen Gaben haben. Wir müssen nach ihnen dürsten, sie ernstlich suchen, denn sie sind sehr wichtig und nötig, auf daß wir – nachdem wir sie empfangen haben – Werkzeuge Gottes sein können.

Gott hat das Reden in neuen Zungen – welches zu Ihm selbst gerichtet ist – zum wunderbaren und übernatürlichen Mittel der Gemeinschaft und des Verkehrs im Geiste verordnet. Wenn wir in neuen Zungen zu Ihm sprechen, reden wir im Geiste wunderbare Geheimnisse. In Römer 8, 27 lesen wir: „. . . der aber die Herzen erforscht, weiß, was der Sinn des Geistes ist, denn er verwendet sich für Heilige gemäß." Oftmals, wenn wir in neuen Zungen zu Gott reden, tun wir Fürbitte, und so im Geiste betend, beten wir nach dem Willen Gottes. Da kommt es vor, daß sich der Geist mit unaussprechlichen Seufzern verwendet.

Bei dieser Gelegenheit möchte ich Willi Burton anführen, der in Belgisch-Kongo für Gott wirkt . . . Bruder Burton ist ein gesegneter Mann Gottes, der sein Leben für die Heiden in Afrika einsetzt. Eines Tages befiel ihn das „Todesfieber". Er lag völlig hilflos, dem Tode preisgegeben. Die Umherstehenden sagten: „Nun hat er das letzte Mal gepredigt. Was sollen wir tun?" Alle ihre Hoffnungen schienen zu erlöschen. Sie standen an seinem Bett mit zerbrochenen Herzen und wunderten sich, was geschehen würde. Dann ließen sie ihn tot zurück.

Doch da, ganz plötzlich, richtete er sich auf und kam in ihre Mitte, völlig gesund. Wer konnte das verstehen? Bruder Burton konnte nur erklären, daß er wieder zu sich kam, und daß ihn eine wundersame Wärme durchströmte, so daß er aufstehen konnte und ihm nichts fehlte. Wie war er dazu gekommen? Es blieb ihm ein Geheimnis, bis er mal nach London fuhr und der Versammlung dieses wunderbare Erlebnis mitteilte. Da bat ihn eine Schwester um eine Unterredung. Sie fragte: „Führen Sie ein Tagebuch?" Er antwortete: „Ja." Dann erzählte sie ihm: „Eines Tages, als ich zum Gebet niederkniete, stand mir Ihr Bild vor Augen. Der Geist Gottes bemächtigte sich meiner und betete durch mich in neuen Zungen. In einem Gesicht sah ich Sie hilflos auf dem Bette liegen. Ich schrie zu Gott in neuen Zungen, bis ich Sie aufstehen und den Raum verlassen sah." Sie hatte die Zeit, wann es geschehen war, genau vermerkt, und als Bruder Burton in seinem Tagebuch nachsah, stellte er fest, daß es genau mit der Zeit übereinstimmte, in der er auferweckt worden war. – Es eröffnen sich große Segensmöglichkeiten, wenn wir uns dem Geist ganz hingeben und in stillen Stunden in neuen Zungen zu Gott reden. Gott möchte dich so mit Heiligem Geist erfüllt sehen, daß alles um dich mit der wirksamen Kraft vom Himmel geladen wird.

„Wer in Zungen redet, erbaut sich selbst; wer aber weissagt, erbaut die Versammlung." Ich wünschte, du möchtest erkennen, daß der in Zungen Redende sich selbst erbaut oder aufbaut. Wir müssen erst selbst erbaut sein, bevor wir die Versammlung erbauen können. Ich kann nicht genügend ermessen und einschätzen, was ich persönlich der wunderbaren Art und Weise des Wirkens des Heiligen Geistes zu meiner geistlichen Erbauung und Erziehung verdanke. Ich stehe hier vor euch als eins der größten Welträtsel. Niemals stand ein schwächlicherer Mann auf dem Podium. Redebegabung? Keine. Unfähigkeit? – davon bin ich voll wie kein andrer. Alle natürlichen Veranlagungen meines Lebens wiesen nicht darauf hin, daß ich einmal das Evangelium verkündigen würde; genau das

Gegenteil besagten sie. Das Geheimnis besteht darin, daß der Heilige Geist kam und mir diese wunderbare Erbauung im Geist zuteil werden ließ. Anhaltend habe ich, so gut ich konnte, das Wort Gottes gelesen. Dann kam der Heilige Geist und schloß es mir auf. Er ist der Atem des Wortes. Er erleuchtet es mir, Er legt mir die Worte in den Mund, daß ich sie nicht schnell genug aussprechen kann – es kommt so schnell, weil Gott es gibt. Halleluja! „Wenn der Tröster gekommen sein wird, wird Er euch alle Dinge lehren." Er gab mir dieses übernatürliche Mittel, in neuen Zungen zu reden, damit ich mich selbst erbaue. Und bin ich selbst erbaut worden, dann kann ich auch die Gemeinde erbauen.

In 1. Johannes 2, 20 lesen wir: „Und ihr habt die Salbung von dem Heiligen und wisset alles." Weiter (in Vers 27) heißt es: „Und die Salbung, die ihr von ihm empfangen habt, bleibt in euch, und ihr bedürfet nicht, daß euch jemand belehre, sondern wie dieselbe Salbung euch über alles belehrt und wahr und keine Lüge ist, und wie sie euch belehrt hat, so werdet ihr in ihm bleiben." Wenn du im Heiligen Geist getauft bist und es kommt, daß du auf Grund deiner Gefühle sagst: Ich bin so leer und weiß nicht, was das ist, so besteht doch das Wort, daß du die Salbung hast. Danke Gott, daß Er dich gesalbt hat. Der Heilige Geist sagt an dieser Stelle, daß Er in dir bleibt und dich alle Dinge lehrt. Das ist eine wunderbare und zuverlässige Stellung für dich. Der Heilige Geist will, daß du deinen Glauben anfachst. Du sollst dem Worte Gottes glauben, daß du die Salbung empfangen hast und daß sie in dir bleibt. Wenn du des Morgens aufstehst, glaube diese wunderbare Wahrheit, und wenn du dich der Gegenwart und Kraft des Heiligen Geistes hingibst, wirst du dich in neuen Zungen redend erblicken. Indem du das tust, wirst du gleichzeitig wahrnehmen, daß du persönlich dadurch erbaut worden bist. Alles Gerede um und über dich laß Lüge sein, doch dieses Wort von Gott möge Wahrheit bleiben. Der Teufel wird sagen: „Du bist der elendste Mensch und wirst nie etwas für Gott tun." Du aber glaube das Wort: „Die Salbung, die ihr von ihm empfangen habt, bleibt in euch."

„Ich wollte aber, daß ihr alle in Zungen redet, vielmehr aber, daß ihr weissagtet. Wer aber weissagt, ist größer, als der in Zungen redet, es sei denn, daß er es auslege, auf daß die Versammlung Erbauung empfange" (1. Korinther 14, 5). Wisse, Gott will dich allezeit in der Stellung, zu weissagen, sehen, weil jeder, der den Heiligen Geist empfangen hat, ein Recht hat, zu weissagen. Im 31. Vers steht geschrieben: „Ihr könnt einer nach dem andern alle weissagen." Weissagen ist dem Zungenreden weit voraus, es sei denn, du hast zu der Zungenrede auch die Auslegung – dann ist Zungenreden von gleicher Bedeutung wie Weissagung. In Vers 13 lesen wir: „Darum, wer in Zungen redet, bete, auf daß er es auslege." Das ist ein wichtiges Wort.

Nachdem ich die Geistestaufe empfangen und zum Zeichen des Empfanges in neuen Zungen geredet hatte, wie mir der Geist auszusprechen gab, sprach ich neun Monate lang nicht wieder in Zungen. Darüber war ich sehr bestürzt, zumal ich umherging und hier und dort den Gläubigen die Hände zum Geistesempfang auflegte. Sie zwar redeten in Zungen – aber mir blieb die Freude, selbst in Zungen zu reden, versagt. Gott wollte mir damit zeigen, daß das Zungenreden – wie der Geist mir auszusprechen gab bei meiner Geistestaufe – unterschiedlich war von der Gabe der Zungen, die ich hernach empfing. Wenn ich den Gläubigen die Hände auflegte und sie den Heiligen Geist empfingen, pflegte ich zu denken: O, Herr Jesus, es wäre schön, wenn Du mich auch in Zungen sprechen ließest! Er vorenthielt mir noch diese Gabe, weil Er wußte, ich würde vielen begegnen, welche sagen, daß die Geistestaufe ohne das Merkzeichen der Zungen empfangen werden kann, und weil manche die Gabe der Zungen einfach bei ihrer Geistestaufe miterhalten. Ich persönlich erhielt die Gabe der Zungen nicht bei meiner Geistestaufe, obwohl ich lange dabei in Zungen geredet habe, sondern neun Monate später. Als ich eines Morgens auf der Straße ging und in meinem Herzen zum Herrn redete, kam plötzlich eine Fülle von neuen Zungen. Nachdem die Zungen vorüber waren, sagte ich zum Herrn: „Nun, Herr, ich habe das nicht gemacht, ich habe es nicht gesucht. Du hast es getan. Ich werde jetzt nicht vom Fleck gehen, bis Du mir auch die Auslegung schenkst." Dann kam eine Auslegung, die erfüllt worden ist in der ganzen Welt. Ist der Heilige Geist der Redende? Wenn ja, dann kann Er es auch auslegen. Darum, wer in Zungen redet, bete, daß er es auslege, und der Herr wird es geben. Wir dürfen nicht darüber hinweggehen, ohne ein klares Verständnis erlangt zu haben von dem, was uns Gott zu sagen hat.

„Wie soll es nun sein? Ich will beten mit dem Geist, aber ich will auch beten mit dem Verstand; ich will lobsingen mit dem Geiste, aber ich will auch lobsingen mit dem Verstand" (Vers 15). Wenn du in Zungen betest, weißt du nicht, was du betest, du verstehst es nicht. Außerdem ist es nicht fruchtbar für deine Umgebung. Du kannst aber dieselbe Kraft verspüren, wenn du unter Salbung mit dem Verstande betest. Manche sagen: „Ich könnte das tun, aber es würde mein Eigenes sein." Wenn du betest, bist du es selbst, der betet, und zu Beginn ist alles, was du tust, von dir selbst. Ich knie nieder zu beten, und die ersten zwei Sätze mögen von mir selbst sein. Doch sobald „Ich" aufgehört habe, beginnt der Geist durch mich zu beten. Das erste mag von dir selbst sein. Es ist gestattet. Das nächste wird der Heilige Geist sein, und der Heilige Geist wird dich durchdringen. Preis dem Herrn! Der Unglaube wird sagen: „Das ist nicht richtig." Der Glaube aber spricht: „Es ist richtig." Halleluja! Paulus sagt: „Ich will beten mit dem Geist, aber ich will auch beten mit dem Verstand", und er tut es im Glauben. Der Teufel und dein eigenes Ich ist dagegen. Möge Gott uns in die gesegnete Stellung bringen, wo wir im Geiste leben, wandeln, beten und singen und gleichfalls mit dem Verstande beten und singen. Der Glaube wird es tun. Der Glaube hat ein taubes Ohr für den Teufel und das menschliche Wirken, aber ein offenes Ohr für Gott. Der Glaube achtet nicht auf Gefühle. Der Glaube sagt: „Ich bin vollkommen in Ihm."

Es ist eine wunderbare Sache, im Geiste zu beten und im Geiste zu singen, in Zungen zu beten und zu singen, wie der Geist gibt auszusprechen. Morgens verlasse ich niemals mein Bett, ohne vorher im Geiste mit Gott Gemeinschaft gehabt zu haben. Das ist das Schönste, was es auf Erden gibt. Es ist lieblich, im Geiste zu sein, während du dich ankleidest und dann hinaustrittst in die Welt. Sei gewiß, die arge Welt wird dann keinen Reiz mehr für dich haben. Wenn du in dieser Weise den Tag beginnst, wirst du dir der Leitung des Geistes während des ganzen Tages bewußt sein.

„Ich danke Gott, ich rede mehr in Zungen als ihr alle. Aber in der Versammlung will ich lieber fünf Worte reden mit meinem Verstand, auf daß ich auch andre unterweise, als zehntausend in Zungen" (Vers 18–19). Viele Leute kommen und sagen, Paulus hätte geschrieben, er wolle lieber fünf Worte mit dem Verstand sagen als zehntausend Worte in Zungen. Sie lassen immer den einen Teil des Satzes aus: „Ich danke Gott, ich rede mehr in Zungen als ihr alle." Paulus weist hier das übermäßige öffentliche Reden in Zungen ohne Auslegung in Schranken, das nicht zur Erbauung der Versammlung dient. Wenn kein Ausleger anwesend sei, sollten sie einfach für sich selbst und Gott reden. Angenommen, jemand würde predigen, und 20 oder 30 Leute würden laut in Zungen beten – gäbe das nicht eine ernst zu nehmende Verwirrung? Die Besucher möchten lieber fünf Worte der Stärkung, Tröstung und Erbauung, als zehntausend Worte in unverständlichen Zungen.

Wenn du eine Geistesberührung empfängst, bist du noch lange nicht verpflichtet, sofort in Zungen auszubrechen. Der Herr will dir einen gesunden Sinn geben, damit du auch deinen Leib beherrschst und so zur Erbauung der Versammlung beiträgst. Paulus schreibt, er rede mehr in Zungen als alle, also auch mehr als die Korinther, die dem Zungenreden so ergeben waren; Tag und Nacht wird er in Zungen geredet haben, aber immer zur rechten Zeit. Er selbst war durch dieses wunderbare, übernatürliche Mittel so aufgebaut worden, daß er in der Gemeinde in einer Weise predigen konnte, die alle verstanden. Hast du in deinem Kämmerlein zehntausend Worte zu Gott in Zungen geredet, dann werden fünf Worte mit dem Verstand Geist und Leben sein, und die ganze Gemeinde wird davon erbaut sein.

Es steht im Gesetz geschrieben: „Ich will in andern Zungen und durch andre Lippen zu diesem Volke reden, und auch also werden sie mich nicht hören, spricht der Herr. Daher sind die Zungen zu einem Zeichen nicht den Glaubenden, sondern den Ungläubigen" (Vers 21—22). Es gibt viele, die sich gläubig nennen, aber äußerst ungläubig sind. Einer von diesen ungläubigen „Gläubigen" war ein Methodistenprediger. Ein Mann riet ihm, seinen Urlaub in meiner Stadt zu verbringen und gab ihm auch meine Adresse. Am Ort angekommen, begann er die Leute über mich auszufragen. Man warnte ihn, ich sei von den „Pfingstlern", er solle sehr vorsichtig sein, damit er nicht hereinfalle, da alles vom Teufel sei. Er erwiderte: „Man wird mich nicht gefangennehmen können, ich weiß zuviel."

Er war, wie man so sagt, mit seinen Nerven ganz heruntergekommen und benötigte Ruhe und Ausspannung. Als er kam, sagte er: „Ihr Freund hat mich zu Ihnen geschickt. Ist es Ihnen recht?" Ich entgegnete: „Sie sind mir herzlichst willkommen." Aber wir konnten mit dem Mann nichts anfangen. Sein Verhalten war unmöglich. Er redete und redete ohne Aufhören. Ob es zu Mittag war oder beim Abendessen, er stoppte nicht. Da kam unsere Freitagsversammlung, die für Wartende auf die Geistestaufe bestimmt war. Der Raum begann sich mit Menschen zu füllen — und er redete immer noch. Niemand konnte ihn beschwichtigen. „Bruder", sagte ich zu ihm, „nun mußt du aufhören, wir wollen beten." Gewöhnlich sangen wir vor dem Beten. Diesmal war es anders. Es war Gottes Weg. Wir begannen gleich mit Gebet. Sobald wir anfingen, brachen zwei junge Schwestern, eine auf dieser, die andere auf der anderen Seite, in Zungen aus. Und dieser Prediger – es war alles fremd für ihn – ging von der einen zur anderen, zu hören, was sie redeten. Nach kurzer Zeit fragte er: „Kann ich auf mein Zimmer gehen?" Ich sage: „Geh Bruder, so du es wünschest." Er ging dann weg, und wir hatten eine wunderbare Stunde.

Gegen elf Uhr gingen wir zu Bett. Um halb vier Uhr morgens klopfte es an der Schlafzimmertür. „Kann ich hereinkommen?" tönte es ziemlich laut. Es war die Stimme dieses Predigers. „Ja, komm herein!" gab ich zur Antwort. Er öffnete die Tür und sagte: „Er kam, Er kam" – hielt sich den Mund zu, weil er plötzlich schwer in Englisch sprechen konnte. Ich sagte: „Geh wieder zu Bett und erzähle uns morgen, was du erlebt hast." Zungen sind ein Zeichen für die Ungläubigen – und dieser Mann war ein Ungläubiger, eigentlich ein ungläubiger „Gläubiger". Immer wieder mußte ich sehen, wie Menschen durch das Reden in Zungen von ihren Sünden überführt wurden.

Am nächsten Morgen kam er zum Frühstück und sagte: „Oh, war das nicht eine wunderbare Nacht? Ich verstehe Griechisch und Hebräisch, und jene beiden jungen Schwestern redeten in diesen Sprachen. Eine sagte in Griechisch: ‚Komm in Ordnung mit Gott!', und die andere wiederholte dasselbe in Hebräisch. Ich wußte, Gott sprach, und nicht die beiden Frauen. Zuerst mußte ich Buße tun. Als Ungläubiger war ich hineingekommen, doch ich fand, Gott war gegenwärtig. In der Nacht legte mich Gott auf den Fußboden. Er erwies an mir Seine Allmacht und zeigte mir meine Ohnmacht. Zwei Stunden lag ich ganz hilflos. Dann brach der Herr durch ..." Hier angekommen, begann er aufs neue, in Zungen zu reden – gerade am Frühstückstisch.

Gott will Zeugen haben, die in Seiner mächtigen Kraft dastehen, denen niemand zu widersprechen vermag. Du wirst erfahren, daß der Heilige Geist durch dich in Zungen und Auslegung reden wird, so daß die Sünder auch bei Straßenversammlungen bestürzt werden, und du wirst einsehen müssen, wie Gott auch auf diese Weise Sünder überführt.

Ich will es versuchen, dir den besten Weg zu zeigen, wie du die Gabe empfangen kannst. Komm mit mir zum 2. Kapitel des Buches der Könige, und ich werde dir einen Mann zeigen, der eine Gabe empfängt. Elia wurde in mächtiger Weise von Gott gebraucht. Auf sein Gebet fiel Feuer vom Himmel, auf sein Flehen kam der lang ersehnte Regen, und noch viele andere Wunder geschahen. Elisa, sein Schüler, sah diese gewaltigen Offenbarungen Gottes. Da begehrte er in aufrichtiger Weise, seines Meisters Gaben zu besitzen. Du kannst begehrlich nach den Gaben des Geistes ausschauen. Gott gestattet es dir. Als Elia zu ihm sagte: „Bleibe doch hier", entgegnete er: „So wahr der Herr lebt und deine Seele, ich verlasse dich nicht!" Nichts konnte ihn aufhalten. Als ihn Elia in Jericho wieder zum Zurückbleiben nötigte, sagte er entschieden: „Ich will nicht bleiben!" Wer stehen bleibt, empfängt nichts. Oh, bleib nicht stehen in Jericho; bleib nicht stehen am Jordan; bleib nirgendwo stehen, wenn Gott will, du sollst hineindringen in Seine ganze Fülle, die Er für dich bereit hält.

Als sie an den Jordan kamen, nahm Elia seinen Mantel und schlug damit die Wasser. Daraufhin teilten sie sich, und beide gingen auf trockenem Grund hinüber. Dann wendet sich Elia an seinen Nachfolger und sagt: „Begehre, was ich dir tun soll! Was möchtest du?" Und — Elisa wollte, was er haben sollte. Halleluja, wie wunderbar! Begehre auch du alles, was Gott sagt, daß du es haben sollst. Elisa sagte: „So möge mir doch ein zwiefaches Teil von deinem Geiste werden." Das war der Knabe, der hinter dem Pflug einherging, der die Hände und Füße seines Meisters gewaschen hatte, dessen Geist sich aber so hoch emporschwang, daß er sich in seinem Herzen vornahm, zu Gottes Ehre an die Stelle eines Elia zu treten, wenn dieser den Kampfschauplatz verlassen würde.

Elia erwiderte: „Du hast Schweres begehrt! Wenn du mich sehen wirst, wann ich von dir genommen werde, so soll dir also geschehen." Möge dir Gott helfen, niemals stehen zu bleiben, bis du erhältst, was du begehrt hast. Laß dein Streben groß sein und laß deinen Glauben sich emporschwingen, bis du voll feurigen Begehrens bist nach dem Besten, was Gott für dich hat.

Vorwärts und miteinander gehen beide. Elisa hatte sich vorgenommen, seine Augen nicht von seinem Meister abzuwenden bis zuletzt. Es bedurfte eines Wagens von Feuer und feuriger Rosse, um sie voneinander zu scheiden. Und Elia fuhr im Sturmwind auf gen Himmel. Ich kann mir vorstellen, wie Elisa schrie: „Vater Elia, laß den Mantel fallen!" Und der Mantel kam hernieder. Oh, ich kann ihn fallen sehen, tiefer, tiefer und tiefer. Elisa nahm seine Kleider und zerriß sie in Stücke. Dann hob er den Mantel des Propheten auf. Ich glaube nicht, daß er sich im Mantel Elias anders fühlte. Aber als er zum Jordan kam, nahm er Elias Mantel, schlug auf das Wasser und sprach: „Wo ist Jehova, der Gott des Elia?" Und die Wasser teilten sich, und er ging auf trockenem Grund hinüber. Die Söhne der Propheten sprachen: „Der Geist des Elia ruht auf Elisa."

So empfängt man eine Gabe. Du weißt nicht, daß du sie hast, bis du im Glauben handelst. Brüder und Schwestern, die ihr um Gaben bittet, *glaubet!*

In den Tagen, als die Jüngerzahl sich vermehrte, entstand eine Lage, welche die Zwölfe veranlaßte, eine bestimmte Entscheidung zu treffen, nämlich: Sich selbst nicht mit dem Bedienen der Tische zu beschäftigen, sondern sich selbst dem Gebet und dem Dienst am Wort zu widmen. Wie wichtig ist es doch für alle Diener Gottes, anhaltend im Gebet zu sein und anhaltend vom Wort der Wahrheit zu essen. Ich biete oft irgendeinem eine Belohnung an, für den Fall, daß man mich ohne meine Bibel oder mein Neues Testament antreffen würde.

Niemand kann stark sein in Gott, wenn er nicht beständig und fleißig darauf hört, was ihm Gott durch Sein Wort zu sagen hat. Wenn du nicht teil hast an Seinem eingehauchten, inspirierten Wort, kennst du die Kraft und Natur Gottes nicht. Lies es am Morgen und am Abend und bei jeder Gelegenheit, die sich dir bietet. *Anstatt dich nach dem Essen nutzlosen Tischgesprächen hinzugeben, lies ein Kapitel des Wortes und verbringe eine Zeitlang im Gebet.* Ich bemühe mich, dies allezeit durchzuführen, ungeachtet wo, bei wem oder mit wem ich zu tun habe.

Der Psalmist sagt, er habe Gottes Wort in seinem Herzen verwahrt, auf daß er nicht gegen Gott sündige. Alsbald wirst auch du feststellen müssen, daß, je mehr du von Gottes Wort in deinem Herzen verwahrt hast, desto leichter ist es, ein heiliges Leben zu führen. Gleichzeitig bezeugt er, wie ihn Gottes Wort belebt habe. Wenn du Gottes Wort in dich, in dein Wesen aufnimmst, wird dein ganzes Wesen, dein ganzes Sein belebt und du wirst erstarken. Empfange das Wort mit Sanftmut und Demut, so wird lebendiger Glaube hervorbrechen.

Die Zwölfe sagten den übrigen, sie möchten für die Tischbedienung nach sieben Männern Ausschau halten. Es sollten

Männer sein, die einen guten Ruf hatten, die mit Heiligem Geist und Weisheit erfüllt waren. Die nun erwählt wurden, waren sonst gewöhnliche Männer, aber sie waren erfüllt mit dem Heiligen Geist, und dieses Erfülltsein stellte sie über den Durchschnitt. *Nicht hohe Bildung und Gelehrsamkeit sind notwendig, um einen Dienst in der Gemeinde Gottes auszuüben, sondern ein heiliges, geweihtes Leben.* Aus einem Manne mit solch einem hingegebenen Leben kann Gott eine Feuerflamme machen. Sei bloß getauft mit Geist und Feuer!

Die Menge erwählte sieben Männer zur Tischbedienung. Zweifellos waren sie in der ihnen bestimmten Aufgabe treu, aber wir sehen, daß Gott bald darauf für zwei von ihnen eine bessere Wahl hatte. Philippus war so voll des Heiligen Geistes, daß er eine Erweckung haben konnte, wo immer Gott ihn hinstellte. Menschen erwählten ihn zum Dienste am Tische, aber Gott erwählte ihn, Seelen zu gewinnen. Oh, wenn ich dich nur bewegen könnte, selbst einzusehen, daß, wenn du in der Erfüllung der niedrigsten Dienste treu bist, Gott dich mit Seinem Heiligen Geist erfüllen kann, um für Sich ein auserwähltes Gefäß aus dir zu machen und dich in eine Stellung mächtigen Dienstes zu bringen, damit Seelen gerettet und Kranke geheilt werden. *Nichts ist unmöglich für einen Mann, der mit dem Heiligen Geist erfüllt ist.* Es geht über unser Fassungsvermögen. Wenn du angefüllt bist mit der Kraft des Heiligen Geistes, wird Gott wunderbar wirken, wo immer du gehst.

Du kannst dir keine Vorstellung machen, was Gott durch dich tun kann, wenn du mit dem Heiligen Geist erfüllt bist. Dann kannst du jeden Tag und jede Stunde die göttliche Geistesleitung haben. Mit dem Heiligen Geist erfüllt zu sein, bedeutet viel in jeder Hinsicht. Ich habe einige gesehen, welche jahrelang an schweren Krankheiten gelitten haben, aber als sie mit dem Heiligen Geist erfüllt wurden, war alle Krankheit verschwunden. Der Heilige Geist konnte ihnen das Leben Jesu verklären — und so wurden sie von jeder Schwachheit und Krankheit völlig befreit.

Schau auf Stephanus! Er war nur ein gewöhnlicher Mann, erwählt zur Tischbedienung. Aber der Heilige Geist war in ihm, und so war er voll Glaubens und voll Kraft und tat große Zeichen und Wunder unter dem Volk. Es konnte keiner der Weisheit und dem Geiste widerstehen, durch welche er redete. O wie wichtig ist es, daß jeder mit dem Heiligen Geist erfüllt ist!

Es ist Gottes Wille, daß du mit Ihm erfüllt sein sollst. Die Kraft des Geistes erfüllt dich mit Gott. Einem geisterfüllten Menschen wird Gott nichts vorenthalten.

Präge dir ein, nicht Heilung stelle ich dir dar, sondern den lebendigen Christus! Es ist eine glorreiche Tatsache, daß der Sohn Gottes in diese Welt kam, um den Gefangenen die Freiheit zu bringen.

Warum ist es so, daß von dem Augenblick an, wo du mit dem Heiligen Geist erfüllt bist, sich Verfolgung erhebt? Mit dem Herrn Jesus war es genauso. Wir lesen von keiner Verfolgung, bevor der Heilige Geist auf Ihn kam in Gestalt einer Taube. Kurz nachher lesen wir, daß man Ihn, nachdem Er in Seiner Heimatstadt gepredigt hatte, den Hügel hinabstürzen wollte, auf dem die Stadt gebaut war. Dasselbe war mit den zwölf Jüngern. Sie hatten keine Verfolgung vor dem Pfingsttage, aber nachdem sie mit dem Heiligen Geist erfüllt waren, kamen sie bald ins Gefängnis. *Der Teufel und die Priester von toten Religionen werden sich immer aufregen, wenn ein geisterfüllter Mann Dinge in der Kraft des Heiligen Geistes vollbringt.* Verfolgung ist die größte Segnung für eine Gemeinde. Wenn wir Verfolgung haben, werden wir auch Reinheit haben. Wenn du begehrst, mit dem Heiligen Geist erfüllt zu werden, kannst du sicher mit Verfolgung rechnen. Der Herr kam, um Entzweiung zu bringen, und in deinem eigenen Haushalt magst du vielleicht drei gegen zwei finden.

Der Herr kam, um Frieden zu bringen, sagt gleichfalls das Wort. Doch sofern du Frieden innen im Herzen erhalten hast, wirst du von außen Verfolgung haben. Wenn du in deinem

Lauf stehen bleibst, werden dich der Teufel und seine Agenten wenig stören. Aber wenn du hineindringst und den ganzen Weg mit Gott gehst, wird dich der Teufel als eine Zielscheibe benutzen. Gott aber wird dich inmitten der ganzen Sache, inmitten aller Gefahren und Auflauerungen, schützen.

In einer Versammlung, die ich hielt, wirkte der Herr, und viele wurden geheilt. Ein Mann sah, was vor sich ging, und bemerkte: „Ich hätte Lust, dieses zu versuchen." Er kam nach vorn, um über sich beten zu lassen und sagte mir, sein Körper sei gebrochen. Ich legte ihm im Namen des Herrn die Hände auf und sagte: „Nun glaube Gott." Am nächsten Abend erschien er wieder. Wie ein Löwe stand er da und sagte: „Ich möchte euch sagen, dieser Mann täuscht euch. Gestern legte er seine Hände auf mich zwecks Heilung meines gebrochenen Körpers — aber es ist mit mir nicht ein bißchen besser." Ich unterbrach ihn und sagte: „Sie sind geheilt. Ihre Schwierigkeit liegt darin, daß Sie es nicht glauben wollen."

In der dritten Versammlung, als zum Zeugen aufgefordert wurde, stand er auf und sagte: „Ich bin Maurer von Beruf. Heute arbeitete ich mit einem Arbeiter, der an eine Stelle einen großen Stein zu setzen hatte. Ich half ihm dabei und fühlte keinerlei Schmerzen. Da sagte ich zu mir selbst: Wie habe ich das gemacht? Ich suchte einen Ort, wo ich mich ausziehen konnte, und stellte mit Erstaunen fest, daß ich geheilt war."

Mit diesem Zeugnis nahm er seine Anschuldigung zurück. Oh, gepriesen sei Gott! Sein Wort ist wahr. Die verheißenen Zeichen werden folgen denen, die glauben: „Auf die Kranken werden sie die Hände legen, so wird es besser mit ihnen werden." Und alles durch die Kraft, die im Namen Jesu Christi ist. Der Heilige Geist ist es, der gekommen ist, um das Wort Gottes zu offenbaren und es für uns zu Geist und Leben zu machen.

Ihr, die ihr die Geistestaufe sucht, betretet ein Gebiet, wo ihr Verfolgung haben werdet. Eure besten Freunde oder solche, die ihr als eure besten Freunde achtet, werden euch verlassen.

Kein guter Freund wird dich jemals verlassen. Und doch ist es wert, diesen Weg zu gehen. Du betrittst ein Reich der Erleuchtung und Offenbarung durch die Kraft des Heiligen Geistes. Er offenbart uns die Kostbarkeit und die Kraft des Blutes Jesu. Durch die Offenbarung des Geistes finde ich, daß in mir nichts ist, was das Blut nicht reinigen kann. Ich finde, Gott heiligt mich durch das Blut und offenbart mir durch Seinen Geist die Wirksamkeit Seiner Arbeit.

Stephanus war nur ein gewöhnlicher Mann, aber mit Göttlichem bekleidet. Er war voll Glaubens und Kraft, und große Wunder und Zeichen wurden durch ihn gewirkt. – O dieses Leben im Heiligen Geist!

O dieses Leben tiefer, innerer Offenbarung, der Umwandlung von einer Klarheit zur anderen, dieses Leben des Wachsens in Gnade und Zunehmens in aller Erkenntnis und in der Kraft des Geistes, wo das Leben und die Gesinnung Christi in uns erneuert wird und man beständige Offenbarungen von der Macht Seiner Kraft empfängt! Nur dieses Leben wird uns befähigen zu stehen.

In diesem Leben bringt dich der Herr in alle nur möglichen Lagen, um dann Seine Kraft zu offenbaren. Ich hatte in New York gepredigt und fuhr eines Tages mit der „Lusitania" nach England. Sobald ich an Bord kam, ging ich in meine Kabine. Dort waren zwei Männer. Einer sagte zu mir: „Wollen Sie mir Gesellschaft leisten?" Dann zog er eine Flasche heraus, goß ein Glas Schnaps ein und, nachdem er es ausgetrunken hatte, füllte er es für mich. „Ich werde dieses Zeug niemals anrühren", sagte ich. „Wie können Sie ohne Schnaps leben?" fragte er. „Monatelang bin ich unter dem Einfluß des Schnapses. Man sagte mir, ich sei innen ganz eingeschrumpft, und ich weiß, daß ich bald sterben muß. Ich möchte befreit werden – aber ich muß mit Trinken anhalten. Oh, könnte ich nur befreit werden! Mein Vater starb in England und hat mir sein Vermögen hinterlassen, doch was nützt es mir?"

Ich sagte zu ihm: „Sage, du willst befreit werden." Doch er

schwieg und brachte kein Wort über die Lippen. Nun gebot ich ihm, stillzustehen. Dann legte ich die Hände auf sein Haupt und verfluchte den Dämon der Trunksucht, der ihm das Leben nahm. Jetzt schrie er: „Ich bin frei! Ich weiß, ich bin frei!" Er nahm zwei Flaschen Schnaps und warf sie über Bord. Gott rettete, ernüchterte und heilte ihn. Während der ganzen Heimfahrt predigte ich. Er saß neben mir hinter dem Tisch. Bis dahin konnte er nicht essen. Nun nahm er an jeder Mahlzeit teil. *Um fröhlich sein zu können, brauchst du nur eine Berührung von Jesus.* Die Kraft Gottes ist heute noch dieselbe. Für mich ist Er lieblich. Für mich bedeutet Er die rettende Gesundheit. Für mich ist Er die Lilie vom Tale. O dieser gesegnete Nazarener, dieser König der Könige! Halleluja! Willst du Ihm deinen Willen überlassen? Willst du dich Ihm ganz hingeben? — Wenn du es tun wirst, dann wird alle Seine Kraft zu deiner Verfügung stehen.

Sie waren nicht imstande, der Weisheit und dem Geist zu widerstehen, durch welche Stephanus redete, und voller Wut darüber brachten sie ihn vor die Ratsversammlung. Gott füllte sein Gesicht mit einem Strahl himmlischen Lichtes. Was es auch kosten mag, es ist wert, mit dem Heiligen Geist erfüllt zu sein. Lies in Apostelgeschichte 7 die mächtigen Aussprüche dieses heiligen Mannes. Ohne Furcht sagt er zu ihnen: „Ihr Halsstarrigen und Unbeschnittenen an Herzen und Ohren, ihr widerstrebt allezeit dem Heiligen Geist." Als sie aber dies hörten, wurden ihre Herzen durchbohrt.

Es gibt zwei Wege der Durchbohrung des Herzens. Hier knirschen sie mit den Zähnen, stoßen ihn zur Stadt hinaus und steinigen ihn. Aber am Pfingsttage, als ihnen das Wort durchs Herz drang, riefen sie aus: „Was sollen wir tun?" Sie taten entgegengesetzt. Wenn der Teufel seinen Weg haben kann, wird er dich veranlassen, Mord zu begehen. Wenn Jesus Christus Zugang zu dir findet, wirst du Buße tun.

Stephanus, voll Heiligen Geistes, schaute unverwandt gen Himmel und sah die Herrlichkeit Gottes und den Sohn des

Menschen zur Rechten Gottes stehen. O so voll des Heiligen Geistes zu sein! Eines Tages, als ich etwa 120 Kilometer ritt und in den Himmel schaute, hatte ich die ganze Zeit eine offene Vision von Jesus. Man benötigt den Heiligen Geist, um so etwas zu erleben.

Stephanus rief mit lauter Stimme: „Herr, rechne ihnen diese Sünde nicht zu!" Da er voll Heiligen Geistes war, war er auch voller Liebe und bekundete dasselbe Mitleid wie Jesus auf Golgatha. Mit dem Heiligen Geist erfüllt zu sein, bedeutet viel in jeder Hinsicht. Es bedeutet beständige Füllung, Belebung und ein fortwährendes, neues Leben. Das ist lieblich. Wir haben ein wunderbares Evangelium und einen großen Heiland. Wenn du nichts willst, als mit dem Heiligen Geist erfüllt zu werden, dann wirst du in dir eine beständige Quelle haben. So dein Glaube ganz auf Jesus ausgerichtet ist, werden von dir Ströme lebendigen Wassers fließen.

Die Kraft des Namens Jesu
Apostelgeschichte 3, 1–6

Alle Dinge sind möglich durch den Namen Jesus. Gott hat Ihn hoch erhöht und Ihm einen Namen gegeben, der höher ist als jeder andere Name. Im Namen Jesu ist Kraft, alles zu überwinden, was in der Welt ist. Es ist auch kein anderer Name unter dem Himmel den Menschen gegeben, in dem wir das Heil erlangen können.

Ich möchte euch etwas von der Kraft, vom Wert und der Herrlichkeit dieses Namens einflößen. Sechs Leute gingen in ein Haus, um für einen Kranken zu beten. Es war ein landeskirchlicher Pfarrer. Er lag ganz hilflos im Bett. In einem Blättchen las er von Leuten, die für die Kranken beten, und so sandte er nach diesen Männern in der Hoffnung, sie würden ein Glaubensgebet sprechen. Man salbte ihn nun nach Jakobus 5, 14 mit Öl. Doch weil eine augenblickliche Heilung nicht eintrat, fing er an zu weinen. Die sechs Leute verließen das Zimmer, nicht wenig niedergeschlagen darüber, daß sich der Zustand des Kranken nicht verändert hatte.

Als sie draußen waren, sagte einer von ihnen: „Da ist etwas, was wir tun müßten. Kommt mit mir zurück, und wir wollen es versuchen." Sie kehrten um und stellten sich am Bett auf. Der Bruder sagte: „Laßt uns den Namen Jesus flüstern." Zuerst schien nichts zu geschehen, als sie diesen teuren Namen leise aussprachen. Doch als sie anhielten zu flüstern: „Jesus, Jesus", begann die Kraft zu fallen. Wie sie nun sahen, daß Gott anfing zu wirken, wurde ihr Glaube stärker; die Freude vermehrte sich, und sie sprachen immer lauter den Namen Jesus aus. Währenddessen stand der Mann von seinem Bett auf und kleidete sich selbst an. Das Geheimnis bestand darin, daß die sechs Männer nun ihren Blick vom Kranken hinweg auf Jesus gerichtet hatten. Auf diese Weise wurden sie teilhaftig der Kraft, welche im Namen des Herrn Jesus ist. O wenn die Menschen nur die Kraft des Namens Jesu recht ermessen würden, wer weiß, was nicht alles geschehen würde!

Ich weiß, durch Seinen Namen und durch die Kraft Seines Namens haben wir Zutritt zu Gott. Das Angesicht Jesu erfüllt uns mit Herrlichkeit. In der ganzen Welt verherrlichen Menschen diesen Namen; und welche Herrlichkeit für mich, daß ich ihn aussprechen kann.

Eines Tages ging ich auf einen Berg, um zu beten. Es war ein herrlicher Tag. Ich verbrachte ihn in der Gegenwart Gottes. Seine wunderbare Kraft erfüllte und sättigte mich. Da wurde ich an etwas erinnert. Es war zwei Jahre vorher, daß zwei Jünglinge aus Wales zu uns kamen, einfache Burschen, aber voller Eifer für Gott. Sie kamen zu unserer Mission und sahen etliche Taten durch Gottes Kraft geschehen. Nun sagten sie zu mir: „Wir würden gar nicht so erstaunt sein, wenn der Herr Sie zu uns bringen würde, um unseren Lazarus aufzurichten." Dann erklärten sie mir, daß ihr Versammlungsleiter ein Mann sei, der tagsüber in der Zinngrube gearbeitet und in den Nächten gepredigt hätte, und das Endergebnis sei, daß er vor Überlastung zusammengebrochen und der Schwindsucht anheimgefallen wäre. Vier Jahre läge er nun als hilfloser Invalide und müsse vom Löffel gespeist werden. Als ich mich so auf dem Gipfel des Berges befand, zog an meinen Augen jene Verklärung des Herrn vorüber, und ich empfand, *unser Herr läßt uns zu dem Zweck die Herrlichkeiten auf dem Berge erfahren, um uns für größere Aufgaben im Tale geschickt zu machen.* Der lebendige Gott hat uns zu Seinem Erbteil und Eigentum erwählt, und Er bereitet uns zu unserem Dienst, damit der Dienst von Gott und nicht von Menschen sei.

Sofort schrieb ich eine Karte an den Betreuer des Kranken, daß ich kommen werde, um Lazarus aufzurichten. Als ich hernach ankam, fragte er mich: „Sind Sie der Mann, der unseren Lazarus aufrichten will?" Ich antwortete: „Ja."

Dann rief er seinen Diener und sagte: „Führe diesen Mann zu Lazarus!" Und zu mir sprach er: „Wenn Sie ihn erblicken, werden Sie sofort umkehren. Nichts wird Sie zurückhalten." Alles, was er sagte, war wirklich wahr, vom natürlichen Standpunkt aus gesehen. Der Mann war nur noch Haut und Knochen. Es schien in ihm kein Leben zu sein. Alles deutete auf Zerfall. Ich sagte zu ihm: „Willst du jauchzen? Wisse, die Leute jauchzten, obwohl die Mauern um Jericho noch standen. Gott hat einen ähnlichen Sieg für dich, wenn du nur glauben wolltest." Aber ich vermochte ihn nicht zum Glauben zu bewegen. Da war auch kein Funke von Glauben in ihm. Er bestand darauf, keinen Glauben zu besitzen.

Es ist herrlich, gelernt zu haben, daß Gottes Wort nie versagt. Höre nie auf Menschenpläne! Gott kann mächtig wirken, wenn wir fortfahren, Ihm zu glauben angesichts aller menschlichen Entmutigungen. Als ich zu dem Mann zurückkam, welchem ich die Postkarte geschickt hatte, fragte er: „Sind Sie jetzt bereit, wegzugehen?"

Ich werde nicht von dem bewegt, was ich sehe, sondern von dem, was ich glaube. Eins weiß ich, wer glaubt, blickt nicht auf die Umstände, wer glaubt, achtet nicht auf Gefühle. Der Mann, der Gott glaubt, hat, was er glaubt. Jeder, der wirklich in den vollen pfingstlichen Segen hineingekommen ist, nimmt alles lächelnd hin und glaubt Gott. Es gibt etwas im Pfingstwerk, was verschieden ist von jedem anderen Werk in der Welt. Hier hast du es mit der Wirklichkeit Gottes zu tun. Wo immer der Geist Gottes am Wirken ist, werden sich auch die Gaben des Geistes kundtun, wo aber die Gaben des Geistes nicht in Erscheinung treten, muß ich Seine Gegenwart in Frage stellen.

Die Lage in jenem Dorf war wirklich schwierig. Es schien unmöglich, die Leute zum Glauben zu bringen. „Sind Sie nun bereit, fortzugehen?" wurde ich gefragt. Doch ein Mann und eine Frau luden uns ein, bei ihnen zu bleiben. Ich sagte: „Ich möchte gerne wissen, wie viele von euch beten können." Niemand wollte beten. Ich fragte, ob ich sieben Beter versammeln könnte, um für diesen armen Kranken zu beten, damit er befreit werde. Dann sagte ich zu meinen Gastgebern: „Ihr seid die ersten zwei, dazu kommt mein Freund und ich, so sind wir schon vier und brauchen nur noch drei." Den Leuten sagte ich, daß sich doch wohl etliche am Morgen zu ihrem eigenen Vorteil einfinden werden, um für die Heilung des Lazarus zu beten. Es ist zwecklos, auf Menschenmeinung zu achten. Hat Gott dir etwas gesagt, so glaube es.

Ich sagte den Leuten, daß ich zu Abend nichts essen werde. Als ich mich zu Bette legte, schien es, als ob der Teufel mich mit allen Krankheiten belegen wollte, die der arme Lazarus hatte. Als ich erwachte, überfiel mich ein ungewöhnlicher Husten sowie die Schwäche eines Schwindsüchtigen. Ich wälzte mich aus dem Bett auf den Fußboden und schrie zu Gott, Er möge mich von diesen Satansmächten befreien. Ich rief laut genug, um jeden im Haus aufzuwecken, aber niemandes Ruhe wurde gestört. Gott gab mir Sieg, und ich legte mich wieder nieder — frei wie nie zuvor in meinem Leben. Um fünf Uhr morgens weckte mich der Herr und sagte zu mir: „Brich nicht das Brot, bis du es an Meinem Tisch brechen wirst." Um sechs Uhr gab Er mir die Worte: „Und Ich will ihn aufrichten." Ich stieß meinen Freund an, der mit mir schlief, und sagte: „Hast du gehört? Der Herr hat gesagt, Er will ihn aufrichten."

Um acht Uhr sagten meine freundlichen Gastgeber: „Stärken Sie sich ein wenig." Aber ich hatte erfahren, Gebet und Fasten ist die größte Freude, und auch du wirst es erfahren, wenn du so vom Herrn geleitet bist. Als wir zum Hause des Lazarus kamen, waren wir unser acht. Niemand kann mir einen Beweis liefern, daß Gott nicht allezeit Gebete beantwortet. Er gibt allezeit über Bitten und Verstehen.

Ich werde nie vergessen, wie die Kraft Gottes auf uns fiel, als wir den Raum des Kranken betraten. O es war herrlich! Wir umzingelten das Bett und gaben dem Kranken und uns untereinander die Hände. Dann sagte ich: „Wir werden jetzt nicht beten, sondern nur den Namen Jesus anrufen." Wir knieten nieder und lispelten: „Jesus, Jesus, Jesus!“ Die Kraft Gottes fiel und hob sich. Fünfmal fiel sie, und dann blieb sie auf uns. Aber der Kranke im Bett blieb unbewegt. Zwei Jahre vorher war jemand gekommen und hatte versucht, ihn aufzurichten, doch vergeblich, und so hat dann der Teufel diesen Mißerfolg immer dazu verwandt, unseren lieben Lazarus zu entmutigen. Ich sagte: „Kümmere dich nicht darum, was Satan sagt; wenn Gott gesagt hat, Er will dich aufrichten, so wird es geschehen. Vergiß alles, außer was Gott von Jesus gesagt hat.“

Da begannen die Lippen des Kranken sich zu bewegen und die Tränen zu fließen. Ich sagte zu ihm: „Die Kraft Gottes ist hier, nimm sie jetzt an!“ Er antwortete: „Ich war in meinem Herzen verbittert, und ich weiß, daß ich den Heiligen Geist betrübt habe. Ich bin hilflos. Ich kann meine Hände nicht aufheben, noch einen Löffel anfassen.“ Ich sagte: „Tue Buße, und Gott wird dich hören!“ Er tat Buße und schrie: „O Gott, laß es jetzt zu Deiner Verherrlichung geschehen!“ Nachdem er dies ausgerufen hatte, durchzog ihn die Kraft und die Herrlichkeit Gottes.

Ich habe den Herrn gebeten, nie anders diese Begebenheit zu erzählen, als wie sie sich genau zugetragen hat, denn ich weiß, Gott kann keine Übertreibungen segnen. Als wir wiederum „Jesus, Jesus, Jesus“ beteten, erzitterte das Bett und der Mann darin. Ich sagte zu den Leuten, die mit mir waren: „Ihr könnt jetzt alle fortgehen. Gott ist hier alles. Ich werde Ihm nicht mithelfen.“ Ich setzte mich hin und schaute dem Mann zu, wie er aufstand und sich anzog. Wir sangen den Lobgesang, als er hinunterging. Dann sagte ich zu ihm: „Nun erzähle, was geschehen ist!“

Schnell verbreitete sich die Kunde, Lazarus sei aufgerichtet worden. Von nah und fern eilten viele zusammen, um ihn zu sehen und sein Zeugnis zu hören. Und Gott rettete viele. Dieser Mann erzählte öffentlich, was Gott an ihm getan hatte, und viele wurden von ihren Sünden überführt und bekehrten sich.

Alles dies geschah aber durch den Namen Jesus, durch den Glauben an diesen teuren Namen. Ja, der Glaube, der durch diesen Namen kommt, gab dem Kranken die vollkommene Gesundheit in Gegenwart aller, die um ihn waren.

Petrus und Johannes waren hilflos und ungebildet; sie hatten keine höhere Schule besucht. Aber sie waren mit Jesus. Sie erhielten eine herrliche Offenbarung der Kraft des Namens Jesu. Sie gaben das Brot und die Fische weiter, die Jesus vermehrt hatte. Sie saßen mit Ihm zu Tische, und Johannes sah oft in Sein Angesicht. Petrus mußte oft ermahnt werden, aber Jesus erzeigte ihm dadurch Seine Liebe. Jesus liebte Petrus – den eigensinnigen Petrus. O Er liebt wunderbar! Ich bin auch eigensinnig gewesen, ich hatte ein ungehemmtes Temperament, aber Er übte Geduld mit mir. Ich bin hier, euch zu sagen, daß im Namen Jesu Kraft ist – Kraft, die jeden verwandeln und heilen kann.

Wenn du Ihn siehst als Gottes Lamm, als Gottes geliebten Sohn, auf den der Vater alle unsere Sünden und Missetaten gelegt hat, wenn du erkennst, daß Jesus den ganzen Preis für unsere Erlösung bezahlt hat, damit wir frei seien, kannst du das wunderbar erkaufte Erbteil der Erlösung, des Lebens und der Kraft antreten.

Armer Petrus und armer Johannes! Sie hatten kein Geld, aber sie hatten Glauben, sie hatten die Kraft des Heiligen Geistes, sie hatten Gott. Du kannst Gott haben, auch wenn du sonst nichts besitzest. Auch dann, wenn du deinen Charakter verloren hast, kannst du noch Gott haben. Ich habe gesehen, wie die schlimmsten Menschen durch die Kraft Gottes errettet worden sind.

Eines Tages predigte ich über den Namen Jesus. Am Laternenpfahl lehnte ein Mann und hörte zu. Er brauchte einen Laternenpfahl, um auf seinen Füßen stehen zu können. Wir beendeten die Straßenversammlung, und der Mann lehnte noch immer am Laternenpfahl. Ich fragte ihn: „Sind Sie krank?" Er zeigte mir seine Hand, und ich sah unter seinem Rock einen

Dolch. Er sagte mir, er sei auf dem Weg gewesen, sein untreues Weib zu töten, aber als er mich hätte vom Namen Jesus predigen hören, hätte er nicht weitergehen können, und nun sei er ganz hilflos. Ich sagte ihm: „Knie nieder." Und dort auf dem Wege, während Leute auf und ab gingen, fand ein Sünder den Heiland. — Halleluja!

Ich nahm ihn in mein Haus und gab ihm einen neuen Rock. Ich sah in diesem Manne etwas, was Gott gebrauchen konnte. Am nächsten Morgen sagte er zu mir: „Gott hat Jesus mir offenbart. Ich weiß, alles ist auf Jesus gelegt." Ich lieh ihm etwas Geld, und bald hatte er ein kleines Häuschen. Seine treulose Frau lebte mit einem anderen Mann, aber er bat sie, in das neue Heim zurückzukommen, das er für sie bereitet hatte. Sie kam, und wo zuvor Haß und Feindschaft gewesen, wurde alles durch Liebe umgewandelt. Gott gebrauchte diesen Mann als Seinen Diener, wo er auch hinging. Es ist überall Kraft im Namen Jesus. Gott kann im entferntesten Winkel retten.

Vor meinen Augen steht mir eine Versammlung, die wir in Stockholm hatten, und die ich für immer in meinem Gedächtnis behalten werde. Dort war ein Heim für Unheilbare. Einer von ihnen wurde in die Versammlung gebracht. Er war gelähmt und zitterte am ganzen Leibe. Zwei Männer brachten ihn nach vorn. Dreitausend Leute waren zugegen. Da fiel die Kraft Gottes auf ihn, als ich ihn im Namen Jesus salbte. In dem Augenblick, als ich ihn berührte, warf er die Krücken beiseite und begann zu gehen im Namen Jesus. Er ging die Treppen hinunter und im ganzen großen Saal ringsherum, angesichts tausender Menschen. Es gibt nichts, was Gott nicht tun kann. Er wird alles tun, wenn du Ihm glauben wirst.

Jemand sagte zu mir: „Willst du in das Haus der Unheilbaren gehen?" Sie nahmen mich an meinem Ruhetag mit dorthin. In einen großen Korridor brachte man die Kranken, und in einer Stunde befreite der Herr etwa zwanzig von ihnen.

Der Name Jesus ist wunderbar. Petrus und Johannes hatten von allem, was durch diesen Namen geschehen konnte, keinen

Begriff, auch der Lahme hatte ihn nicht, aber sie hatten Glauben zu sagen: „Im Namen Jesu Christi von Nazareth stehe auf und wandle!“ Und als Petrus ihn bei der rechten Hand erfaßte und ihn aufrichtete, wurden seine Füße und Knöchel stark und fest. Und er ging, sprang und lobte Gott im Tempel. Gott will mehr solcher Dinge von dir sehen. Wie können sie getan werden? – Durch Seinen Namen, durch den Glauben an Seinen Namen, durch den Glauben, der durch Ihn kommt.

Das Leben im Geist
2. Korinther 3

Der Schreiber des Hebräerbriefes ermahnt uns, von den Anfangsgründen der Lehre Christi abzusehen und zur Vollkommenheit überzugehen. Wir sollen nicht noch einmal Grund legen mit der Buße von den toten Werken, den Lehren der Taufen, Totenauferstehung usw. Was würdest du von einem Baumeister denken, der wiederholt sein Haus niederreißt und immerzu neue Fundamente legt? *Blicke nie rückwärts, wenn du die Kraft Gottes in deinem Leben haben willst.* Mit Bedauern wirst du feststellen müssen, daß in dem Maße, wie du zurücksahst, du auch dessen verlustig gegangen bist, was Gott für dich bereithielt.

Der Heilige Geist zeigt uns, daß wir nie zurückschauen sollen auf das Gesetz der Sünde und des Todes, von welchem wir befreit worden sind. Gott hat uns in eine neue Ordnung, in das Leben der Liebe und Freiheit in Christus Jesus versetzt, was über menschliche Begriffe geht. Viele jedoch, die durch die Kraft Gottes in dieses neue Leben hineingebracht worden sind, machen es nachher so wie die Galater, welche anfangs gut liefen, hernach aber auf Gesetzeswegen zur Vollkommenheit gelangen wollten. Solche Gläubigen weichen ab vom Leben im Geiste und verfallen dem Gesetzes- und Fleischesleben. Gott hat kein Wohlgefallen daran, denn Er hat keinen Raum für solche, die den Blick verloren haben. Da heißt es einzig und allein, Buße zu tun. Versuche ja nicht, so etwas zuzudecken. Bist du irgendwie gestrauchelt, so bekenne alles und blicke auf zu Gott, daß du wieder in den Stand der Glaubensfestigkeit kommst und im Geiste wandeln kannst.

Wir müssen alle die klare Überzeugung haben, daß die Seligkeit vom Herrn kommt. Gelingt es dem Feind, uns aus dem Glaubensleben zu reißen, dann ist es ihm ein Leichtes, uns auch vom Wege und Plane Gottes abzubringen. Fällt jemand in Sünde, so hört bei ihm auf, das göttliche Leben zu fließen, und sein Leben wird hilflos und elend werden. Doch Gott hat andere Gedanken mit uns, Seinen Kindern. Lies 1. Johannes 3 und nimm deinen Platz als ein Kind Gottes ein. Wisse, du bist ein Kind Gottes und gedenke, wenn du deine Hoffnung auf und in Christus gesetzt hast, wird dein Leben gereinigt. Der Heilige Geist spricht: „Jeder, der aus Gott geboren ist, tut nicht Sünde, denn sein Same bleibt in ihm; und er kann nicht sündigen, denn er ist aus Gott geboren." Leben und Kraft enthält der Same des Wortes, welcher in unsere Herzen eingepflanzt ist. Gott ist in den Worten „er kann nicht", und in diesen Seinen Worten ist mehr Kraft vorhanden als in allen menschlichen Einwänden. Gottes Wille und Gedanke für einen jeden von uns ist, wir sollen ein Überwinder- und Siegesleben durch Jesus Christus führen. Komm und sieh, wie wunderbar du in Gott bist und wie hilflos und armselig in dir selbst!

Gott erwies sich mächtiger als jede Widerstandskraft, als Er die Kräfte der Finsternis aus dem Himmel hinauswarf. Ich möchte dich wissen lassen, daß dieselbe Kraft, welche den Satan aus dem Himmel trieb, in jedem Menschen wohnt, der aus Gott geboren ist. Würdest du dir dieser herrlichen Tatsache ganz bewußt sein, dann hättest du auch ein Siegesleben. Wenn du Menschen begegnest, die von einer bösen Macht geplagt sind, stelle ihnen die Frage: „Ist Jesus im Fleisch gekommen?" Nie machte ich die Erfahrung, daß eine böse Macht eine bejahende Antwort gegeben hätte. Weißt du also, daß du es mit einem bösen Geist zu tun hast, dann hast du auch die Kraft, ihn auszutreiben. Glaube es und handle, denn größer ist *der*, welcher in dir ist, als der, welcher in der Welt ist (1. Johannes 4, 4). Gott will dich in einer Überwinderstellung sehen. Er hat in dich eine Kraft hineingelegt, mit der du den Teufel besiegen kannst.

Wir alle sind den Versuchungen ausgesetzt. Bist du nicht imstande, versucht und geprüft zu werden, dann bist du keinen Schuß Pulver wert. Hiob sagte: „Prüfte er mich, wie Gold würde ich hervorgehen." In jeder Versuchung wird Gott es bis zur Neige kommen lassen, doch nie gestatten, daß du geschlagen werdest, so du im Gehorsam wandelst, denn mitten in der Versuchung „weiß er die Gottseligen zu retten". Der Herr selbst tritt hervor in Kraft, verjagt das teuflische Lügengehege, verbannt die Mächte der Finsternis und führt Seine Kinder zum triumphierenden Sieg in Jesus Christus. Der Herr liebt Seine Heiligen und bedeckt sie mit der Allmacht Seiner Flügel. Anbetung Ihm!

Gott helfe uns, das einzusehen und zu verstehen. Wir können nicht zum Preise Seiner Herrlichkeit sein, solange wir für Prüfungen nicht bereit sind oder in ihnen nicht zu triumphieren vermögen. Wir kommen um die Tatsache nicht herum, daß die Sünde durch das Fleisch eingetreten ist. Nun aber kommt Gott und gibt das Fleisch, unsere Sündennatur, in den Tod, auf daß Sein Geist mit all Seiner Macht und Freiheit in den geheiligten Tempel einkehren kann und Satan schon in dieser bösen Welt vom Gläubigen entthront werde. Satan ist allezeit bemüht, die Heiligen durch schimpfliche Anklagen in Verruf zu bringen; der Heilige Geist aber kommt nie mit Verdammungsurteilen, sondern verklärt uns das Blut Jesu Christi und schafft uns Hilfe. Jesus spricht von Ihm als vom Tröster, der kommen soll. Immer ist Er bereit, uns beizustehen in Zeiten der Versuchungen und Prüfungen. Der Heilige Geist ist die aufrichtende Kraft in der Gemeinde Jesu Christi. Und Paulus sagt uns, wir „sind offenbar geworden als ein Brief Christi, geschrieben nicht mit Tinte, sondern mit dem Geiste des lebendigen Gottes, nicht auf steinerne Tafeln, sondern auf fleischerne Tafeln des Herzens". Der Heilige Geist beginnt Sein Werk im Herzen, im innersten Wesen des Menschen. Er bringt in das Herz die Reichtümer der Offenbarung Jesu Christi und pflanzt Reinheit und Heiligkeit hinein, so daß aus den Tiefen des Herzens nunmehr allezeit Lob und Preis herausströmen kann. Wisse, Jesu Leben ist in uns hineingelegt worden. Durch dieses Leben leben wir in Ewigkeit, denn es hat kein Ende. Allezeit, ja bis in Ewigkeit, soll Preis, Lob, Anbetung und Kraft aus dir fließen. Oh, erkenne diese endlose Ausdehnung der Herrlichkeit und lebe darin! Wir haben die alte Ordnung, das alte System, das alte Wesen, den alten Weg und Gang verlassen und leben in einer neuen, glanzvollen, geistlichen Ordnung. *Jene dreitausend Jungbekehrten blieben nicht in der alten Synagoge, in der Gesetzeslehre, sondern in der neuen Lehre, in der Lehre der Apostel.* Halleluja! „Das Alte ist vergangen; siehe, alles ist neu geworden!"

Auf Fleisch können wir unser Vertrauen nicht mehr setzen. Wir können fleischliches Wesen nicht mehr berühren, denn ein neues Leben, ein Leben des absoluten, unbedingten Glaubens, der Allgenügsamkeit Gottes, ist uns beschert worden. Gesetz darf keinen Raum in uns finden. Wir sind frei von allen Dingen und – zu gleicher Zeit wie Paulus „gebunden im Geist", auf daß wir nicht etwas tun, was den Herrn betrüben könnte.

Apostel Paulus schreibt weiter: „Er hat uns tüchtig gemacht zu Dienern des Neuen Bundes, nicht des Buchstabens, sondern des Geistes, denn der Buchstabe tötet, der Geist aber macht lebendig." Du kannst diese Worte beim Lesen belassen, doch es ist etwas ganz anderes, eine Offenbarung darüber zu haben, um ihre Wichtigkeit und Reichweite zu ersehen. Wer im Buchstaben lebt, wird trocken und leer, ist begrenzt in der Erkenntnis geistlicher Wahrheiten und immerwährend mit unvernünftigem Haarspalten beschäftigt. Sofern wir aber das Gebiet des Geistes betreten, schwindet alle Trockenheit und Dürre, hört all das Kritisieren und Fehlersuchen auf. Im Geistesleben gibt es keine Spaltungen. Welch herrliche Liebe und gegenseitiges Verstehen bringt doch der Geist Gottes! Keine Liebe gleicht der Liebe im Heiligen Geist. Eine reine, heilige und göttliche Liebe ist in unsere Herzen durch den Heiligen Geist ausgegossen. Sie liebt den Herrn zu lieben und Ihm willig zu dienen.

Nie werde ich auf Erden ermessen können, was mir die Taufe mit dem Heiligen Geist in den vergangenen Jahren gewesen ist. Mein Dienst, die Segnungen, ja alles wurde derart vervielfacht, daß es mir vorkommt, als ob drei Jahre in eins hineingelegt worden wären. Und je länger, um so herrlicher wird es. Wie Luxus mutet es an, mit dem Heiligen Geist erfüllt zu sein, doch gleichzeitig ist es für uns ein göttlicher Befehl, denn es steht geschrieben: „Berauschet euch nicht mit Wein, in welchem Ausschweifung ist, sondern werdet mit dem Geist erfüllt." Kein Geistgetaufter dürfte früh aufstehen, ohne den Herrn im Geist — in neuen Zungen — angebetet zu haben, wie der Geist auszusprechen gibt; niemand von den Gotteskindern sollte den Versammlungsraum ohne einen Lobpreis, einen Psalm, ohne Frohlocken oder Zungen betreten. Mit Nachdruck laßt uns betonen, daß, wenn der Heilige Geist wirklich ganz von uns Besitz nimmt, Er uns auch so überfließend erfüllt, daß jedes Glied am Leibe Ihm ganz hingegeben ist, und alle in Zungen reden wie zu Pfingsten und in des Kornelius Haus. Ich selbst wage zu behaupten: Wenn du andauernd erfüllt bist, wirst du auch morgens, mittags oder nachts in Zungen reden. So du im Geiste lebst, hat Satan keine Macht über dich — fliehen muß er —, mehr als ein Überwinder bist du dann (Römer 8, 37).

Alles, was nicht im Geist getan wird, sehe ich als Fehlschlag an. Wenn du im Geist lebst, tust du alles zur Ehre Gottes, sei es Essen oder Trinken, Arbeiten oder Beten. Die Botschaft, die uns persönlich gilt, müßte allezeit heißen: „Sei erfüllt mit dem Geist!" Übergib dich Gott, daß Er dich erfülle.

Schwere und bittere Erfahrung mußte Mose mit dem Volke Israel machen. Allezeit befand es sich in Nöten. Als er aber auf den Berg stieg, wo ihm Gott die Zehn Gebote gab, fiel die Herrlichkeit. Er freute sich, dem Volke Israel zwei neue steinerne Tafeln bringen zu können, und sein Angesicht leuchtete, als er mit ihnen herabstieg. Leben sollten diese Gebote dem Volke spenden, so sie befolgt würden.

Ich denke daran, wie es gewesen sein mußte, als mein Heiland vom Himmel kam. Ich glaube, der ganze Himmel war bei diesem Anblick bewegt. Das Gesetz des Buchstabens wurde von Mose gebracht und – es machte herrlich, aber all seine Herrlichkeit verblaßte angesichts der alles übersteigenden Herrlichkeit, welche uns Jesus im Geiste des Lebens dargeboten hat. Die Herrlichkeit des Sinai schwindet vor der Herrlichkeit der Pfingsten. Jene steinernen Tafeln mit dem „Du sollst nicht" sind hinweggetan. Jesus hat einen neuen Bund gemacht, indem Er Sein Gesetz, das Gesetz des Geistes des Lebens, in unsere Herzen und Sinne hineingelegt hat. Wenn der Heilige Geist in uns hineinzieht, erfüllt Er uns mit solch großer Liebe und Freiheit, daß wir ob der Worte des 11. Verses ausrufen: „Hinweggetan, hinweggetan!" Ein neuer Ruf erfüllt hinfort unser Herz. Er lautet: „Deinen Willen, o Gott, tue ich gern." Ja, Er nimmt das erste – den Dienst des Todes, mit Buchstaben in Steine eingegraben – hinweg, um das andere – den Dienst der Gerechtigkeit, das Geistesleben – einzusetzen.

Nun fragst du: „Hört man auf, die Gebote zu halten, wenn man mit dem Heiligen Geist erfüllt ist?" Wiederholen will ich, was der Geist Gottes uns hier gesagt hat, nämlich, daß der Dienst des Todes, mit Buchstaben in Steine eingetragen, hinweggetan ist – und bekanntlich waren ja die Zehn Gebote in Steine eingegraben. Wer ein lebendiger Brief Christi geworden ist, geschrieben vom Geist des lebendigen Gottes, hat aufgehört, ein Hurer, Mörder oder Habsüchtiger zu sein – der Wille Gottes ist sein Wohlgefallen. Ich liebe, den Willen Gottes zu tun. Nichts fällt da mehr schwer, weder Beten noch die Bibel lesen, weder Zeugen noch die Versammlung zu besuchen. Mit dem Psalmisten dürfen wir bekennen: „Ich freute mich, als man mir sagte: Laßt uns pilgern zum Hause Gottes."

Wie wirkt sich dieses neue Leben aus? Herrlich! – denn Gott wirkt in uns das Wollen und das Wirken nach Seinem heiligen Wohlgefallen (Philipper 2, 13). Zwischen einer Pumpe und einer Quelle besteht ein großer Unterschied. Das Gesetz gleicht der Pumpe, die Taufe im Geist der Quelle. Die alte Pumpe wird außer Betrieb gesetzt, sie zerfällt, und Wasser hört auf zu fließen; dagegen quillt aus der Quelle immerdar frisches lebendiges Wasser. Oh, es fließt ein unaufhörlicher Strom unmittelbar vom Throne Gottes — da ist Leben!

Von Christus ist geschrieben: „Du hast Gerechtigkeit geliebt und Gesetzlosigkeit gehaßt." In diesem neuen Leben des Geistes, im Neuen Bunde, wirst du lieben, was gut, rein und heilig ist und zurückschrecken vor allem Bösen. Jesus war imstande zu sagen: „Es kommt der Fürst dieser Welt, und er hat nichts an mir." Im Augenblick des Erfülltwerdens mit dem Geiste Gottes sind auch wir in diese wunderbare Stellung hineingebracht worden, und wenn wir im Erfülltsein verharren, vermag Satan keinen Zollbreit Boden von uns zu gewinnen.

Glaubst du, daß wir so geisterfüllt sein können, daß, wenn jemand nicht recht steht, er schon durch unsere Gegenwart gerichtet und überführt werden kann? Wenn wir im Geistesleben Fortschritte machen, wird es von uns heißen: „In derer Augen die Bösen verabscheut sind." So lebte unser Herr Jesus. Sein Leben und Seine Gegenwart strafte die Bösen. Du wendest ein: Er war ja Gottes Sohn! Höre, Gott hat uns durch Ihn in die Stellung der Gottessohnschaft gebracht — und ich glaube, der Heilige Geist kann etwas aus uns machen und uns dahin bringen.

Ich will mich nicht rühmen. In allem sei der Name des Herrn verherrlicht, der mir so gnädig ist. Einmal fuhr ich zu einer Konferenz nach Irland. Nicht schnell genug konnte ich dort sein. Unterwegs verließ ich kurz das Abteil, um mir die Hände ein wenig zu waschen. Anschließend verharrte ich im Gebet. Der Herr überflutete mich mit Seiner ewigen Liebe. Ich glaube, der Geist Gottes war so mächtig auf mir, daß mein Angesicht geleuchtet hat. Zwei Geistliche saßen im Abteil. Als ich zurückkam, schrie einer von ihnen: „Sie haben mich von meiner Sünde überführt!" In kaum drei Minuten riefen alle Insassen Gott um die Errettung ihrer Seelen an. Mehrere Male machte ich die gleiche Erfahrung in meinem Leben. Es ist der Dienst des Geistes, das Erfülltsein mit Ihm, wovon Paulus spricht, was unser Leben wirksam und produktiv macht, so daß sogar die Leute in deinem Einkaufsladen dich schnell verschwinden sehen möchten, weil deine Gegenwart sie von ihrer Sünde überführt.

Wir müssen uns von jeder Art Buchstabenchristentums fernhalten. Alles was wir tun, muß unter Salbung des Geistes geschehen. Wir kommen oft dadurch in Schwierigkeiten, weil wir im Buchstaben leben. Glaube, was der Heilige Geist durch Paulus sagt, daß jeder Dienst des Todes, welcher unsere Freiheit in Christo behinderte, hinweggetan worden ist. Das Gesetz ist hinweggetan! Soweit es dich und mich angeht, ist die alte Ordnung für immer abgeschafft, denn der Geist Gottes hat uns in ein neues Leben der Reinheit und Liebe versetzt. Der Heilige Geist nimmt es als vollendete Tatsache hin, daß du mit dem alten Leben Schluß gemacht hast, als du eine neue Kreatur in Christo Jesu geworden bist. Im Geistesleben haben die alten Anlockungen ihre Kraft verloren. Weg ist der Hang zur Sünde. Der Teufel wird dir wohl auf jedem Tritt begegnen, doch der Heilige Geist hat gegen ihn die Siegesfahne aufgerichtet. Oh, wenn Gott allezeit Seinen Weg mit uns haben könnte, würden wir Fackeln gleichen und die Atmosphäre reinigen; wohin wir uns auch wenden möchten, würden wir die Mächte der Finsternis zurückdrängen. Der Herr ist der Geist. Er bewegt dein Herz und zeigt dir, daß die Kraft, die durch Ihn in dir wohnt, mächtiger ist als alle zusammengeballten Kräfte der Finsternis. – Halleluja!

Hinweggetan! Was meine ich damit? Kannst du noch treulos sein? O nein, mehr als treu wirst du dich erweisen. Wirst du murren, wenn man dich schlecht behandelt? Nein! – die Rechte wirst du hinhalten. Überlaß dich ganz Seiner Allmacht, ruhe in Seinen Armen. Wer in des Herrn Ruhe eingegangen ist, ruht auch von Seinen Werken, gleich wie Gott von den Seinigen. Welch liebliche Ruhe ist das doch! Das ganze Leben ist ein Sabbat. Nur solch ein Leben kann Gott verherrlichen.

Es ist ein Leben der Freude – und jeder Tag ein Himmelstag auf Erden.

Dieses Leben wird dauernd verwandelt. Des Herrn Herrlichkeit anschauend, werden wir verwandelt in dasselbe Bild von Herrlichkeit zu Herrlichkeit als durch Seinen Geist. Es gibt eine immerwährende, anhaltende Entschleierung, beständige Offenbarung, wiederholte Überkleidung von oben. Ich wünsche, du möchtest Gott versprechen, nie zurückzublicken, nie zurückzugehen zu dem, von welchem der Geist gesagt hat: „Es ist hinweggetan!" Ich habe meinem Herrn versprochen, mir nie zu erlauben, Seine Aussage anzuzweifeln.

Ein Kind nimmt alles entgegen. Ein kluger Mensch geht durch seinen Verstand der großen Güte Gottes verlustig. Das Kind kann nicht gehen, aber die Mutter trägt es; es kann sich nicht ankleiden, aber die Mutter kleidet es an; ein Säugling kann nicht sprechen, aber die Mutter kennt seine Nöte. So auch im Geistesleben. Gott tut, was wir nicht tun können. Wir werden von Ihm getragen, Er kleidet uns und verleiht uns Rede. Hätten, o hätten wir doch alle diese kindliche Einfalt!

Gerechtigkeit

In Hebräer 1, Vers 9 steht von unserem Herrn und Heiland geschrieben: „Du hast Gerechtigkeit geliebt und Gesetzlosigkeit gehaßt; darum hat Gott, dein Gott, dich gesalbt mit Freudenöl über deine Genossen." Gott will, daß wir gleicherweise Gerechtigkeit lieben und Gottlosigkeit hassen sollen, so der Geist Seines Sohnes in uns wohnt. In Jesus Christus haben wir einen Zufluchtsort, wo uns keine Verdammnis trifft, sondern wo die Himmel über uns offen sind. Gott hat uns einen Garten göttlichen Lebens geöffnet, wo wir unbegrenzte Möglichkeiten, unerschöpfliche Quellen der Kraft und Sieg über alle Teufelsmächte haben. Ich glaube, wenn wir ganz von der Sehnsucht erfüllt sind, heilig zu leben und Gott allein zu verherrlichen, dann kann uns am wahren Vorwärtsschreiten nichts mehr hindern.

Petrus beginnt seinen zweiten Brief mit den Worten: „Simon Petrus, Knecht und Apostel Jesu Christi, denen, die einen gleich kostbaren Glauben mit uns empfangen haben durch die Gerechtigkeit unseres Gottes und Heilandes Jesus Christus." Durch den Glauben stellen wir fest, welche gesegnete und herrliche Verbindung wir mit dem auferstandenen Herrn haben. Als Jesus auf Erden wandelte, sagte Er: „Ich bin im Vater und der Vater ist in mir. Der Vater, der in mir wohnt, tut die Werke." Und Er betet zu Seinem Vater nicht nur für Seine Jünger, sondern auch für die, welche durch ihr Wort an Ihn glauben werden, „auf daß sie alle eins seien, gleichwie du, Vater, in mir und ich in dir, auf daß auch sie in uns eins seien, auf daß die Welt glaube, daß du mich gesandt hast". O welch wunderbares Erbteil haben wir, wenn uns die Augen für die Gerechtigkeit, Kraft und Herrlichkeit des Vaters und des Sohnes aufgehen! Und das ist Gottes Absicht mit uns. Ergreifen wir diese Absicht Gottes im Glauben, dann werden wir schnell der Tatsache gewahr werden: Der in uns ist, ist größer als der in der Welt. Die ganze Heilige Schrift zielt darauf hin, uns in diese erhabene Glaubensstellung zu bringen, wo wir allezeit erfahren dürfen: Gottes Kraft und Leben gibt sich durch uns kund.

Petrus schreibt weiter an diejenigen, welche den gleichen kostbaren Glauben empfangen haben, „Gnade und Friede sei euch vermehrt in der Erkenntnis Gottes und Jesu, unseres Herrn". Gnade und Friede wird uns dann vermehrt, wenn wir im Bereich des Glaubens leben. Abraham wurde dadurch ein Freund Gottes, weil er Gott glaubte und im Glauben lebte. Er glaubte Gott, und das wurde ihm zur Gerechtigkeit gerechnet. Nur auf dem Boden des Glaubens wurde ihm die Gerechtigkeit zuteil. – Kann das auch mit dir geschehen? Gewiß, denn jeder, welcher durch den Glauben selig geworden ist, ist gesegnet mit dem Glauben Abrahams. Die Verheißung, die er erhielt, weil er Gott glaubte, besagt, daß in ihm alle Geschlechter auf Erden gesegnet werden sollen. Glauben wir Gott, dann gibt es kein Aufhören der Segnungen, die uns durch unseren Glauben zuteil werden.

Manche, für die gebetet wird, sind sehr entrüstet, wenn ihre Erwartungen nicht gleich in derselben Nacht eintreffen. Sie sagen, sie glauben, und dennoch stehen sie im tiefsten Unglauben und sind voller Unruhe. Abraham glaubte Gott. Wir könnten ihn sagen hören: „Sara, da ist keine Lebenskraft weder in dir noch in mir, aber Gott hat uns einen Sohn verheißen, und ich glaube Gott." Und diese Art des Glaubens ist eine Freude für unseren himmlischen Vater.

Eines Tages hielt ich eine Versammlung. Zugegen war eine junge Frau, die vom Kropf geheilt werden wollte. Nach der Versammlung wurde für sie gebetet. In der nächsten Versammlung bezeugte sie, wunderbar geheilt zu sein. Nach einem Jahr kam sie wieder zur Konferenz, trat vor und bezeugte, wie sie vor einem Jahr geheilt wurde. Doch der Kropf war größer als je zuvor. Sie ließ sich dadurch nicht beirren und sagte: „Gott hat mich damals wunderbar geheilt, und das letzte Jahr war für mich das herrlichste." In den Versammlungen konnte man ihr anmerken, daß sie sehr gesegnet war. Sie ging nach Hause und bezeugte noch entschiedener, Gott habe sie geheilt. Sie glaubte Gott. Im dritten Jahr kam sie wieder. Aber die Leute schauten sie mitleidig an und sagten: „Wie groß ist doch der Kropf geworden." Doch sie blieb fest und bezeugte freimütig: „Gott hat mich geheilt, Seine Kraft habe ich verspürt." Jemand stritt mit ihr und sagte: „Warum schaust du nicht in den Spiegel, die Menschen werden noch denken, es stimmt bei dir etwas nicht." Da ging sie auf die Knie und betete zum Herrn: „Willst Du nicht den Menschen zeigen, wie wunderbar Du mich geheilt hast?" Friedevoll legte sie sich schlafen, und als sie am nächsten Tage erschien, war vom Kropf keine Spur mehr vorhanden.

Gottes Wort ist ewig wahr. Es kann nicht versagen. Wahrer Glaube schaut nicht in den Spiegel aus Glas. Er hat einen anderen Spiegel – den Spiegel des vollkommenen Gesetzes der Freiheit. „Wer aber in das vollkommene Gesetz der Freiheit nahe hineinschaut und darin bleibt, indem er nicht ein vergeßlicher Hörer, sondern ein Täter des Werkes ist, dieser wird glückselig sein in seinem Tun." Für den, welcher in dieses vollkommene Gesetz Gottes hineinschaut, ist jede Finsternis hinweggetan, er sieht in Christus seine Vollkommenheit. Im Glauben gibt es keine Finsternis. Sie befindet sich nur in den natürlichen Dingen und kommt zur Herrschaft, wenn wir diese natürlichen Dinge an Stelle von göttlichen setzen.

Durch die Erkenntnis Gottes und Jesu Christi wird uns nicht nur die Gnade, sondern auch der Friede vermehrt. Wenn wir Gott und Jesus Christus, den Er gesandt hat, kennen, werden wir auch vermehrten Frieden in den vermehrten Flammen von 10 000 Nebukadnezars haben. Auch im Löwengraben wird unser Friede vermehrt werden, ja, mit Freuden werden wir leben inmitten der größten Schwierigkeiten und Gefahren. Was war der Unterschied zwischen Daniel und dem König Darius in jener Nacht? Daniel *kannte* Gott, der König aber experimentierte. Und am frühen Morgen schrie er: „Daniel, Knecht des lebendigen Gottes, hat dein Gott, welchem du ohne Unterlaß dienst, vermocht, dich von den Löwen zu retten?" Daniel antwortete: „Mein Gott hat Seinen Engel gesandt und hat den Rachen der Löwen verschlossen." Die Tat war vollbracht, als Daniel bei offenen Fenstern gegen Jerusalem betete. Ehe wir in den Kampf gehen, sind alle unsere Siege errungen. Das Gebet kettet uns an unseren liebevollen Gott, der die Fülle hat und alles vermehrt. O ich liebe Ihn, Er ist wunderbar!

Wenn du diese zwei ersten Verse des zweiten Briefes Petri liest, daß Gnade und Friede durch die Erkenntnis Gottes vermehrt werden, müßte dir auch auffallen, daß zuerst unser Glaube durch die Gerechtigkeit Gottes kommt. Beachte, vorerst kommt Gerechtigkeit, dann Erkenntnis — es kann nicht anders sein.

Erwartest du von Gott eine Offenbarung, ohne vorher geheiligt zu sein, dann wirst du nur einen Mischmasch haben. Heiligkeit öffnet die Tür zu allen Schätzen Gottes. Zuerst müssen wir dahin gebracht werden, die Gerechtigkeit so zu lieben und Gesetzlosigkeit zu hassen, wie Er es tat, und dann schenkt Er uns Zutritt zu diesen guten Schätzen. Solange unser Herz mit Gesetzlosigkeit und Sünde befleckt ist, wird der Herr uns nicht hören. Erst nachdem wir gereinigt, gerecht und heilig gemacht worden sind, können wir im Sohne dieses Leben der Heiligkeit und Gerechtigkeit betreten. Diese Gerechtigkeit, welche in uns Wirklichkeit geworden ist, ist die Gerechtigkeit des Herrn selbst, so unser Glaube bleibend in Ihm verankert ist.

Nach meiner Geistestaufe gab mir der Herr eine herrliche Offenbarung. Ich sah, wie Adam und Eva herausgetrieben waren aus dem Garten Gottes — ihres Ungehorsams wegen. Sie konnten nicht teilhaben am Baume des Lebens, denn die Cherubim versperrten ihnen den Weg mit flammendem Schwert. Danach erblickte ich mich, wie ich, erlöst durch das Blut des

Lammes und erfüllt mit Heiligem Geist, hinzutrat und vom Lebensbaume zu essen begann, und das flammende Schwert kreiste ringsherum. Es war dort, um den Teufel fernzuhalten. O welch herrliches Vorrecht haben wir, wenn wir aus Gott geboren sind! Wie wunderbar bewahrt uns der Herr, und der Arge kann uns nicht antasten! Wir haben in Gott einen Zufluchtsort, wohin Satan nicht wagt zu kommen. Geborgen in Gott, Halleluja! Und Er ladet uns so freundlich ein, teilzuhaben an diesem wunderbaren Ort, wo unser Leben mit Christus in Gott verborgen ist, wo wir unter dem Schatten des Höchsten wohnen. Ja, für dich hat Gott diesen Gnadenort; o birg dich darin!

Petrus sagt weiter: „Da seine göttliche Kraft uns alles in betreff des Lebens und der Gottseligkeit geschenkt hat durch die Erkenntnis dessen, der uns berufen hat durch Herrlichkeit und Tugend ..."

Gott beruft uns durch diese Herrlichkeit und Tugend, und wenn wir uns von den größten und kostbaren Verheißungen nähren, die Er uns geschenkt hat, werden wir Teilhaber der göttlichen Natur. Jetzt, hier schon, sollen wir Teilhaber göttlicher Natur sein, und mittels des Glaubens können wir es sein. Das Leben unseres Herrn und Heilandes soll uns ganz durchfluten und erfüllen, ja selbst unsere Leiber so durchströmen, daß wir frei werden vom Gesetz des Todes und der Sünde (Johannes 7, 38; Römer 8, 2).

Gott will unseren Glauben so befestigen, daß wir dieses göttliche Leben, die göttliche Natur des Sohnes Gottes, in Beschlag nehmen, und somit unser ganzer Geist, Seele und Leib tadellos bewahrt bleiben auf den Tag der Ankunft unseres Herrn Jesus Christus.

Als jenes blutflüssige Weib von ihrer Krankheit geheilt wurde, verspürte Jesus, daß eine Kraft von Ihm ausgegangen war. Der Glaube des Weibes hatte diese Kraft in Beschlag genommen, augenblicklich war sie in ihren Körper übertragen, und die Krankheit war weg. Die Inanspruchnahme und Übertragung dieser Kraft erzeugt alles, was wir brauchen, aber es geschieht nur dann, wenn unser Glaube hinauswagt, diese Kraft in Beschlag zu nehmen. Der Glaube ist der Sieg. Kannst du glauben, dann ist die Kraft dein.

Viele Jahre hindurch litt ich an inneren Geschwüren. Ich wurde zuletzt ganz schwach. Eines Tages ging es nicht mehr weiter. Da nahm ich entschlossen ein Fläschchen Öl und salbte mich im Namen des Herrn, indem ich sagte: „Tue Herr, was Du tun willst, tue es jetzt, ja, gerade jetzt." In demselben Augenblick war ich geheilt. Gott will, wir sollen unseren Glauben betätigen und nicht zögernd warten.

Was war der Unterschied zwischen Zacharias und Maria?

Der Engel kam zu Zacharias und sagte: „Dein Weib Elisabeth wird dir einen Sohn gebären." Zacharias befand sich an heiliger Stätte, aber er begann diese Botschaft anzuzweifeln und sagte: „Ich bin ein alter Mann und mein Weib ist vorgerückt in Jahren." Der Engel verwies ihm seinen Unglauben und sagte zu ihm: „Du wirst stumm sein und nicht sprechen können bis zu dem Tage, da dieses geschehen wird, weil du meinen Worten nicht geglaubt hast."

Und nun merke dir den Unterschied bei Maria, als der Engel ihr die Botschaft überbrachte. Sie sagte: „Ich bin des Herrn Magd, mir geschehe nach Deinem Worte." — Und Elisabeth grüßte Maria mit den Worten: „Glückselig, die geglaubt hat, denn es wird zur Erfüllung kommen, was von dem Herrn zu ihr geredet ist!"

Gleicherweise sollen auch wir Gott bei Seinem Wort nehmen. Freimütig sollen wir vor Ihn treten und sagen: Herr, Du hast es verheißen, nun tue es auch! Wir bereiten Gott Freude, wenn wir einen Glauben bekunden, der Ihn bei Seinem Wort nimmt.

Gott hat uns zur Herrlichkeit und Tugend berufen, und glauben wir Seinem Wort, dann werden wir dies erfahren. — Eines Tages hielt ich eine Versammlung unter freiem Himmel. Da kam mein Onkel und sagte: „Tante Maria will dich noch einmal sehen, ehe sie stirbt." Ich besuchte sie. Es ging tatsächlich dem Sterben zu. Ich sagte: „Herr, könntest Du hier nicht etwas tun?" Dann streckte ich meine Hände aus und legte sie auf die Sterbende. Es schien, als ob die Herrlichkeit sich im selben Augenblick offenbarte und übertrug. Die Tante schrie: „Es geht durch meinen ganzen Körper!" Seit jenem Tag war sie vollständig gesund.

Der Herr will, daß wir wandelnde Briefe sind. Jesus ist in uns das Wort und die Kraft, und es ist Sein Verlangen, in uns und durch uns zu wirken zu Seinem Wohlgefallen. Wir müssen glauben, daß Er in uns ist. Grenzenlose Möglichkeiten öffnen sich uns, wenn wir wagen, in Gott zu wirken und zu glauben, daß die Herrlichkeit und Tugend unseres lebendigen Christus sich offenbart, wenn wir die Hände in Seinem Namen auf die Kranken legen.

Die größten und kostbarsten Verheißungen des Wortes sind uns gegeben, damit wir Teilhaber der göttlichen Natur seien. Ich empfinde, wir betrüben den Heiligen Geist, wenn wir dies wissen und keine größeren Taten für Gott wirken. Zeigt uns nicht der Heilige Geist eine offene Tür und genügend Gelegenheiten? Wollen wir Gott nicht gestatten, uns zu größeren Dingen zu gebrauchen? Warum wollen wir denn nicht glauben, daß Er uns zu größeren Dingen nehmen will, um Seine Kraft und Herrlichkeit zu offenbaren? — Sein Ruf für uns ist: Vergessen, was dahinten ist, sich ausstrecken nach dem, was vorn ist, und jagen nach dem Ziele, dem Kampfpreis, der Berufung Gottes in Christo Jesu.

Worte des Lebens
Apostelgeschichte 5, 1–20

Unser Herr Jesus Christus gebrauchte den Ausdruck „Worte des Lebens", als Er von der Botschaft des Evangeliums sprach. O ja, das wunderbarste Leben ist möglich, das Leben des Glaubens, gelebt im Sohne Gottes. In solchem Leben ist Gott allgegenwärtig, ringsherum und drinnen. Es ist ein Leben, ausgefüllt mit vielen Offenbarungen, Kundgebungen und Werken des Heiligen Geistes; ein Leben, wo der Herr immerwährend gehört, gefühlt und geschaut wird; ein Leben ohne Tod, denn wir sind vom Tode ins Leben versetzt worden. Das wahre Leben aus Gott ist in uns hineingekommen. Wo dieses Leben in seiner ganzen Fülle eingezogen ist, kann Krankheit nicht mehr regieren. Einen Monat Zeit müßte ich mir nehmen, um zu erzählen, was es in diesem herrlichen Leben gibt. Jeder kann in dieses Leben eintreten, es besitzen und von ihm erfüllt sein.

Du magst dich ganz in der Nähe dieses Lebens befinden und dennoch seiner nicht teilhaftig sein; du magst einer Versammlung beiwohnen, wo Gott gerade Seinen Geist ausgießt, und trotzdem dieses Segens verlustig gehen, mit dem Er dich so gern bescheren will. Das kommt daher, weil du so wenig Klarheit hast und die unendliche Gnade Gottes – den Gott aller Gnade – nicht recht verstehst. Er möchte doch so gern alle beschenken, die ihre Glaubenshände nach Ihm ausstrecken. Dieses Leben, welches Er so frei darbietet, ist eine Gabe. Manche meinen, es durch Verdienst zu erwerben, und vermissen alles. Oh, es bedarf nur eines kindlichen, einfachen Glaubens, um alles zu empfangen, was Gott im Überfluß spendet. Sofern du dieses Leben von oben empfangen hast, hörst du auf, ein gewöhnlicher Mensch zu sein, denn du wirst zu einem außergewöhnlichen Menschen, der erfüllt ist mit außergewöhnlicher Kraft unseres außergewöhnlichen Gottes.

Ananias und Saphira waren mit diesen Dingen bekannt – aber sie hatten nichts davon. Sie dachten, vielleicht könnte alles mit diesen außergewöhnlichen Dingen schiefgehen. Deswegen versuchten sie ihre Zukunft mit einem irdischen Vorrat nach weltlicher Weise zu sichern. Sie nahmen teil an der wunderbaren Erweckung, die Gott der ersten Gemeinde geschenkt hatte und gingen doch leer aus. Viele gleichen ihnen heutzutage, besonders solche, die in Zeiten der Not ein Gelübde ablegen, es hernach nicht halten und folgedessen früher oder später geistlich erlahmen und verdorren. Gesegnet ist der Mann, der sein Gelübde hält, der alles Gott zu Füßen niederlegt; dessen Seele wird nicht verarmen, denn Gott hat verheißen, „seine Knochen fett zu machen". Für ihn wird es keine Dürre geben; allezeit wird er blühen und mit frischem Öl gesalbt sein, stärker und stärker wird er werden. Es lohnt sich, Gott in allen Dingen zu vertrauen und nicht solche Ananiasvorräte aufzustapeln. Ich wünschte, euch zeigen zu können, welchen großen Gott wir doch haben!

Ananias und Saphira zweifelten Gott und das Werk, das Er begonnen hatte, an. Wohl verkauften sie ihr Gut, um Ruhm bei der Gemeinde zu ernten, aber infolge ihres Mangels an wahrem Glauben hielten sie einen Teil des Kaufpreises zurück, um auf alle Fälle gesichert zu sein.

Viele zweifeln an der Fortdauer der Pfingsterweckung. – Meinst du, das Pfingstwerk wird stoppen? Nie und nimmer! Jahrzehnte hindurch habe ich diese Erweckung mitgemacht, und ich bin gewiß, sie wird nicht aufhören, bis Jesus, der Herr, der sie ins Leben rief, kommt. Als George Stephenson mit seiner ersten Lokomotive zur Probefahrt ansetzen wollte, sagte seine Schwester Marie: „George, sie wird sich nicht von der Stelle bewegen." Er entgegnete ruhig: „Nun, wir wollen sehen, steig ein!" Zu guter Letzt stieg sie ein – ein Pfiff, ein Ruck – und die Lokomotive stampfte los. Marie aber schrie: „George,

George — sie wird nicht anhalten! Sie wird nicht anhalten!"

Da schauen die Leute mit kritischem Blick auf diese tatsächlich sonderbare Erweckung und sagen: „Sie wird nicht Fuß fassen — Strohfeuer!" Wenn sie aber bewegt werden, in das Werk hineinzukommen, sagen sie alle miteinander: „Sie wird nicht anhalten!" Diese göttliche Erweckung greift weiter um sich, und es gibt für sie kein Aufhören des Stromes des Lebens, der Liebe, der Kraft und Inspiration. Das lebendige Wort hat sie hervorgebracht, das Lamm in der Mitte, derselbe gestern, heute und in Ewigkeit.

Gott hat für jeden unbegrenzte, unerschöpfliche Heilsquellen geöffnet. Zweifle nicht! Höre mit dem Ohr des Glaubens! Gott ist in der Mitte. Sieh, Gott hat hervorgebracht, was du siehst und hörst.

Ich will euch zeigen, daß in der Anfangsgemeinde, die vom Heiligen Geist beaufsichtigt wurde, Lüge sich nicht halten konnte. In dem Augenblick, wo sie in die Gemeinde trat, traf sie der Tod. Und so der Geist Gottes in diesen Tagen des Spätregens noch mehr ausgegossen werden wird, wird es auch jedem Lügengeist unmöglich sein, sich in der Gemeinde zu behaupten. Gott will Seine Gemeinde reinigen. Das Wort Gottes wird in solcher Kraft und Macht durch mitfolgende Zeichen und Wunder und Wirkungen des Geistes begleitet werden, daß sich fürchten werden, die es sehen.

Menschlich gesehen erschien es Ananias und Saphira als kleine Sache, etwas zurückzubehalten. Aber ich möchte sagen: Du kannst Gott nur dann gefallen, wenn du im Glauben stehst. Gott versagt nie, Er kann nicht versagen.

Als ich mich in Bergen (Norwegen) befand, kam eine Krankenschwester zu mir. Sie hatte einen großen Krebs an der Nase, und die Nase war stark angeschwollen, schwärzlich und sehr entzündet. Sie kam vor, um für sich beten zu lassen. Ich fragte sie: „Wie steht es um dich?" Sie gab zur Antwort: „Ich wage nicht, meine Nase zu berühren, es tut so sehr weh." Ich wandte mich an die Leute: „Schaut auf diese Krankenschwester und seht ihren furchtbaren Zustand! Ich glaube, unser Gott ist barmherzig und treu. Er wird zunichte machen, was der Teufel angerichtet hat. Ich werde dieser Krankheit im Namen des Herrn Jesus fluchen. Der Schmerz wird aufhören. Ich glaube, Gott wird uns Seine unendliche Gnade schauen lassen, und ich werde diese junge Frau bitten, morgen abend wieder zu kommen und zu bezeugen, was Gott an ihr getan hat."

Oh, wie schrecklich sind doch die Auswirkungen der Sünde! Wie furchtbar die Folgen des Falles! Wenn ich einen Krebs sehe, weiß ich, es ist ein böser Geist. Ich kann es nicht anders glauben. Dasselbe mit dem Tumor. Ist denn so etwas Gottes Werk? Gott helfe mir, euch zu zeigen, daß es Satans Werk ist und daß es einen Weg gibt, herauszukommen.

Ich verdamme nicht Menschen, die in Sünde gefallen sind. Ich schelte sie nicht. Ich weiß um die Ursache, den Hintergrund der Sünde. Ich weiß, Satan geht umher wie ein brüllender Löwe und sucht, wen er verschlinge. Allezeit habe ich Jesu Geduld und Liebe vor Augen. Als man eine Frau zu Ihm brachte, die auf heißer Tat des Ehebruchs ergriffen wurde, bückte Er sich einfach nieder und schrieb auf der Erde. Dann sagte Er: „Wer unter euch ohne Sünde ist, der werfe den ersten Stein auf sie." Ich habe keinen Menschen gesehen, der nicht gesündigt hätte. „Alle haben gesündigt und ermangeln des Ruhmes, den sie bei Gott haben sollten." Jedoch lese ich im Worte Gottes, in der herrlichen Botschaft, daß Gott alle Sünde und Schuld auf Jesus gelegt hat. Darum empfinde ich, wenn ich mich solch einem furchtbaren und bösen Zustand gegenüber sehe, daß ich in meinem Amte sein und solchen Zustand bedrohen muß.

Ich legte meine Hände auf die Nase der leidenden Krankenschwester und fluchte im Namen Jesu der bösen Macht, die ihr so viel Unheil zugefügt hatte. Am nächsten Abend war der Raum überfüllt. Ich erblickte die Schwester und rief sie nach vorn. Sie kam und zeigte dem ganzen Publikum, was Gott getan hatte. Sie war vollkommen geheilt. Oh, ich sage euch,

Jesus ist derselbe Jesus, auch heute! Alle Dinge sind möglich, wenn du wagst, Gott zu vertrauen.

Als die Kraft Gottes gewaltig auf die erste Gemeinde herniederkam – eben in den Tagen des Todes Ananias' und der Saphira –, befiel die Menschen eine große Furcht. Und wenn wir in der Gegenwart Gottes sind, wenn Er gewaltig in unserer Mitte am Wirken ist, kommt auch über uns eine große Furcht; wir strecken uns aus nach einer Reinheit, einem heiligen Leben, und fürchten uns, etwas zu tun, was Gott mißfallen könnte. Wir lesen weiter, daß niemand wagte, sich ihnen anzuschließen. Gott tat solche hinzu, die gerettet wurden. Möge Gott hinzutun, was weit besser ist, als wenn die ganze Stadt sich uns anschließen würde.

Ferner geschah es, daß das Volk sich so des Wirkens Gottes bewußt wurde, daß die Kranken sogar auf die Gassen hinausgetragen wurden; „man legte sie auf Betten und Bahren, damit, wenn Petrus käme, zum wenigsten sein Schatten einige von ihnen überschattete". Ich glaube nicht, daß sie vom Schatten des Petrus geheilt wurden, sondern daß sie wußten: Gott ist mächtig unter uns. Er begegnet den Menschen allezeit auf dem Wege des Glaubens.

Es ereignete sich in einer Versammlung in Irland. Viele Kranke hatte man zusammengetragen, viele suchten die Geistestaufe und nicht wenige Sünder waren anwesend. Plötzlich blies Gott hinein. Innerhalb von zehn Minuten war jeder Sünder im Raume gerettet, die Suchenden nach der Geistestaufe mit dem Heiligen Geist erfüllt und die Kranken geheilt. Gott ist eine Wirklichkeit, und Seine Kraft versagt niemals. Es ist dasselbe Blut, welches reinigt, derselbe Geist, der erfüllt und derselbe Jesus, nahegebracht durch die mächtige Kraft des Heiligen Geistes. Oh, was könnte nicht alles geschehen, wenn wir Gott glauben würden!

Gerade jetzt ist Jesu Blut imstande, dich zu reinigen, dein ganzes Leben zu durchheiligen und Sein Leben in dich hineinzubringen. Das Blut macht dich weißer als Schnee! Die ganze

Bibel ist voll von Einladungen, die an dich ergehen, damit du teilhabest und die wunderbare Gnade, Kraft, Gerechtigkeit und volle Erlösung empfangest. Er lädt ein: „Kommt her alle, die ihr mühselig und beladen seid, ich will euch erquicken."

Mit einem Bruder besuchte ich in London einen jungen Mann. Er hatte schon eine Sonntagsschule geleitet. Hier in London sollte er der Eltern Geschäft versehen. Da betrog ihn der Feind, und er fiel in tiefe Sünde. Eine schreckliche Krankheit war die Folge. Vater und Mutter waren in großer Trauer, als sie davon erfuhren. Doch Gottes Gabe ist das ewige Leben.

Als wir das Haus betraten, meinte der mich begleitende Bruder, wir müßten nun niederknien und beten. „Nein", sagte ich, „Gott macht es nicht so, wir werden noch nicht beten. Ich werde erst ein Bibelwort anführen." Und ich tat so. Die Bibelstelle lautete: „Die Toren, die geplagt waren um ihrer Übertretung und um ihrer Sünde willen, daß ihnen ekelte vor aller Speise und sie todkrank wurden." Der junge Mann schrie auf: „Ich bin dieser Tor!" Er brach zusammen und sagte uns die Geschichte seines Sündenfalls. Oh, wenn wir unsere Sünden bekennen, streckt Gott Seine Hand aus und heilt uns. In dem Augenblick, als der junge Mann seine Sünde bekannte, platzte das furchtbare Geschwür. Gott gab Heilung, sandte Tugend in sein Leben, und so erfuhr er eine mächtige Befreiung.

Gott ist gnädig und will nicht, daß jemand verlorengehe. Wer will mit der Sünde brechen? Ich sage dir, im selben Augenblick wird Gott dir den Himmel öffnen. Für Ihn ist es etwas Leichtes, deine Seele zu retten und Krankheit zu heilen, wenn du nur kommst und Zuflucht bei Ihm suchst. Er will dich sättigen mit langem Leben und dir Sein Heil zeigen. In Seiner Gegenwart sind Freuden die Fülle, zu Seiner Rechten ist Wonne und Leben. Volle Erlösung ist für alle durch das kostbare Blut des Sohnes Gottes.

„Durch Glauben brachte Abel Gott ein vorzüglicheres Opfer dar als Kain ... durch Glauben ward Henoch entrückt, damit er den Tod nicht sehen sollte ... durch den Glauben bereitete Noah eine Arche zur Rettung seines Hauses ... durch den Glauben war Abraham, als er gerufen wurde, gehorsam, auszuziehen ..." (Hebräer 11, 1–8).

Es gibt nur einen Weg zu all den Schätzen Gottes, und das ist der Weg des Glaubens. Alle Dinge sind möglich – die Erfüllung aller Verheißungen – für den, der da glaubt. Als das Wort Zacharias erreichte, war er mit Unglauben erfüllt, bis der Engel sagte: „Du wirst verstummen ... darum, daß du meinen Worten nicht geglaubt hast" (Lukas 1, 20). Maria sagte: „Mir geschehe, wie du gesagt hast" (Lukas 1, 38). Und der Herr war zufrieden, daß sie glaubte, daß es ein Wunder geben würde. Wenn wir glauben, was Gott gesagt hat, gibt es ein Wunder. Seht die Leute, die die Nacht hindurch beteten, daß Petrus aus dem Gefängnis kommen möge. Ein Ding schien man trotz ihres Betens zu vermissen, und das war der Glaube. Die Magd Rhode hatte mehr Glauben als alle anderen Beter. Als an die Tür geklopft wurde, lief sie hin, denn sie erwartete eine Beantwortung ihrer Gebete; und in dem Moment, als sie Petrus' Stimme hörte, rannte sie zurück und verkündigte ihnen, daß Petrus an der Tür stehen würde. Aber all die Leute sagten: „Du bist von Sinnen." Das war kein Glaube. Als sie trotzdem darauf bestand, daß er da sei, sagten sie: „Nun, vielleicht hat Gott Seinen Engel geschickt." Aber Rhode bestand darauf: „Es ist Petrus." Und Petrus klopfte weiter. Da gingen sie endlich hinaus und fanden, daß dem so sei. Was Rhode geglaubt hatte, war zu einer ruhmreichen Tatsache geworden.

Geliebte, wir mögen viel beten und stöhnen, aber deswegen

empfangen wir nichts von Gott; wir empfangen, weil wir glauben. Aber wenn ein Mensch im Gebet arbeitet, stöhnt und kreischt er, weil seine entsetzliche Sünde ihn niederbeugt und er in der Gegenwart Gottes gebrochen wird. Wenn er genügend zerschmolzen ist, kommt er in vollkommene Übereinstimmung mit dem Plane Gottes, und dann kann Gott mit diesem Ton arbeiten. Zuvor ging es nicht. Das Gebet verändert die Herzen, aber es verändert nie Gott. Er ist und bleibt derselbe gestern, heute und für immer — voller Liebe, voller Mitleid, voller Barmherzigkeit, voller Gnade und bereit, dies zu verleihen und das uns mitzuteilen, wenn wir im Glauben zu Ihm kommen. Glaube, daß du dann, wenn du in die Gegenwart Gottes kommst, alles haben kannst, worum du bittest. Du kannst es fortnehmen und benutzen, denn all die Kraft Gottes steht in Beantwortung deines Glaubens zu deiner Verfügung. Der Preis für alles wurde durch das Blut Jesu auf Golgatha bezahlt. Wir lesen in Hebräer 11, 5: „Durch den Glauben ward Henoch entrückt, daß er den Tod nicht sähe ... vor seiner Entrückung hat er Zeugnis gehabt, daß er Gott gefallen habe." Wir sind berufen, durch den Geist zusammen mit Gott zu wandeln. Es ist entzückend zu wissen, daß wir mit Gott reden und Gemeinschaft haben können. Durch die wundervolle Taufe im Geist, die der Herr uns gibt, befähigt Er uns, zu Ihm in einer Sprache zu reden, die der Geist gegeben hat, eine Sprache, welche kein Mensch versteht, aber welche Er versteht, eine Sprache der Liebe. O wie wunderbar ist es, zu Ihm im Geist zu sprechen, indem der Geist uns höher und höher und höher hebt, bis Er uns in die wahre Gegenwart Gottes führt! Ich bete, daß Gott durch Seinen Geist uns alle bewegen möge, so daß wir mit Gott wandeln, wie einst Henoch mit Ihm gewandelt ist. Aber Geliebte, es ist ein Gang, ein Wandeln mittels Glauben und nicht mittels Schauen, ein Wandeln im Glauben an Gottes Wort. Ich möchte euch den Unterschied zwischen unserem Glauben und dem Glauben Jesu Christi zeigen. Unser Glaube ist beschränkt und hört auf, hat ein Ende. Die meisten Leute haben erfahren, daß sie zu der Stelle kamen, wo sie sagen mußten: „Herr, ich kann nicht weiter gehen. Soweit bin ich gegangen, weiter geht es nicht." Aber Gott kann uns helfen und uns über dies hinwegbringen.

Ich erinnere mich an einen Abend, den ich in Nord-England verbrachte. Ich wurde in ein Haus geführt, wo eine junge Frau auf ihrem Bett lag. Es war ein sehr hilfloser Krankheitsfall. Ihr Verstand war verschwunden, und viele, rein satanische Dinge kamen zum Vorschein. Sie war eine schöne junge Frau und ihr Ehemann auch noch ganz jung. Er kam herein mit einem Baby in seinen Armen, beugte sich über sie und küßte seine Frau. In dem Moment, wo er dies tat, warf sie sich auf die andere Seite des Bettes, gerade wie ein Mondsüchtiger es tun würde, wobei sie sich der Anwesenheit ihres Mannes nicht bewußt schien. Es war herzzerbrechend. Der Ehemann nahm das Baby und preßte des Babys Lippen an die Mutter. Wieder war da ein wildes Geschüttel. Ich sagte zu der Schwester, die sie besuchte: „Hast du etwas, das hilft?" Sie antwortete: „Wir haben all das getan, was wir konnten." Ich fragte: „Hast du keine geistliche Hilfe?" Ihr Ehemann lief Sturm und rief: „Geistliche Hilfe? Glaubst du, daß wir noch an Gott glauben, nachdem wir sieben Wochen keinen Schlaf und diesen elenden Zustand gehabt haben? Wenn du das denkst, hast du dich geirrt. Du bist zum falschen Haus gekommen." Es war noch eine junge Frau von etwa 18 Jahren da, die mich angrinste, als ob sie sagen wollte: „Du kannst nichts tun!" Aber dies brachte mich in einen Stand des Mitgefühls für diese arme Frau. Und dann begann ich mit dem Glauben, den ich hatte, den Himmel zu durchdringen. Ich war alsbald draußen auf den Höhen. Noch nie habe ich einen Mann gesehen, der etwas von Gott empfing und auf der gleichen Erdenhöhe weiter betete. Wenn du etwas von Gott bekommen willst, mußt du dich direkt bis in den Himmel hindurchbeten, denn all das, was du wünschest, ist dort. Wenn du ein irdisches Leben führst, welches ganz von sichtbaren Dingen erfüllt ist, und Dinge vom Himmel erwartest, werden sie nie kommen. Gott wünscht, daß wir ein himmlisches Volk sein sollen, das seinen Sitz mit Ihm im Himmel hat und sich nach all den Dingen im Himmel ausstreckt, die zur Verfügung stehen.

Ich sah dort in Anwesenheit dieser jungen Frau Grenzen in meinem Glauben; aber da ich betete, kam ein anderer Glaube in mein Herz, der nicht verleugnet werden konnte, ein Glaube, der die Verheißung „erhaschte", der an Gottes Wort glaubte. Ich kam von der Gegenwart der Herrlichkeit zurück auf die Erde und war nicht mehr derselbe Mensch. Ich sah mich wohl denselben Zuständen gegenüber, die ich zuvor gesehen hatte, aber im Namen des Herrn Jesus. Mit einem Glauben, der die Hölle erschüttern und alles andere hätte bewegen können, rief ich der Dämonenmacht zu, die diese junge Frau verrückt gemacht hatte: „Komm aus ihr heraus, im Namen Jesu!" Sie rollte nach vorn, begann zu schlafen und erwachte nach vierzehn Stunden vollkommen gesund und ganz normal.

Henoch unterhielt sich mit Gott. Ich möchte in ständiger Unterhaltung mit Gott leben. Ich bin so dankbar, daß mir Gott von meiner Jugend auf einen Geschmack für die Bibel gegeben hat. Ich nenne die Bibel Nahrung für meine Seele. Sie ist eine Stärke für den Gläubigen. Sie baut unseren Charakter in Gott auf. Und da wir mit Sanftmut das Wort Gottes empfangen, werden wir durch den Geist von Herrlichkeit zu Herrlichkeit verwandelt. Durch dieses Buch kommt Glauben; denn Glauben kommt durch Hören und Hören durch das Wort Gottes. Ich glaube, daß all unsere Fehlschläge von einem unvollkommenen Verstehen des Wortes Gottes herrühren. Ich sehe, daß es unmöglich ist, Gott auf einer anderen Linie als der des Glaubens zu gefallen, und alles was nicht aus Glauben kommt, ist Sünde.

Du sagst: „Wie kann ich diesen Glauben empfangen?" Du siehst das Geheimnis in Hebräer 12, 2: „Und aufsehen auf Jesum, den Anfänger und Vollender des Glaubens." Er ist der Anfänger des Glaubens. O die Macht unseres Christus, der das Weltall schuf und es durch die Macht Seiner Kraft aufrecht hält! Er, der dieses weite Weltall machte, will uns zu einer neuen Schöpfung umwandeln. Er sprach das Wort, und die Sterne entstanden. Kann Er nicht das Wort sprechen, das einen mächtigen Glauben in uns hervorrufen wird? Oh, dieser Eine, der der Anfänger und Vollender unseres Glaubens ist, kommt und wohnt in uns, erquickt uns durch Seinen Geist und formt uns durch Seinen Willen. Und Er, der ein gutes Werk in uns begonnen hat, wird es vervollständigen und vollenden, denn Er ist nicht nur der Anfänger, sondern der Vollender, der Vervollständiger unseres Glaubens. „Denn das Wort Gottes ist lebendig und kräftig und schärfer denn kein zweischneidig Schwert, und dringt durch, bis daß es scheidet Seele und Geist, auch Mark und Bein, und ist ein Richter der Gedanken und Sinne des Herzens" (Hebräer 4, 12). Wie löst das Wort Gottes die Seele und den Geist – die Seele, die eine Menge Fleischliches, eine Menge Selbstsucht, eine Menge Übel in sich hat! Preis Gott, der Herr kann uns von all dem lösen, das irdisch und fleischlich ist, und uns zu einem geistlichen Volk machen. Er kann alle unsere Selbstsucht zum Orte des Todes und das Leben Jesu in unser Wesen bringen, damit es die Stelle dieses Irdischen und Sinnlichen einnimmt, welches durch das lebendige Wort Gottes zerstört wird. Das lebendige Wort dringt durch bis ins Mark.

Als ich in Australien war, kamen so viele Leute zu mir mit einer doppelten Krümmung der Wirbelsäule. Aber das Wort des Herrn ging direkt hinab bis ins Mark ihrer Wirbelsäulen, und sofort wurden sie geheilt und gerade gerichtet, als ich im Namen Jesu die Hände auf sie legte. Der göttliche Sohn Gottes – das lebendige Wort – kam durch Seine Kraft auf diese Krümmungen der Wirbelsäule und machte sie gerade. Oh, Preis Gott für die mächtige Kraft des Wortes! Gott ist gekommen, um uns aus uns selbst heraus zu Ihm zu führen, uns vom Gewöhnlichen zum Außergewöhnlichen, vom Menschlichen zum Göttlichen zu bringen und uns nach dem Ebenbilde Seines

Sohnes zu gestalten. Oh, was für ein Heiland! Es steht geschrieben: „Wir sind nun Gottes Kinder; und es ist noch nicht erschienen, was wir sein werden. Wir wissen aber, wenn es erscheinen wird, daß wir ihm gleich sein werden; denn wir werden ihn sehen, wie er ist" (1. Johannes 3, 2). Aber schon jetzt möchte der Herr uns von Herrlichkeit zu Herrlichkeit verwandeln durch den Geist des lebendigen Gottes. Hab Glauben in Gott, hab Glauben im Sohne, hab Glauben im Heiligen Geist; und der dreieinige Gott wird in dir arbeiten, um Seinen wohlgefälligen Willen zu wollen und zu tun.

INHALTSÜBERSICHT

Weitere empfehlenswerte Bücher: